John Kristian Sanaker,
Karin Holter, Ingse Skattum

LA FRANCOPHONIE

UNE INTRODUCTION CRITIQUE

Copyright © 2006 by
Vigmostad & Bjørke AS
All Rights Reserved

ISBN: 978-82-747-7220-5

9. opplag 2017

Grafisk produksjon: John Grieg, Bergen
Omslagsdesign ved forlaget

Utgitt med støtte fra Det historisk-filosofiske fakultet,
Universitetet i Bergen og Norsk faglitterær forfatter- og oversetterforening.

Spørsmål om denne boken kan rettes til:
Fagbokforlaget
Kanalveien 51
5068 Bergen
Tlf.: 55 38 88 00 Faks: 55 38 88 01
e-post: fagbokforlaget@fagbokforlaget.no
www.fagbokforlaget.no

Materialet er vernet etter åndsverkloven.
Uten uttrykkelig samtykke er eksemplarfremstilling
bare tillatt når det er hjemlet i lov eller avtale med Kopinor.

Tables des matières

	Avant-propos	5
1	**Qu'est-ce que la francophonie ?**	7
1.1	Une distinction préliminaire : « francophonie » ou « Francophonie » ?	7
1.2	Le français dans le monde : un bref aperçu géohistorique	9
1.3	La francophonie linguistique et culturelle : un premier aperçu historique	11
1.4	La Francophonie politique et associative	15
1.5	Qui sont les (vrais) francophones ? Combien sont-ils ? Le problème du dénombrement	19
	Références	26
2	**La francophonie européenne : Belgique, Luxembourg, Suisse**	29
2.1	La Belgique	29
2.2	Le Luxembourg	42
2.3	La Suisse	46
	Références	58
3	**La francophonie nord-américaine : Canada, Québec**	61
3.1	Le Québec	65
3.2	L'Acadie – les provinces maritimes	90
3.3	L'Ontario et les provinces de l'Ouest	97
3.4	Les Etats-Unis	104
	Références	108
4	**La francophonie nord-africaine : Algérie, Tunisie, Maroc, Mauritanie**	111
4.1	L'Algérie	116
4.2	La Tunisie	140
4.3	Le Maroc	147
4.4	La Mauritanie	154
	Références	158

5	La francophonie subsaharienne : Afrique de l'Ouest, Afrique centrale, Djibouti	161
5.1	Historique	163
5.2	Situation actuelle	207
5.3	Littérature	220
	Références	242
6	La francophonie de l'Océan indien : Madagascar, Maurice, La Réunion, Archipels (Seychelles, Comores, Mayotte)	249
6.1	Madagascar	254
6.2	L'île Maurice	259
6.3	La Réunion	265
6.4	Les archipels	271
	Références	275
	Carte du monde francophone	278

Avant-propos

Jusqu'aux années 1950, la France est à considérer comme la seule référence géoculturelle importante pour celui qui désire apprendre la langue française ou faire des études de français. Les autres territoires où l'on peut observer une vie et une culture d'expression française sont soit des colonies soumises au mode de vie et de penser du colonisateur (voir le fameux « nos ancêtres les Gaulois » figurant autrefois dans les manuels des apprenants français africains), soit des pays n'ayant pas encore une culture propre qui peut se faire valoir comme une alternative à la culture mère (le Québec).

Cependant, dans les années soixante, on voit un peu partout dans ce monde francophone un changement radical des données politiques et culturelles. Le Québec vit sa « Révolution tranquille », période dynamique de renouveau identitaire et nationaliste. Et la quasi-totalité des colonies et autres possessions françaises et belges obtiennent leur indépendance entre 1954 (l'Indochine) et 1960 (l'Afrique, sauf Djibouti, qui ne sera indépendant qu'en 1977). La plupart accèdent à l'indépendance de façon non-violente, l'Indochine et l'Algérie après des guerres sanglantes.

La présente introduction à la francophonie se propose notamment de présenter ce nouveau monde francophone dans sa grande diversité géoculturelle. C'est surtout la compétence particulière de chacun des trois auteurs qui nous a fait opter pour trois régions qui auront droit à une attention particulière, à savoir le Canada francophone (en particulier le Québec), le Maghreb et l'Afrique subsaharienne. D'autres composantes du monde francophone seront traitées de façon plus succincte. Il s'agit de la Belgique, du Luxembourg et de la Suisse, des pays qui, vu leur structure plurilingue, sont souvent « oubliés » comme pays de référence dans les études françaises, ainsi que des îles de l'Océan indien, proches de l'Afrique par leur situation géographique et leur passé colonial. Plusieurs de ces îles sont d'ailleurs membres de l'Union africaine.

Ce livre s'adresse d'abord aux étudiants et enseignants de français désireux d'inclure dans leurs références géoculturelles ce monde d'expression française hors de France. Nous pensons cependant qu'il peut aussi intéresser d'autres étudiants et enseignants travaillant dans des disciplines comme l'anthropologie, l'histoire, les sciences politiques, l'histoire des religions, etc., ainsi que le grand public désireux de mieux comprendre les civilisations en question.

Bien que pluridisciplinaire, cette introduction à la francophonie s'intéressera surtout aux divers aspects de la présence de la langue française dans les pays et régions étudiés. Nous présenterons notamment l'histoire de l'implantation du français, la place qu'occupe la langue dans la vie publique (toujours en contact avec une ou plusieurs autres langues) et dans le système éducatif, ainsi que les littératures spécifiques et diversifiées qui y sont nées.

Oslo, april 2006

John Kristian Sanaker, Karin Holter, Ingse Skattum

1 Qu'est-ce que la francophonie ?

1.1 Une distinction préliminaire : « francophonie » ou « Francophonie » ?

Le mot « francophonie » est un dérivé de « francophone », les deux mots étant attestés dès la fin du XIXe siècle (voir plus loin Onésime Reclus). Par sa composition sémantique, « francophone » s'aligne sur « anglophone », « italophone », « suédophone » etc., une série d'adjectifs qui désignent tous celui qui parle telle langue (« C'est un Suisse italophone »), ou bien un phénomène qui s'exprime à travers telle langue (« la chanson francophone »).

Cependant, le plus souvent ces adjectifs servent à désigner non pas un individu mais un groupe de locuteurs, voire des populations entières (« la minorité suédophone de la Finlande »).

Comme on va le voir par la suite, donner un sens précis au mot « **francophonie** », un sens sur lequel tout le monde peut s'accorder, peut être difficile. Si, dans un premier temps, nous nous tenons à la définition du *Petit Robert*, « Ensemble des peuples francophones », nous voyons déjà s'insinuer des ambiguïtés, puisque le même dictionnaire définit « francophone » ainsi : « Qui parle habituellement le français, au moins dans certaines circonstances de la communication, soit comme langue maternelle, soit comme langue seconde. » On ajoute également que le mot peut s'utiliser en parlant d'un groupe ou d'une région où le français est langue maternelle, officielle ou véhiculaire, « même si les individus ne parlent pas tous le français ». Il faut donc encore s'accorder sur ce que veut dire « habituellement », « certaines situations de communication », ainsi que sur les conditions requises pour qu'une langue soit reconnue comme « véhiculaire », ou encore sur le taux de locuteurs minimal pour qu'on puisse parler d'une population francophone. Mais malgré ses ambiguïtés, tous les éléments de cette définition s'accordent pour dire qu'il s'agit d'abord d'une notion *linguistique* et ensuite d'une notion *géographique*.

Dans une optique diachronique, on peut, cependant, observer un glissement de sens problématique. Comme le remarque la linguiste Henriette

Walter, le mot *francophonie* est aujourd'hui « entouré d'un flou sémantique parfois devenu assez gênant » (1998:134). La raison en est surtout qu'on a vu s'imposer, depuis une vingtaine d'années, un sens *géopolitique* du mot ; dans cette acception du terme, la francophonie serait constituée non pas par un ensemble de pays ou de territoires où la langue française est la langue principale, mais plutôt par une communauté de pays ayant établi une collaboration politique et associative où le français est la langue commune de travail et de communication.

Comment faire pour éviter cette polysémie gênante? Certaines introductions à la francophonie ont proposé d'utiliser, pour désigner la francophonie *politique*, une variante du mot avec F majuscule : « **Francophonie** » (Barrat 1997 : 14, Tétu 1997 : 14, Le Scouarnec 1997 : 14). Empruntons une définition précise à Michel Tétu (1997 : 14) : « La Francophonie, avec un grand F, désigne le regroupement des gouvernements, des pays ou des instances officielles qui ont en commun l'usage du français dans leurs travaux ou leurs échanges. » C'est une distinction utile que nous avons choisi d'adopter pour le livre présent, et qui est aussi utilisée par les acteurs principaux de la Francophonie. Mais cette distinction n'empêche pas que l'adjectif « francophone » reste ambigu, puisqu'il réfère à la *francophonie* (linguistique et géographique) aussi bien qu'à la *Francophonie* (politique et associative).

La présente introduction s'occupera surtout de la francophonie avec minuscule, c'est-à-dire de la réalité linguistique et culturelle des pays entièrement ou partiellement d'expression française hors de France. Parmi les nombreuses études et introductions parues vers la fin du XXe siècle, une nette majorité parle avant tout de la vie politique et associative de la Francophonie. Pour avoir des renseignements sur les diverses régions francophones, il faut normalement les chercher dans la littérature spécialisée qui traite des régions spécifiques. Notre introduction reconnaît pourtant un prédécesseur important dans *La francophonie* d'Auguste Viatte (1969), où l'auteur présente un panorama très riche des territoires francophones sur les cinq continents, y compris de leurs cultures. Nous dirons avec lui que notre but est de décrire « les divers peuples francophones en eux-mêmes et par rapport à leur voisinage » (p. 6). Mais comme la Francophonie avec majuscule doit sa naissance à la francophonie (la collaboration politique est intimement liée à la présence du français dans un certain nombre de pays dans le monde), il va de soi que nous présenterons aussi des aspects de la Francophonie, puisque le linguistique, le culturel, le géographique et le politique tendent souvent à se confondre.

1.2 Le français dans le monde : un bref aperçu géohistorique

Alors que *francophonie* est un terme relativement récent lié à l'émergence de cultures spécifiques d'expression française hors de France, la présence de la langue française hors de son berceau européen (principalement France, Belgique, Suisse) est vieille de presque cinq siècles. Il est utile de connaître les grandes lignes de cette expansion du français si l'on veut saisir la spécificité linguistique et culturelle de chaque région de la francophonie. L'expansion se fait parallèlement à l'établissement de l'empire colonial français (et dans une moindre mesure de celui de la Belgique).

1.2.1 Le premier empire colonial

Pendant trois siècles, du début du XVIe jusqu'à la fin du XVIIIe, l'exportation du français est surtout l'œuvre de navigateurs, d'explorateurs, de missionnaires, de commerçants et, dans une certaine mesure (surtout au Québec) de colons. Contrairement à la colonisation de l'Afrique et de l'Indochine au XIXe siècle, il n'est pas question d'une expansion fortement voulue et soutenue par l'Etat, mais plutôt d'une aventure commerçante.

La principale région d'implantation française est l'Amérique du Nord. Comme les autres navigateurs, Jacques Cartier est parti pour trouver la route des Indes, pays de rêve des Européens. Or, il arrive au Canada dont il prend possession en 1534. Ensuite sont fondées les villes de Montréal et de Québec, et des colons sont envoyés pour s'installer le long du fleuve Saint-Laurent (le Québec contemporain) ainsi qu'en Acadie (sur un territoire qui correspond à une partie de la Nouvelle-Ecosse contemporaine).

Des explorateurs pénètrent ensuite le continent jusqu'aux Montagnes Rocheuses et descendent les grands fleuves jusqu'en Louisiane (fondée en 1682). Pendant un peu plus d'un siècle, les Français parcourent donc un continent qui, si l'Histoire n'en avait pas décidé autrement, aurait pu devenir français et francophone (le traité de Paris (1763) où la France cède le Canada à l'Angleterre ainsi que l'immigration massive d'Angleterre et d'Irlande changent complètement la situation initiale). Mais de toute façon, ces pistes historiques mènent directement à la francophonie nord-américaine qui sera présentée au chapitre 3.

Pendant cette même période, la France prend également possession de la Martinique et de la Guadeloupe en 1635, et puis de la Guyane en 1677 ; les trois territoires sont aujourd'hui des départements français d'outre-mer

(DOM). Le territoire qui correspond au Haïti contemporain devient terre française en 1697.

Il y a également une première présence française en Afrique (au Sénégal en 1659) et dans l'Océan Indien (dans les futures Ile de la Réunion en 1638 et Ile Maurice en 1715, à Madagascar en 1643). Tout comme en Inde (Pondichéry, 1674, Chandernagor, 1686, etc.), il s'agit avant tout de comptoirs commerciaux, c'est-à-dire d'établissements destinés à faciliter le commerce entre la France et le pays en question (qui n'est donc pas à considérer comme une colonie mais comme un partenaire commercial), et contrairement à ce qui se passe en Amérique du Nord, les Français habitent leurs établissements sur les côtes sans pénétrer dans la profondeur des terres.

1.2.2 Le second empire colonial

Il s'agit de l'empire établi principalement pendant le XIXe et au début du XXe siècles et qui est définitivement démantelé avec l'indépendance de l'Algérie en 1962. Ce nouvel impérialisme français est nourri par le désir de s'emparer des richesses des nouveaux continents, mais aussi par des considérations politiques et stratégiques : il est important de s'implanter en Afrique et en Asie en concurrence avec l'Angleterre, et dans une certaine mesure avec l'Allemagne, surtout après la perte de prestige que représente la défaite de Napoléon.

La première opération impérialiste est l'expédition militaire en Algérie en 1830, pays qui n'est « pacifié » qu'après presque vingt ans de guerres sanglantes. Ensuite l'expansion se fait en Afrique subsaharienne, dans l'Océan Indien et en Indochine. Jusqu'à la fin de la première guerre mondiale, de nouveaux territoires viennent s'ajouter à l'empire français qui, avec les colonies belges en Afrique, assure une solide présence du français en Afrique du Nord, en Afrique subsaharienne, en Asie et dans l'Océan Indien, grâce à l'infrastructure coloniale (administration, commerce, écoles). Cependant, alors que l'Afrique va largement opter pour l'usage du français dans la gestion des indépendances, l'Indochine ne donne pas de place officielle au français qui perdra vite de son importance. L'implantation du français en Afrique pendant le second empire colonial donnera à la francophonie une grande partie de sa vigueur.

1.3 La francophonie linguistique et culturelle : un premier aperçu historique

Tous s'accordent pour reconnaître au géographe **Onésime Reclus** le mérite d'être le premier à parler du phénomène collectif et international de la francophonie. Son ouvrage *France, Algérie et colonies* (1880) est surtout l'œuvre d'un géographe ; il y fait une description géographique détaillée du territoire français ainsi que des diverses possessions françaises dans le monde, surtout de l'Algérie. Mais il est un géographe doublé d'un anthropologue et d'un sociolinguiste qui s'intéresse à la position et aux perspectives d'avenir de la langue française, dans les diverses régions de la France, où elle cohabite avec les langues régionales, aussi bien que dans les possessions en Afrique et en Asie, où elle est langue de colonisateur à côté des langues vernaculaires.

Dans le long chapitre sur « La langue française en France, en Europe, dans le monde », il donne donc, comme le premier, un aperçu de ce que, avec lui et après lui, on appellera la francophonie. On est généralement impressionné par la finesse de ses observations, comme par exemple lorsqu'il constate que le français ne s'enracinera pas en Indochine (p. 418). Mais il se trompe lorsqu'il prédit que les Belges flamands se franciseront (p. 417) et que les Canadiens-français émigrés aux Etats-Unis ne deviendront pas « Anglais » (p. 420).

Dans notre perspective, l'originalité d'Onésime Reclus consiste surtout à laisser tomber la couleur de peau ou l'ethnie comme critères pour grouper les peuples, pour y substituer la langue parlée. A une époque eurocentriste encore dominée par les idées raciales d'un comte de Gobineau (*Essai sur l'inégalité des races humaines*, 1853–1855, livre exploité par les idéologues nazis), ce n'était certainement pas une chose évidente. Pour l'ancien Secrétaire Général de la Francophonie, Boutros Boutros-Ghali, il s'agit d'un acte « éminemment politique ». Juste après le Conférence de Berlin (1885), par lequel les puissances coloniales européennes se partagent l'Afrique, « il veut faire admettre qu'il existe une autre manière de concevoir le monde, une autre façon d'envisager les espaces et les peuples. Non pas selon leur niveau de puissance ou leur degré de soumission. Mais en fonction de la langue qu'ils partagent. La francophonie se veut donc, dès la fin du XIXe siècle, une réponse libertaire face aux idéologies impérialistes, un témoignage de solidarité face à la logique coloniale » (Boutros-Ghali cité par Gallet 1995 : 38).

Boutros-Ghali exagère peut-être la portée des idées de Reclus, mais nous pouvons au moins constater qu'en s'imaginant une communauté afro-arabo-française, donc internationale et interethnique, constituée grâce à l'usage de la même langue, il a déjà une vision qui correspond à l'idée moderne de la francophonie.

Il ne semble pas que la postérité immédiate d'Onésime Reclus ait retenu ses néologismes. On allait vivre longtemps encore en régime colonial, et les rapports entre colonisateur dominant et colonisé dominé n'étaient sans doute pas propices à faire se répandre l'idée d'une véritable *communauté* dans le cadre de la langue du colonisateur.

Il fallait attendre plus d'un demi-siècle pour voir réapparaître le terme et l'idée d'une francophonie internationale. Dans un numéro thématique désormais célèbre de la revue *Esprit*, en novembre 1962, « Le français, langue vivante », ses rédacteurs se proposent de « prendre la mesure de la francophonie, (...) en la situant d'emblée dans son contexte mondial, aux frontières des religions, des cultures et des politiques » (p. 562). On peut y lire bien des rapports sur la situation du français dans le monde (au Canada, en Tunisie, au Liban, en Indochine, etc.), y compris des témoignages d'une grande importance symbolique de leaders politiques de pays récemment indépendants, comme Léopold Sédar Senghor, président du Sénégal, et Norodom Sihanouk, roi du Cambodge.

C'est loin d'être un hasard si le terme et l'idée sont repris en 1962. On est juste après la période pendant laquelle la quasi-totalité des territoires sous dépendance française et belge obtiennent leur indépendance. Contrairement à ce qu'on pourrait croire, les pays qui viennent de se débarrasser du colonialisme n'adoptent pas d'attitude hostile ou revancharde envers l'ancien colonisateur ; ils sont pour la plupart prêts à repenser leurs rapports avec la France dans des termes d'échange et de coopération (l'Algérie et la Guinée constituant les exceptions majeures). Pour ce faire, ils essaient en même temps d'organiser leurs rapports réciproques de façon à former un *groupe* de pays – le tout avec la francophonie comme cadre.

Surtout la contribution du **Président Senghor** au numéro d'*Esprit* est symptomatique d'une telle attitude. Poète et homme politique (et futur acteur central de la Francophonie), Senghor est un fervent promoteur de la « négritude », du retour aux valeurs négro-africaines (voir le chapitre sur l'Afrique subsaharienne). Mais cette conviction ne l'empêche pas d'être en même temps un grand défenseur de l'attachement à la langue et à la culture françaises. Dans son article intitulé « Le français, langue de culture », il se propose surtout d'expliquer la raison de cette « dissociation de la politique et de la culture française » (p. 838) qui fait que, dans la grande majorité des colonies françaises en Afrique qui viennent de se libérer du joug du colonialisme, « le français n'y a rien perdu de son prestige » (p. 837). La raison en est, d'après Senghor, d'une part, la façon sage dont le Général de Gaulle a contribué à réaliser les indépendances, et, d'autre part, les qualités de la langue française qui en font un outil de grande valeur pour l'élite qui va diriger les nouveaux pays africains. Dans sa conclusion, il lance un vibrant appel pour l'union du Nord et du Sud francophones : « La Francophonie, c'est cet Humanisme intégral, qui se tisse autour de la terre : cette symbiose des 'énergies dormantes' de tous les continents, de toutes les races, qui se réveillent à leur chaleur complémentaire. 'La France, me disait un délégué du F.L.N. (le Front de libération nationale algérien), c'est vous, c'est moi : c'est la culture française'. Renversons les propositions pour être complets : la Négritude, l'Arabisme, c'est aussi vous, Français de l'Hexagone. Nos valeurs font battre, maintenant, les livres que vous lisez, la langue que vous parlez : le français, Soleil qui brille hors de l'Hexagone. » (p. 844)

Il est également symptomatique qu'un des articles du numéro d'*Esprit* est signé **Jean-Marc Léger**, entre autres rédacteur en chef du quotidien québécois *Le Devoir* et future personnalité importante de la Francophonie. Avec le renforcement extraordinaire du sentiment national des Québécois dû à leur « Révolution tranquille », cette province canadienne, qui se considère volontiers comme une nation, est vouée à devenir un des territoires principaux de la francophonie (et en même temps un des acteurs principaux de la Francophonie). L'article de Léger, « Une responsabilité commune », est une brillante analyse des fondements de cette francophonie qui commence à prendre forme ; il mérite qu'on s'y arrête un instant.

Pour Léger, un changement profond a eu lieu à partir de la deuxième guerre mondiale pour ce qui est des rapports entre *langue* française et *culture* française (= en français). Pendant très longtemps, le prestige de la France a été tel que la langue française et les productions culturelles en français ont été plus ou moins automatiquement associées à la France seule (d'où, par exemple, la tendance à « oublier » l'origine suisse (Benjamin Constant), belge (Georges Simenon) ou autre de certains auteurs célèbres servant à rehausser la gloire du français. Au mieux, « les autres pays ou groupes de langue française n'étaient généralement considérés et, souvent, ne se considéraient eux-mêmes que comme de modestes prolongements culturels de la France » (p. 564).

Or, la deuxième guerre mondiale et la montée rapide des Etats-Unis comme superpuissance (et, corollairement, le renforcement de l'anglais comme première langue internationale) va changer profondément cette situation. La France, désormais en position de faiblesse sur le plan international (la place du français comme langue de travail à l'ONU n'est acceptée que de justesse en 1946!), a largement besoin des autres pays francophones pour la defense de la position et du prestige du français. Les autres pays francophones seront donc dans une plus large mesure co-responsables de l'usage et de la diffusion du français ; dans un premier temps, il s'agit surtout des « vieux » pays francophones que sont le Canada, la Belgique et la Suisse, et après 1960 viennent s'y ajouter le grand nombre d'anciennes colonies devenues pays indépendants. Mais cette communauté se constitue à condition que les autres pays ne soient pas considérés comme des « pupilles » mais comme des « associés », que la langue et la culture françaises ne soient pas « confondues avec le seule France » (p. 568).

A partir des années cinquante et soixante on peut donc observer, partout dans les pays où le français s'est enraciné d'une façon ou d'une autre, l'émergence de littératures nationales d'expression française marquées par une grande vitalité. Comme on le verra dans les chapitres sur les différentes régions, cette littérature francophone postcoloniale a une préhistoire plus ou moins longue – histoire longue au Québec (début du XIXe siècle), moins longue en Afrique (première moitié du XXe siècle). Mais elle a ceci en commun : elle ne prend un essor véritable qu'avec la prise en charge nationale (ou locale) de la culture empruntant la langue française pour s'exprimer.

Une visée principale de notre introduction à la francophonie sera de montrer comment ces cultures francophones très différentes s'appuient sur des réalités linguistiques qui sont aussi très différentes : langue officielle et maternelle au Québec, la position du français a été renforcée après la Révolution tranquille par une législation linguistique militante face à l'anglais omniprésent en Amérique du Nord ; en Afrique subsaharienne, où les ex-colonies ont généralement opté pour le français comme langue officielle, il reste une langue seconde qui n'est parlée que par une minorité plus ou moins grande selon les pays (en contact constant avec une multitude de langues africaines dont l'usage est généralement plus répandu) ; au Maghreb, l'usage du français est plus répandu (vie du travail, presse, enseignement supérieur, etc.), même si la langue est exposée à une politique officielle d'arabisation (surtout en Algérie).

On peut aussi noter que le dynamisme et la richesse de ces cultures émergentes ont fait naître une nouvelle discipline universitaire (souvent au sein des départements de français), à savoir les *études francophones*. Suivant l'acception courante du terme *francophone*, ces études concernent toutes les cultures d'expression française hors de France.

Cependant, les programmes des colloques d'études francophones, ainsi que les activités des divers centres universitaires, montrent que la culture française y a droit de cité une fois qu'il est question de mixité culturelle (culture d'immigrés, culture beur, Marguerite Duras écrivant sur l'Indochine, Hélène Cixous sur l'Algérie, etc.). On est même allé jusqu'à définir toute rencontre entre le français et une ou plusieurs autres langues et cultures comme relevant des études francophones (Bretagne, Corse etc.).

On constate donc encore une fois que nos termes clés, francophone et francophonie, peuvent avoir une signification complexe, mouvante, ce qui s'explique sans doute par l'extrême diversité des cultures qui nous intéressent.

1.4 La Francophonie politique et associative

La Francophonie politique et associative est donc un phénomène plus récent que la francophonie linguistique, culturelle et géographique, puisqu'elle est liée à des décisions politiques qui s'appuient sur l'existence préalable d'un monde d'expression française hors de France.

On peut y distinguer deux niveaux d'organisation différents. Il y a d'une part les organisations non-gouvernementales, liées à un métier ou bien à un secteur particulier de la vie publique, telles que l'Union internationale des journalistes et de la presse de langue française, l'Association internationale des universités partiellement ou entièrement de langue française, le Conseil international de la langue française et la Fédération internationale des professeurs de français. De nombreuses associations de ce type (ayant donc en commun leur base linguistique et leur caractère international) assurent un contact entre des acteurs francophones qui vivent et travaillent souvent très loin les uns des autres.

D'autre part, il existe une collaboration entre pays et gouvernements sous forme d'une **Organisation internationale de la Francophonie** (OIF) ; la manifestation principale en est les **Sommets de la Francophonie** (officiellement appelés : « Conférences des chefs d'Etat et de gouvernement de pays ayant le français en partage »).

Les Sommets constituent l'aboutissement d'une coopération entre pays qui commence dès la fin du colonialisme, et dont la première manifestation est la Conférence des ministres de l'Education nationale, ce qui nous dit déjà combien la question de la langue commune était essentielle aussi pour la collaboration politique.

Autre aspect important de cette première période de coopération politique : il s'agit surtout de rapports entre la France et ses anciennes possessions africaines, rapports qui sont organisés de façon bilatérale. Cette situation initiale sera modifiée par l'entrée en scène du Canada, entrée qui est largement motivée par la politique intérieure canadienne. Le Québec voit la Francophonie comme un forum pour exposer ses propres ambitions nationalistes et indépendantistes, alors que le Canada, pays officiellement bilingue, désire se manifester à côté de la France comme un des deux acteurs principaux de la Francophonie du Nord, entre autres pour montrer que le Québec n'est qu'une province canadienne, et non pas un pays.

Cependant, le Canada est fortement partisan d'une organisation multilatérale de la Francophonie, ce qui va créer bien des rivalités entre la France et le Canada dans les divers forums politiques. Le forum principal sera, jusqu'à la création des Sommets, l'**Agence de coopération culturelle et technique** (ACCT). Cette agence est créée en 1970 par 21 gouvernements, chiffre qui va croître régulièrement pour dépasser 40 au moment de la création des Sommets en 1986.

Les statuts de l'ACCT précisent que le but de l'agence n'est pas en premier lieu de défendre la position du français, mais plutôt de travailler en français pour la défense des cultures et des langues des pays membres (d'où des mots d'honneur prônant la Francophonie comme « plurielle, respectueuse des autres et porteuse de messages universels » (Barrat 1997 : 4)). Cette orientation de la politique communautaire est le résultat d'un double mouvement. Ecoutons un haut fonctionnaire sénégalais, Christian Valentin, représentant une optique africaine : « C'était le rêve assimilateur de la IIIe République française de rassembler tous les peuples de l'Empire autour d'une même langue parlée par tous, dans un même creuset culturel. Une même façon d'être, de vivre, de se comporter. On sait ce qu'il est advenu de cette utopie. Les peuples devenus indépendants ont rejeté cette politique, qui nie ou qui ignore les autres réalités linguistiques et culturelles, tout en reconnaissant ce que la langue française et la culture qui la sous-tend apportent à l'universel. Ils ont naturellement revendiqué pour les peuples qui se sont approprié le français de vivre dans leurs langues et selon leurs cultures. La francophonie est née de ce rejet, de cette reconnaissance et de cette revendication. » (2001 : 55)

Il s'agit là d'une réalité culturelle qu'ont bien saisie les leaders politiques du Nord, tel François Mitterrand qui déclare, au Sommet de la Francophonie de Dakar en 1989 : « Ce n'est pas la langue française qui fait la francophonie, mais sa coexistence avec les 2000 langues de l'espace francophone. » (Cité par Valentin 2001 : 53.) Et, dans une optique « nordiste » encore une fois, l'ancien Président de la Conférence Générale de l'ACCT, Roger Dehaybe, prône « le multilinguisme comme véhicule même de la francophonie », en évoquant le « partenariat actif entre le français et les grandes langues africaines » comme un « garant de la pérennisation de l'usage du français au sein des grandes communautés d'Afrique » (2001 : 29-30).

Pourtant, même si le discours officiel, dans le Nord de la francophonie aussi bien que dans le Sud, annonce un usage plus actif des langues africaines dans la vie publique et surtout dans l'éducation, la position du français reste prédominante. Les raisons en sont multiples. D'une part, l'introduction des langues nationales comme langues officielles risquerait de créer des conflits interethniques dans les Etats plurilingues ; d'autre part, les décideurs africains tendent à continuer un système de formation qui les a formés eux-mêmes (voir Chaudenson 2000 : 31-35).

Au cours des années, l'ACCT s'investit de plus en plus dans des questions économiques et sociales, et son but principal devient le développement des pays francophones du Sud. Aujourd'hui l'ACCT (devenue « Agence intergouvernementale de la Francophonie ») est un opérateur important dans la structure globale de la Francophonie, où nous trouvons, au sommet de la pyramide, les Sommets.

Le premier **Sommet de la Francophonie** est organisé en 1986 à Paris, avec des représentants de 41 pays et gouvernements (le grand absent étant l'Algérie, pour des raisons politiques). L'initiative est venue du côté africain en 1975 (le président Senghor), mais le projet a été lent à réaliser, surtout à cause de la querelle québéco-canadienne sur le droit à la représentation. Un compromis est enfin trouvé qui donne au Québec une place dans les Sommets à côté du Canada.

Les Sommets sont bisannuels, ils ont eu lieu en France (2 fois), au Canada (2), en Afrique (4) et en Asie (2), le nombre de participants ayant oscillé entre 40 et 55 (pays et régions). Au Sommet de Hanoï en 1997, est nommé, pour la première fois, un Secrétaire général de la Francophonie ; désormais, ce sera la personnalité la plus influente de la Francophonie politique. Que Boutros Boutros-Ghali, ancien Secrétaire général de l'ONU, ait été choisi pour ce poste de porte-parole et personnalité rassembleur de l'organisation politique, montre bien les ambitions de la Francophonie. Le but n'est plus seulement celui de veiller à un meilleur développement des pays du Sud grâce à l'assistance de ceux du Nord, mais aussi de jouer un rôle sur la scène de la politique mondiale en travaillant pour la paix et la solidarité entre les nations. Cette ambition idéologique, qui a obligé les Sommets à prendre position par rapport au respect des droits de la personne, a mis au jour la très grande disparité de régimes au sein de la famille francophone. Un nouveau Secrétaire général est nommé lors du Sommet de Beyrouth en

2002, à savoir l'ancien président sénégalais Abdou Diouf, ce qui montre bien l'importance de l'Afrique pour la Francophonie.

En lisant les diverses introductions à la Francophonie, on est frappé par le côté militant du mouvement politique et associatif. Chez beaucoup de ses porte-parole domine un vocabulaire de combat, de guerre, chez certains on sent une conviction frôlant un dévouement religieux : ils luttent pour une *cause*, contre un *ennemi*. Un des militants les plus marquants en est Stélio Farandjis, l'ancien Secrétaire général du Haut Conseil de la Francophonie (qui est aujourd'hui un organisme satellite de l'OIF). *Philosophie de la Francophonie* (1999) est un recueil de discours et d'articles où il déclare sa « foi dans la Francophonie » tout en nous assurant que son combat « n'est dirigé contre aucun peuple, contre aucune langue » (p. 7). Il a, cependant, de « vrais adversaires », à savoir « ceux qui sont partisans d'une langue unique, d'une pensée unique, d'une puissance unique » (p. 8).

D'autres acteurs sont moins discrets, comme par exemple Bernard Destremau, membre de l'Institut de France (institution officielle rassemblant les cinq Académies), qui décrit une situation de guerre où ceux qui défendent la langue française sont responsables de l'avenir de plus de 200 millions de personnes : « Si nous ne livrons que des combats retardataires en renonçant peu à peu à notre mission internationale, la France sera la déception du monde alors que tant d'êtres sur la Terre attendent d'être épaulés face à l'absolutisme linguistique des puissances que vous savez. » (1998:1) Et la lutte pour perpétrer l'usage de la langue française est une grande cause, puisqu'aucune autre langue n'assure autant que le français « l'équilibre entre les besoins d'expression d'ordre matériel et ceux d'ordre spirituel » (p. 2). Cette profession de foi d'un militant francophone considérant la montée de l'anglais comme première langue internationale comme une menace contre la richesse de la culture mondiale, est typique de l'attitude de bien des responsables de ce mouvement de lutte et de défense qu'est la Francophonie.

Un problème se pose inévitablement au militant francophone qui prétend ainsi défendre, à travers la défense du français, le multilinguisme des pays francophones, et donc aussi leur spécificité et leurs différences, car il lutte en même temps pour défendre UNE grande cause, à savoir la langue française, avec les vertus et les qualités qui lui sont propres.

Le linguiste belge Jean-Marie Klinkenberg a clairement mis à nu ces contradictions dans *La langue et le citoyen. Pour une autre politique de la langue française* (2001). Pour Klinkenberg, il est important de laisser tomber deux dogmes relatifs à la langue française, à savoir celui d'une « francophonie unitariste » (supposant qu'il serait possible de décrire *une* situation linguistique francophone) et celui s'exprimant par un « discours essentialiste » (p. 76) (prétendant que le français véhicule certaines valeurs parce qu'il est le français, p. 61). Le problème est, dit Klinkenberg, que la francophonie officielle, celle des Etats, n'a pas grand-chose à faire avec celle constituée par « l'ensemble des personnes qui, de par le monde, utilisent réellement le français, soit parce que c'est leur langue maternelle soit parce que c'est leur langue seconde, la langue officielle de leur pays ou une langue qu'elles ont apprise par plaisir ou par intérêt » (p. 77). Alors que la première (la francophonie officielle) a eu tendance à nous faire croire que « cette francophonie est une vaste fraternité » (p. 75) et que défendre la langue commune veut dire en même temps défendre certaines valeurs comme la démocratie (« défendre la démocratie, cela peut parfaitement se faire en anglais, en allemand, en arabe ou en serbo-croate », p. 78), la seconde est une réalité linguistique et culturelle plurielle : « Aucune politique sérieuse du français ne pourra dorénavant faire abstraction de la nouvelle donnée : que le français est désormais le bien d'un monde pluriel, et qu'il est *ipso facto* devenu une langue plurielle. » (p. 74)

C'est notamment à cette réalité linguistique et culturelle plurielle que nous aimerions initier nos lecteurs. Pour ce qui est de la Francophonie politique et associative, nous n'avons pas l'ambition de la présenter dans sa complexité. Ceux qui s'y intéressent particulièrement trouveront une présentation très solide de son histoire, de sa structure et de son fonctionnement chez Michel Tétu (1988, 1997) aussi bien que chez François-Pierre Le Scouarnec (1997). Pour ce qui est des chiffres et des statistiques, on consultera avec profit *Quid*.

1.5 Qui sont les (vrais) francophones ? Combien sont-ils ? Le problème du dénombrement

Le sens de l'adjectif « francophone » est donc ambigu, puisqu'il réfère à la fois à la francophonie avec minuscule et à la Francophonie avec majuscule. Ainsi, pour répondre à une question comme « Qui appartient (vraiment) au monde francophone? », il est important de bien préciser le contenu exact des notions.

Nombreux sont ceux qui ont voulu compter les francophones, d'aucuns pour avoir une idée de la réalité linguistique de la francophonie, d'autres pour promouvoir l'idée de la communauté politique de la Francophonie tout en montrant sa vitalité et son potentiel (surtout face à l'anglais). On peut même soupçonner des instances officielles françaises d'avoir voulu augmenter à volonté le nombre de francophones dans le monde pour nous assurer de la bonne santé de la langue française! (Voir Chaudenson 2000 : 54.) Comme on peut trouver des chiffres allant de 100 millions à 300 millions, il convient de préciser les critères d'étiquettage pour savoir de quoi il est question dans l'un ou l'autre cas.

Une première constatation utile : bien des pays sont membres ou associés de la Francophonie politique sans que les populations en question soient francophones, même partiellement. Comme l'idée principale de la Francophonie est d'instituer une collaboration entre pays et gouvernements en se servant de la langue française comme un instrument de travail commun et unificateur, et non pas de s'appuyer sur des situations linguistiques qui auraient un certain nombre de dénominateurs communs dans tous les pays, il se peut bien que l'usage du français par les instances politiques de tel pays membre ne reflète aucunement un usage répandu du français dans la population en question. On peut même dire, avec Robert Chaudenson, que la volonté de la Francophonie d'accepter des pays membres qui sont très loin d'être linguistiquement francophones est telle que, « plus le chiffre total des populations des Etats qui adhèrent aux instances francophones *croît*, plus le pourcentage de citoyens de ces Etats qui parlent français *décroît* » (2000 : 53). Et l'ambiguïté sémantique liée à l'adjectif *francophone* augmente au fur et à mesure que « l'écart se creuse entre la 'francophonie linguistique' (définie par des compétences) et la 'francophonie géopolitique' (Etats ou gouvernements adhérant aux instances de la francophonie avec des statuts divers et pour des motivations multiples) » (2000 : 52). On peut noter que c'est un problème qui ne préoccupe pas seulement les linguistes. Lors du Sommet de Beyrouth en 2002, les représentants du Québec ont proposé de resserrer les critères d'adhésion à l'OIF pour s'assurer que le français ait une position minimale dans les pays qui posent leur candidature (*Le Devoir* (Montréal), 19-20/10/2002).

Pour illustrer la confusion qui peut ainsi s'installer à cause de l'ambiguïté du mot « francophone », citons l'exemple de l'Egypte. Ce pays, dont la langue officielle est l'arabe, adhère à l'ACCT en 1983 et participe aux Sommets de la Francophonie depuis le premier, en 1986. La présence du français au pays date de l'expédition militaire de Napoléon (1798) ; pendant deux siècles, la langue a joué le rôle de langue de culture pour une petite élite intellectuelle pour qui elle a servi de lien principal avec le monde occidental. La relative vitalité du français en Egypte était assurée par un grand nombre d'établissements scolaires francophones ainsi que par une presse d'une certaine importance. Aussi la francophonie compte-t-elle plusieurs écrivains d'origine égyptienne qui ont choisi le français comme langue d'expression.

Avec la révolution nationaliste de Gamal Abdel Nasser en 1952, la situation a beaucoup changé ; on estime aujourd'hui que la très grande majorité des francophones réels ont plus de soixante ans. Et on peut soupçonner le pays d'opportunisme lorsqu'il entre dans l'ACCT en 1983. Après l'accord de paix avec Israël en 1979 (Camp David), l'Egypte connaît de graves problèmes diplomatiques au sein du monde arabe (le siège de la Ligue Arabe est transféré du Caire à Tunis), et sa participation à la Francophonie lui permet de trouver des alliés utiles (voir Chaudenson 2000 : 58).

Malgré la récession du français en Egypte, la langue y garde une certaine position et un certain prestige. C'est ainsi qu'on a vu récemment l'Université Senghor (francophone) s'installer à Alexandrie, et au Sommet de Hanoï en 1997, l'ancien ministre égyptien Boutros Boutros-Ghali a donc été nommé Secrétaire général de la Francophonie.

Ainsi on peut dire avec Michel Tétu que l'Egypte « est un des piliers de la Francophonie » (1997 : 179). Mais dire que c'est un pays francophone serait certainement erroné. Le Haut Conseil de la Francophonie donne le chiffre de 215 000 francophones réels pour une population de plus de 50 millions d'habitants (soit moins de 0,5%), et nous dirons avec le sénateur français Jacques Legendre, spécialiste politique des affaires francophones, que « dans la pratique, il est évident que l'Egypte n'est pas un Etat francophone. Elle est un peu plus anglophone que francophone, mais est surtout essentiellement arabophone. » (1996 : 53).

Il en est de même pour un nombre important des pays membres de l'OIF. Certains adhèrent à la Francophonie en jouant une « carte » qui peut leur donner certains avantages (Chaudenson 2000 : 58), alors que pour d'autres, le français peut avoir joué, ou joue encore, un certain rôle à un certain niveau de la vie du pays ; c'est le cas pour des pays aussi différents que la Roumanie (pays de langue romane), la Syrie (ancien mandat français) et le Vietnam (ancienne colonie française). Mais ces pays ne font pas pour autant partie de la francophonie linguistique comme le font des pays comme le Maroc ou le Sénégal. Et même un auteur comme Jacques Barrat, qui dit vouloir, dans son livre, distinguer les deux Francophonie/francophonie, ajoute à la confusion lorsqu'il dit que le français n'est plus la seule propriété des locuteurs de langue maternelle française en Europe et au Québec, mais qu'il « appartient tout autant aux Vietnamiens, (...) aux Sénégalais, aux Bulgares, (...) aux Tunisiens » (1997 : 12), confondant ainsi des pays avec une population substantielle de francophones réels, comme le Sénégal et la Tunisie, avec des membres de la Francophonie ayant un infime taux de parlants français (d'après Deniau (1997 : 62-3) : 10% pour le Sénégal, 30% pour la Tunisie, 0,1 % pour le Vietnam, alors que la Bulgarie n'est même pas notée).

Cependant, même si l'on a décidé d'éviter cette confusion en s'appuyant systématiquement sur les réalités linguistiques pour évaluer le nombre de francophones dans le monde, il reste toute une série de problèmes à résoudre, de délimitations à faire.

Une première distinction va nous aider à mieux catégoriser les locuteurs francophones. Elle sera établie en tenant compte du statut de la langue française dans un pays donné :

1. Langue officielle et maternelle

A part la France, le français est langue maternelle (ou première) de la grande majorité de la population au Québec et sur une partie délimitée du territoire de la Belgique et de la Suisse ; il est également langue maternelle d'une minorité canadienne hors Québec.

Pour cette catégorie de locuteurs, le comptage des francophones est relativement facile vu le statut de langue maternelle et l'existence d'un système éducatif complet.

2. Langue officielle et seconde

Tel est le statut du français dans la quasi-totalité des pays dits francophones de l'Afrique subsaharienne. Le français est une langue apprise à l'école (par une certaine partie de la population) qui co-existe avec une langue maternelle africaine (éventuellement aussi avec une ou plusieurs autres langues de communication).

Compter les francophones dans ces pays est une chose compliquée puisqu'on touche à la question du degré de compétence des locuteurs aussi bien qu'à celle de la fréquence de l'usage de la langue. Quelle est la qualité du français pratiqué par tel locuteur ou groupe de locuteurs, et dans quelles situations la langue est-elle parlée?

Indépendamment de tels critères d'évaluation, une première constatation s'impose : il y a une très grande différence entre les pays, entre pays pauvres à faible taux de francophones et pays relativement riches où une partie substantielle de la population parle français.

3. Langue sans statut officiel, mais en usage

Il s'agit principalement des trois pays maghrébins : le Maroc, l'Algérie et la Tunisie. Même si, pour des raisons politiques, ces pays, au moment de leur indépendance, ont opté pour l'arabe comme langue officielle, le français y est toujours une langue d'usage importante.

Paradoxalement, il y a relativement beaucoup plus de francophones dans les pays maghrébins que dans les pays subsahariens (où le français est langue officielle). La vitalité du français au Maghreb est due, entre autres, à son usage dans les média et la vie culturelle, dans l'enseignement secondaire et supérieur et dans les relations internationales. Le problème du comptage des francophones est le même que pour la catégorie précédente.

Une fois établies ces trois catégories de pays selon le statut du français dans chaque pays, on peut procéder à une autre catégorisation qui prend en compte la compétence du locuteur et la fréquence de l'usage du français.

Consultons d'abord *Atlas de la langue française* (Bordas) qui, pour catégoriser les locuteurs des pays où le français est une langue seconde apprise à l'école, s'appuie sur une analyse des systèmes scolaires ; sont pris en compte l'infrastructure économique, l'année d'introduction du français, le statut du français (langue d'enseignement ou langue/matière), etc. Ensuite sont établies pour chaque pays trois catégories de locuteurs:

L0 = les personnes n'ayant aucune connaissance du français ;

L1 = **les locuteurs potentiels** qui ont suivi un cursus scolaire d'au moins deux ans en français ;

L2 = **les locuteurs réels** qui ont suivi un cursus scolaire d'au moins six ans en français.

Dans les tableaux présentés, le taux de L2 (francophones réels) peut varier de 5% dans un pays pauvre et enclavé comme le Mali jusqu'à 44% dans un pays côtier et relativement riche comme le Congo ; si l'on additionne L2 et L1, cela donne 10% pour le Mali et 59% pour le Congo (1993).

Certaines estimations combinent les critères de compétence et de fréquence de l'usage. Michel Tétu propose ainsi les catégories suivantes :

– **les locuteurs habituels ou réels** (langue maternelle ou bien langue d'usage (seconde) pratiquée sans problème) ;

– **les locuteurs occasionnels** (langue maternelle peu pratiquée ou langue acquise utilisée à l'occasion sans être parfaitement maîtrisée) ;

– **les locuteurs potentiels** (en contact avec le français sans le parler ; leurs enfants pourront l'apprendre à l'école). (1997 : 87)

Pour Tétu, il y a une forte corrélation entre francophonie et scolarisation, mais il inclut aussi parmi les locuteurs occasionnels ceux qui apprennent un français approximatif dans la rue ou au travail, sans être scolarisés. En effet, on a vu se développer, surtout dans certaines grandes villes africaines, un phénomène qui complique encore le dénombrement dans la francophonie.

Alors que l'apprentissage scolaire du français dans certains pays ne montre aucun signe de progrès, on a pu observer (par exemple à Abidjan en Côte d'Ivoire, à Ouagadougou au Burkina Faso) un étonnant succès d'un français populaire qui tend à supplanter les langues de communication africaines (Ngalasso et Ploog 1998, Batania 1998).

Se pose alors la question des français. Faut-il commencer à évaluer, non pas la situation du français comme une norme unique plus ou moins bien maîtrisée, mais plutôt la situation du français telle que la langue se réalise par une série de variantes à travers le monde?

Celui qui a sans doute proposé le système le plus solide et le plus exact pour décrire la situation linguistique réelle dans la francophonie, est Robert Chaudenson. Vu que la francophonie linguistique a « un rapport de plus en plus lointain avec la francophonie géopolitique » (2000 : 53) (à cause de l'entrée de nouveaux pays non-francophones au « club » de la Francophonie), il est d'autant plus important d'établir des données exactes pour ce qui est de la *compétence linguistique* réelle (surtout pour les hommes politiques qui désirent agir dans le domaine de l'éducation). Ainsi Chaudenson critique le terme « occasionnel » parce qu'il nous fait penser à la *fréquence* de l'usage du français en occultant le fait de la *compétence* du locuteur.

Pour mieux mesurer l'état linguistique réel d'un pays donné, Chaudenson propose une *grille d'analyse des situations linguistiques* (méthode élaborée surtout pour être utilisée en Afrique francophone) (2000 : 109–22). Ce qui constitue la solidité de l'approche de Chaudenson, est surtout le fait qu'il mesure le degré de compétence d'un pays donné selon deux axes : d'une part sont prises en considération la place et la fonction officielles de la langue dans le pays (le *status*), par exemple dans la vie administrative et dans l'éducation ; d'autre part sont analysées les pratiques linguistiques réelles (le *corpus*), comme par exemple la façon d'apprendre la langue (langue maternelle ou langue seconde), la compétence linguistique réelle, la production et la consommation langagières.

La dichotomie *status/corpus* lui permet entre autres de distinguer nettement les pays subsahariens ayant le français comme langue officielle (*status* fort, *corpus* faible) des pays maghrébins où le français n'est qu'une langue d'usage (status faible, corpus fort). Le schéma permet également à Chaudenson de constater définitivement qu'un pays membre de la Francophonie comme le Vietnam (qui s'exprime en anglais dans la plupart des organisations internationales) a un score extrêmement faible selon les deux axes, alors que d'autres pays membres récents de la Francophonie n'ont

« ni **status** ni **corpus** appréciables » en tant que pays linguistiquement francophones (2000 : 180-81).

Ajoutons que Chaudenson a aussi proposé, « par boutade », des catégories pour distinguer trois sortes de locuteurs d'après leurs compétences en français. Alors que tous les habitants des pays où le français est une langue en usage (officiel ou non) constitue la « franco-faune », il y distingue :

1) les francophones (qui ont une compétence complète ou importante)
2) les « francophonoïdes » (qui ont une compétence partielle, réduite ou passive)
3) les « franco-aphones » (qui ont une compétence très réduite ou nulle) (2000 : 55-56)

Se basant sur des tests effectués à partir de sa propre méthode, Chaudenson avance les chiffres suivants pour l'Afrique francophone :

- francophones 10%
- « francophonoïdes » 25%
- « franco-aphones » 65%

Tout ce qui a été dit jusqu'ici sur l'ambiguïté des termes et les fluctuations sémantiques, doit nous mettre en garde contre une quantification trop définitive. Mais le chiffre d'environ 110 millions de vrais francophones dans le monde semble assez fiable ; le recensement du Haut Conseil de la Francophonie en 1997 donne 112 millions, le même chiffre qu'indique le *Quid 2001*. D'après cette dernière source, le chiffre global se répartit ainsi sur les continents (en millions) :

- Afrique 32,2
- Amérique 10,5
- Asie, 1,7
- Europe 67,9

Les chapitres qui suivent présenteront la situation historique, linguistique et culturelle des populations francophones les plus importantes hors de France (donc d'un peu plus de 50 millions de locuteurs).

Références

Atlas de la langue française (1995) (dir. P. Rossillon). Paris, Bordas.

BARRAT, Jacques (1997) : *Géopolitique de la Francophonie*. Paris, PUF.

BATANIA, André (1998) : « La dynamique du français populaire à Ouagadougou (Burkina Faso) », dans *Francophonies africaines* (éd. Batania, A et Prignitz, G.). Université de Rouen, coll. Dyalang.

CHAUDENSON, Robert (2000) : *Mondialisation : la langue française a-t-elle encore un avenir?* Paris, Didier Erudition.

DEHAYBE, Roger (2001) : «Un modèle alternatif», in *Revue des deux mondes*, nov.-déc. 2001 («La maison francophonie»).

DENIAU, Xavier (1998) : *La francophonie*. Paris, PUF («Que sais-je?»).

DESTREMEAU, Bernard (1998) : «Les enjeux», in *Revue des Sciences morales et politiques* : «La Francophonie. Etat des lieux», hors série, PUF.

FARANDJIS, Stélio (1999) : *Philosophie de la Francophonie*. Paris, L'Harmattan.

GALLET, Dominique (1995) : *Pour une ambition francophone*. Paris, L'Harmattan.

KLINKENBERG, Jean-Marie (2001) : *La langue et le citoyen. Pour une autre politique de la langue française*. Paris, PUF.

LEGENDRE, Jacques (1996) : «La francophonie vue de la France», dans *Francophonie : mythes, masques, réalités* (éd. B. Jones et al.). Paris, Publisud.

LÉGER, Jean-Marc (1962) : «Une responsabilité commune», dans *Esprit*, 311, nov. 1962.

LE SCOUARNEC, François-Pierre (1997) : *La Francophonie*. Montréal, Boréal.

NGALASSO, Mwatha Musanji et PLOOG, Katja (1998) : « Le français des écoliers abidjanais : la revanche de la rue sur l'école? », dans *Francophonies africaines* (éd. Batania, A. et Prignitz, G.). Université de Rouen, coll. Dyalang.

PÖLL, Bernhard (2001) : *Francophonies périphériques*. Paris, L'Harmattan.

RECLUS, Onésime (1880) : *France, Algérie et colonies*. Paris, Hachette.

SENGHOR, Léopold Sédar (1962) : «Le français, langue de culture», dans Esprit, 311, nov. 1962.

TÉTU, Michel (1988) : *La francophonie. Histoire, problématique et perspectives.* Paris, Hachette.

TÉTU, Michel (1997) : *Qu'est-ce que la francophonie?* Paris, Hachette.

VALANTIN, Christian (2001) : «Francophonie et langue française», dans *Revue des deux mondes*, nov.–déc. 2001 («La maison francophonie»).

VIATTE, Auguste (1969) : *La francophonie.* Paris, Larousse.

WALTER, Henriette (1998) : *Le français d'ici, de là, de là-bas.* Paris, Lattès.

2 La francophonie européenne : Belgique, Luxembourg, Suisse

La carte des territoires européens de langue française ne suit que partiellement les frontières nationales. Le présent chapitre présentera ces prolongements linguistiques du territoire français que constituent la Belgique et la Suisse. Ce sont deux pays où le français est langue maternelle d'une partie de la population (sur un territoire géographiquement délimité) et en même temps une des langues officielles ; avec la France, ils constituent « le bloc francophone originel » (*Dictionnaire général de la francophonie* 1986 : 358). Nous jeterons aussi un coup d'œil sur le Luxembourg, territoire germanophone mais aussi pays plurilingue où le français est une des langues officielles et dominantes, sans être la langue maternelle de la population autochtone.

2.1 La Belgique

La Belgique connaît une situation linguistique et administrative extrêmement complexe. Selon la constitution actuelle, le pays est un État **fédéral** divisé en trois **régions** différentes (qui sont donc des entités politiques) : la Flandre – unilingue néerlandophone, la Wallonie – unilingue francophone avec une minorité germanophone, et Bruxelles-capitale – bilingue. Mais la Belgique fédérale donne aussi un statut officiel à trois **communautés** établies d'après la langue maternelle des citoyens : le français, le néerlandais et l'allemand, des communautés qui ne correspondent qu'imparfaitement aux trois régions. Cette situation complexe est surtout due au fait que le pays n'est pas le résultat d'une volonté nationale et unitaire, mais plutôt de décisions de puissances étrangères qui ont occupé le territoire de l'époque romaine et jusqu'à l'indépendance en 1830. S'y ajoutent aussi des modifications des frontières liées aux guerres du XXe siècle (pour les territoires germanophones).

Il n'existe pas de recensement linguistique récent, mais on estime que la population (env. 10 millions d'habitants) se répartit à peu près ainsi sur les trois langues officielles :

- le néerlandais : env. 60 %
- le français : env. 40 %
- l'allemand : 0,6 %

Chaque groupe linguistique vit sur un territoire ayant une frontière commune avec un pays voisin parlant la même langue : la France au sud, l'Allemagne à l'est et les Pays-Bas au nord.

2.1.1 Historique

L'histoire de la Belgique moderne commence avec l'indépendance en 1830. Jusque-là, le territoire correspondant plus ou moins au pays actuel avait connu des régimes divers. Il est d'abord occupé par les Romains (la Gallia Belgica) jusqu'au Ve siècle ; ensuite, le nord du pays est envahi par les Francs, ce qui fixe déjà une première frontière linguistique entre parlers germaniques au nord et parlers romans au sud.

Les deux tiers du territoire de la future Belgique (la principauté de Liège n'en fait pas partie) connaît ensuite une période bourguignonne (1381-1477), une période espagnole (1506-1713) et une période autrichienne (1713-1795), avant d'être occupée par la France révolutionnaire de 1795 jusqu'à la défaite de Napoléon en 1815. Finalement, le pays est rattaché aux Pays-Bas jusqu'à son indépendance en 1830.

La « révolution » de 1830 est une révolution *bourgeoise* ; ceux qui prennent le pouvoir sont les bourgeois censitaires (qui payent l'impôt requis pour avoir le droit de vote), c'est-à-dire moins de 50 000 sur une population de 4 millions. Même si le français, le néerlandais et l'allemand sont reconnus comme langues *nationales*, le choix du français comme seule langue *officielle* est évident pour l'élite sociale, francisée depuis le XVIIIe siècle, et c'est de ce choix que découle l'âpre conflit linguistique belge entre néerlandophones et francophones. Car le statut du français comme langue officielle ne correspond nullement à une position de langue majoritaire dans la population. En effet, le premier recensement linguistique (en 1846) montre qu'une majorité parle le flamand (un certain nombre de dialectes apparentés au néerlandais) et une minorité parle des variantes d'origine romane (environ 10% parle le français standard). Le rapport de forces entre langue germanique et langue romane est ainsi à peu près le même qu'aujourd'hui. En 1830, l'Etat belge est donc officiellement unilingue français, mais réellement un territoire plurilingue où sont parlés un grand nombre de dialectes se rapportant à deux langues principales, le français et le néerlandais.

Pendant cette première période, la frontière linguistique n'a pas la même fonction qu'aujourd'hui, où elle est une frontière entre le nord néerlandophone et le sud francophone. Au début il s'agit davantage d'une démarcation sociale entre la bourgeoisie, wallonne aussi bien que flamande, qui se sert du français comme d'une langue de pouvoir, et le peuple, largement analphabète, qui pratique un grand nombre de dialectes, flamands au nord, wallons au sud.

Représenter cette situation comme une « oppression linguistique délibérée » est un anachronisme (Leton et Miroir 1999 : 23). La langue de l'élite, c'est-à-dire de la bourgeoisie francophone, devient tout naturellement la langue du pays, et en plus il s'agit d'une langue qui jouit d'un énorme prestige international. Mais au cours du XIXe siècle, l'unilinguisme français commence à être vécu comme une injustice par la majorité flamande, d'où la naissance d'un **mouvement flamand**.

Ce mouvement est d'inspiration romantique ; la langue est considérée comme l'âme du peuple et une composante importante de l'identité nationale. Le mouvement sera nourri entre autres par des scandales judiciaires ; lors d'un procès en français en 1865, les accusés sont condamnés à mort sans comprendre un mot de la langue. Petit à petit, le mouvement flamand obtient une reconnaissance de la culture et de la langue flamandes qui se traduit par une série de lois lingusitiques :

- 1873 : le néerlandais est introduit comme langue de la justice en Flandre
- 1878 : la langue devient langue administrative
- 1898 : la langue est déclarée langue officielle en Flandre à côté du français

Dans les années 20 et 30, de nouvelles lois sont votées qui renforcent encore davantage la position du néerlandais.

Cette émancipation de la langue dominée mais majoritaire commence à être perçue comme une menace en Wallonie (francophone). Les Wallons craignent une évolution vers un bilinguisme national imposé par la majorité flamande, et le terrain est ainsi préparé pour le régime linguistique introduit en 1932, régime qui est à la base de la situation linguistique actuelle, celui du **double unilinguisme** : néerlandais au nord, français au sud (avec Bruxelles comme capitale bilingue). Ce clivage linguistique et culturel est exprimé ainsi, dès 1912, par la formule célèbre de l'homme politique wallon, Jules Destrée, dans sa « Lettre au Roi » : « Sire, vous régnez sur deux peuples. Il y a en Belgique des Wallons et des Flamands, il n'y a pas de Belges. »

Vers un État fédéral

Ce clivage sera encore plus évident après une série de modifications constitutionnelles entre 1960 et 1995. La loi de 1932 sur le double unilinguisme introduit un principe qui sera renforcé par la législation linguistique ultérieure, à savoir le principe de territorialité (ou du droit du sol) : les lois et les droits linguistiques dépendent du territoire où habite le citoyen (principe qui s'oppose à celui de personnalité, où les droits suivent la personne).

Après la deuxième guerre mondiale, la vie politique belge sera de plus en plus dominée par le conflit linguistique, au point qu'on peut parler d'un véritable dysfonctionnement du système politique. Pour y remédier, l'Etat renforce la fonction des régions et des communautés en leur transférant d'importantes compétences. Ainsi, l'histoire de la Belgique contemporaine montre que pour sauver l'unité du pays, il a été nécessaire d'affaiblir considérablement cette même unité.

De la Belgique unitaire (fondée en 1830), on passe par une période de régionalisation (1960-70), par des révisions constitutionnelles impliquant des transferts de compétences importants (1980 et 1989), pour arriver à la révision de 1993 qui fait de la Belgique un Etat fédéral.

Frontière linguistique et recensements

Un des majeurs problèmes intercommunautaires a été la fixation de la frontière linguistique, qui est aussi devenue, avec la régionalisation, une frontière politique importante. Cette frontière historique entre parlers germaniques au nord et parlers romans au sud s'est peu déplacée à travers les siècles. Cependant, jusqu'au milieu du XXe siècle, on a vu la frontière monter légèrement vers le nord, signe d'une certaine francisation de territoires flamands. Ces ajustements de la frontière ont été officialisés selon des recensements linguistiques décidant du régime linguistique à utiliser dans chaque commune.

Après 1932 et la loi linguistique du double unilinguisme, la frontière et les recensements sont devenus un problème politique majeur dû à la peur des Flamands de voir le français envahir, petit à petit, le sol flamand. Cette peur des Flamands ne semble pas sans fondement ; pendant longtemps, un certain nombre de Flamands se sont probablement dits francophones afin de s'assurer une ascension sociale. Les recensements ont donc pu stimuler une assimilation des Flamands vers la communauté francophone (Leton et Miroir 1999 : 75-76).

A l'approche du recensement linguistique prévu en 1960, la tension du côté flamand est telle que, pour calmer les esprits, le gouvernement belge décide de fixer la frontière linguistique une fois pour toutes, sans recourir à de nouveaux recensements à l'avenir. Pour que la frontière soit en accord avec la réalité linguistique du moment, la loi (de 1962) inclut certains transferts de territoires (par exemple des communes flamandes à majorité francophones rattachées à la Wallonie). Nous reviendrons aux problèmes particuliers liés à la périphérie de Bruxelles et au territoire des Fourons.

2.1.2 La situation actuelle

Régions et communautés

La Belgique fédérale est donc divisée en **trois régions**, chacune ayant son régime linguistique particulier :

- la **région flamande** (env. 5,9 millions d'habitants) qui est officiellement néerlandophone
- la **région wallonne** (env. 3,3 millions d'habitants) qui est officiellement francophone, mais où il y a aussi une minorité germanophone
- la **région de Bruxelles-capitale** (env. 950 000 habitants) qui est officiellement bilingue

Chaque région est dotée de son propre parlement et de son propre gouvernement.

Or, la réalité linguistique ne correspond pas à la délimitation territoriale : en Flandre, il y a, dans bien des communes, une importante communauté francophone qui a droit à une protection linguistique ; il en va de même pour les germanophones qui constituent une minorité en Wallonie, mais qui sont majoritaires dans un certain nombre de communes où il y a une minorité francophone.

Les compétences des régions concernent surtout des domaines de la vie publique qui ne touchent pas à la langue et à la culture, comme par exemple l'urbanisme, les logements, les transports, etc.

Afin de satisfaire les besoins qu'a la population de renforcer son identité linguistique et culturelle, la révision constitutionnelle de 1970 crée trois **communautés**, niveau administratif qui s'ajoute donc au niveau régional :

- la **communauté flamande** (env. 6 millions d'habitants)
- la **communauté française de Belgique** (env. 4,1 millions d'habitants)
- la **communauté germanophone** (env. 70 000 habitants)

Les communautés sont surtout chargées de domaines relatifs à la langue, tels l'enseignement, la culture et l'audiovisuel.

Chaque communauté est dotée d'un Conseil (parlement) et d'un gouvernement. Comme la région flamande correspond bien au territoire qu'habite la communauté flamande, les parlements et gouvernements des deux entités administratives ont fusionné.

La Belgique s'est donc dotée d'un système de gouvernement extrêmement complexe comportant six instances distinctes :

- **un gouvernement fédéral**
- **trois gouvernements régionaux**
- **deux gouvernements communautaires** (français et germanique)

Comme un grand nombre de compétences sont reparties sur les régions et les communautés, on peut se demander ce qui reste de l'Etat belge. D'après Leton et Miroir (1999 : 2), « il semble désormais difficile de transférer massivement de nouvelles compétences vers les régions et les communautés sans faire de l'Etat fédéré une coquille vide ». La Belgique est une construction assez fragile qui unit à peine deux peuples à forte tendance autonomiste.

Dans ce qui suit, on va regarder plus spécifiquement Bruxelles et la Wallonie, les deux régions où habite la très grande majorité des francophones de la Belgique.

Bruxelles – capitale bilingue

Une première observation géographique s'impose si l'on veut comprendre la position particulière de la ville dans la vie du pays : Bruxelles est une ville bilingue à forte majorité francophone située sur un territoire qui est historiquement flamand. Vu l'importance du principe de la territorialité en matière linguistique (surtout du côté flamand), il y a là une situation propre à créer bien des conflits.

En effet, la frontière linguistique entre sud et nord passe à quelques kilomètres au sud de l'extrémité sud de la capitale. Comme cette banlieue a eu tendance à se franciser, il s'est formé un couloir francophone reliant Bruxelles à la Wallonie, mais comme la frontière est immuable politiquement, cette réalité linguistique ne pourra pas influencer la situation géopolitique.

Fondée au Xe siècle, la ville reste pendant longtemps sans aucune présence française notable. Lorsque le latin cède la place aux langues locales comme langues d'écriture, c'est le flamand qui le remplace. Il faut attendre la période espagnole (XVIe siècle) pour voir le français s'imposer petit à petit, d'abord comme langue de la cour, ensuite comme une langue véhiculaire de plus en plus importante.

Cependant, malgré la période de francisation forcée au début du XIXe siècle (Napoléon), Bruxelles ne compte qu'environ 30% de francophones à l'indépendance en 1830. Mais la position du français comme langue officielle assure une francisation rapide des Flamands de Bruxelles (70% de francophones en 1930).

La situation linguistique actuelle (env. 85–90% de francophones) constitue un double paradoxe : Bruxelles est une ville très majoritairement francophone sur territoire flamand, et la langue dominante de la capitale n'est pas la langue majoritaire du pays.

La région bilingue de Bruxelles-capitale est donc le seul territoire belge où les deux communautés principales vivent *ensemble*, le bilinguisme étant une condition nécessaire de cette coexistence. On peut même penser que c'est principalement cette région qui assure une certaine unité belge : « Il est probable que si ce n'était pour la Région de Bruxelles, la Belgique serait déjà séparée en deux Etats distincts. » (Domenichelli 1999 : 131)

Il est évident que c'est le français qui domine la vie bruxelloise et que la minorité doit se plier à cette réalité. En tant que visiteur, on risque fort de ne pas rencontrer de néerlandophones qui ne soient pas bilingues. Mais cette situation ne comporte pas que des inconvénients pour la minorité ; le bilinguisme officiel oblige l'administration à assurer des services dans les deux langues, ce qui fait qu'un pourcentage relativement élevé de néerlandophones sont employés dans la fonction publique (les francophones étant moins enclins à apprendre l'autre langue).

La position du français à Bruxelles est renforcée par deux facteurs servant à internationaliser la ville, à savoir la forte immigration et la présence de fonctionnaires de grandes organisations internationales comme l'Union européenne et l'OTAN. Le taux d'immigration est beaucoup plus élevé à Bruxelles (29%) qu'ailleurs en Belgique (en moyenne 9%), ce qui n'est pas sans intérêt pour la situation linguistique. Car une très grande majorité des immigrés s'intègrent (plus ou moins bien) à la communauté française. Les raisons de cette prédilection sont multiples ; d'une part l'apprentissage du français est jugé plus rentable que celui du néerlandais, à Bruxelles aussi bien que sur un marché européen, et d'autre part une partie importante des immigrés viennent de pays où ils ont déjà une certaine expérience francophone avant leur départ (surtout le Maroc : un habitant sur treize est marocain à Bruxelles!), ou bien ils sont originaires de pays latins (Italie, Espagne).

Si l'immigration sert donc à renforcer l'aspect français de la ville, l'effet de la présence des fonctionnaires internationaux est plus ambigu. Bien entendu, les « visiteurs » que sont ces fonctionnaires se servent beaucoup plus souvent du français que du néerlandais en tant que membres de la population urbaine, mais leur usage très répandu de l'anglais comme langue véhiculaire est considéré, à long terme, comme une menace contre la prédominance du français. Une chose qui contribue à ce sentiment d'insécurité des francophones, est le fait que les Flamands tendent à négliger le bilinguisme franco-néerlandais pour choisir l'anglais comme une langue de communication belgo-belge (Javeau 1997 : 256–57). On verra se manifester la même tendance à utiliser l'anglais au détriment des langues nationales en Suisse.

Les communes à facilités

Pendant les dernières dizaines d'années, on a pu observer à Bruxelles une évolution démographique qui a entraîné bien des complications linguistiques. L'arrivée massive d'immigrés en centre-ville a déclenché une migration notable de citoyens aisés vers les quartiers résidentiels de la périphérie de la ville. Or, bon nombre de ces migrants, à forte majorité francophone, se retrouvent, en traversant la frontière de la région de Bruxelles-capitale, sur territoire (unilingue) flamand. Dans six de ces communes de la périphérie, les francophones sont devenus majoritaires, mais ils sont traités en minorité et doivent accepter les lois linguistiques flamandes.

Pour que cette situation soit vécue comme moins injuste, la législation a prévu un régime spécial de « facilités linguistiques », régime qui donne à la majorité francophone par exemple le droit de s'adresser en français à l'administration de la commune et d'organiser un enseignement maternel et primaire en français. Mais la loi ne permet pas d'école secondaire francophone, les employés municipaux sont flamands, le maire (en 1993 cinq sur six étaient francophones) doit s'exprimer en néerlandais, etc.

Le but des francophones des environs de Bruxelles est d'étendre le régime de bilinguisme à toute la périphérie de la ville, ce que refusent catégoriquement les Flamands qui craignent un effet de « tache d'huile » : un envahissement graduel du territoire flamand par le français. Des habitants francophones de ces communes ont envoyé des plaintes à la Cour européenne des Droits de l'Homme, sans avoir eu gain de cause.

***

Les autres communes à régime linguistique spécial se trouvent le long de la frontière linguistique. Des deux côtés, il y a des communes assurant une certaine protection de l'autre langue. C'est aussi le cas pour les communes germanophones dans l'est du pays, où la minorité française (env. 14%) semble bien protégée. Aussi les germanophones ont-ils intérêt à assurer à leur communauté une bonne maîtrise du français, puisqu'ils constituent, politiquement, une minorité dans la région wallonne.

L'exemple le plus célèbre de querelle intercommunautaire et frontalière à la belge vient sans aucun doute du territoire des **Fourons**. Cette commune fusionnée (moins de 5000 hab.) est historiquement flamande, mais elle s'est largement francisée au cours du XIXe siècle en constituant une partie de la province majoritairement wallonne de Liège.

Cependant, lors de la révision de la frontière linguistique en 1962, on décide de rattacher les Fourons à la province flamande de Limbourg. Cette décision est à l'origine d'une longue querelle entre une majorité francophone (env. 60%), désirant le retour à la province de Liège, et une minorité flamande bien contente de l'état des choses.

La querelle a lancé sur le devant de la scène le syndicaliste agricole José Happart qui est devenu le porte-parole des francophones et *bourgmestre* (maire) des Fourons. Bien des batailles se sont déroulées autour de sa personne, surtout à l'occasion de son élection à la fonction de bourgmestre. Dans cette fonction, il devait obligatoirement, puisque c'est une commune flamande, s'exprimer en néerlandais, langue qu'il disait (ou prétendait?) ne pas maîtriser. On a trouvé une « solution belge » au problème : il a été dégradé en *premier échevin* (assistant du bourgmestre) ayant la fonction de bourgmestre! Suite à cette période de querelles fouronaises, un curieux effet linguistique a été observé par les sociolinguistes : un territoire où la population vivait une situation triglossique, avec la coexistence de parlers germaniques et romans en plus du néerlandais et du français standard, est devenu bilingue franco-néerlandais, les querelles ayant soudé la population en deux groupes linguistiques homogènes (Klinkenberg 1997 : 274).

La Wallonie

La communauté française de Belgique se repartit donc principalement sur la région de Bruxelles-capitale (bilingue) et la région wallonne. La Wallonie (capitale : Namur) est aujourd'hui linguistiquement assez homogène (à l'exception de la minorité germanophone) ; mais la région est longtemps restée plurilingue, le parler wallon majoritaire (à côté d'un certain nombre d'autres parlers régionaux) ayant dominé comme langue de communication orale. Le français est une langue importée, écrite d'abord (en remplaçant le latin), ensuite parlée dans les villes par les couches cultivées, mais qui ne s'impose à la campagne que pendant la première moitié du XXe siècle (grâce à l'imposition de l'éducation primaire en 1918) (Francard 1993 : 319).

Même si le français est donc, depuis le XXe siècle, la langue commune des Wallons (et des Bruxellois francophones), il y a en Belgique une tradition plurilingue beaucoup plus tenace qu'en France, où la politique centralisatrice et l'introduction de l'école primaire dès la seconde moitié du XIXe siècle ont fait rapidement disparaître la plupart des parlers régionaux.

La Wallonie n'est pas délimitée par une frontière naturelle quelconque, ni par une frontière politique. C'est une entité qui est *d'abord* linguistique, et l'identité wallonne est surtout forgée en rapport avec la langue : les parlers romans d'abord, ensuite la langue française ; il s'ensuit que cette identité s'est nourrie de l'opposition à la langue et à la culture flamandes.

Mais cette opposition à la Flandre n'est pas que linguistique. Dès l'indépendance en 1830, on peut observer des différences religieuses aussi bien que politiques ; l'identité flamande est davantage marquée par le catholicisme (qui s'oppose au calvinisme néerlandais), alors que le libéralisme wallon est inspiré par le rationalisme français. Mais l'opposition qui a le plus marquée le XXe siècle est sans doute l'opposition économique, qui a évolué en faveur des Flamands. Alors que la Belgique de la fin du XIXe siècle est un des pays les plus riches du monde, grâce surtout à la révolution industrielle en Wallonie (Klinkenberg 1999 : 58), la Wallonie connaît une récession dramatique pendant la seconde moitié du XXe siècle (crise de l'industrie du charbon et de l'acier), en même temps que la Flandre réussit un bond économique considérable (électronique, pétrochimie autour du port important d'Anvers).

L'évolution économique a donc servi à mettre fin à l'infériorité historique des Flamands, qui se plaignent aujourd'hui du transfert nord-sud, c'est-à-dire de l'aide accordée par une Flandre prospère à une Wallonie en crise.

Les langues à l'école

Lorsqu'on considère combien les rapports intercommunautaires en Belgique sont complexes et tendus, on est curieux de savoir comment l'enseignement est réglementé d'un point de vue linguistique. En effet, la législation relative à la langue d'enseignement, aussi bien que celle concernant les langues enseignées, nous aident à compléter nos connaissances sur la Belgique dans une optique francophone.

Logiquement, dans chaque région la langue officielle est langue d'enseignement obligatoire. Dans la région de Bruxelles-capitale, c'est donc le français ou le néerlandais, selon la décision du « chef de famille ». La langue de scolarisation à Bruxelles est un des rares domaines de la politique linguistique en Belgique où les individus sont totalement libres de *choisir* leur appartenance linguistique (fidélité à la langue maternelle ou migration vers une autre langue), n'étant liés ni par le principe de territorialité, ni par celui de langue maternelle.

Dans les régions unilingues, on a droit à un enseignement maternel et primaire dans l'autre langue si un groupe d'au moins seize parents l'exigent. Si ces conditions n'existent pas, et pour tout enseignement secondaire, le principe de territorialité oblige les élèves de se déplacer vers le territoire de leur langue pour avoir un enseignement dans la langue maternelle.

Jusqu'ici, l'enseignement de la première langue « étrangère » dans l'école secondaire (éventuellement vers la fin du primaire) a renforcé l'aspect francophone de la Belgique. Le régime bilingue de Bruxelles impose l'apprentissage de l'autre langue comme première langue « étrangère », et, en plus, la grande majorité des élèves en Flandre choisissent le français, même si on observe depuis un certain temps une concurrence accrue avec l'anglais.

Ainsi, les chiffres (un tant soit peu optimistes?) de l'*Atlas de la langue française* (1995 : 58) stipulent qu'environ 2 500 000 Flamands parlent français plus ou moins bien (après huit ans d'apprentissage). Mais vu que l'enseignement en général est soumis aux règles de territorialité, on peut adopter un point de vue plus pessimiste, comme celui de Luisa Domenichelli (1999 : 68) : « L'impossibilité de changer de langue pendant les études, ainsi que la faible attention portée à l'enseignement de la deuxième langue creusent davantage le fossé linguistique ».

2.1.3 Littérature

Commençons par deux constatations paradoxales. D'une part, un grand nombre d'écrivains belges d'expression française ont fait carrière en France (et passent souvent pour français), tels que **Georges Simenon**, **Françoise Mallet-Joris**, et, plus récemment, **Jean-Philippe Toussaint** et **Amélie Nothomb** ; d'autre part, bien des écrivains célèbres, qui sont clairement identifiés comme belges, sont des Flamands qui, pour des raisons historiques, ont adopté (ou dont les familles ont adopté) le français comme langue d'expression et de création, tels que **Maurice Maeterlinck**, **Emile Verhaeren** et **Michel de Ghelderode**. Ce sont donc surtout ces derniers qui, aux yeux d'un public étranger, représentent une identité belge, alors que les premiers peuvent, sans faire un grand effort, entrer dans la littérature française sans y déballer un bagage identitaire spécifique.

Ce problème identitaire se matérialise entre autres par la question de la langue d'écriture. Pour le linguiste belge Jean-Marie Klinkenberg, la production littéraire en langue française est largement marquée par ce que les sociolinguistes appellent l'*insécurité linguistique* – un sentiment d'infériorité par rapport à une norme supérieure (le français littéraire de France) (Klinkenberg 1993 : 72-75).

Il en résulte deux attitudes chez les écrivains, attitudes contradictoires qui, ensemble, caractérisent la littérature belge d'expression française. La première est la recherche d'un certain *purisme*. En effet, à bien des égards, la Belgique est, dans un contexte francophone, le pays du *normatif*. Pour remédier au sentiment d'insécurité, on cherche à tout prix à rester fidèle aux règles ; aussi la Belgique est-elle un pays de grammairiens (par exemple Maurice Grevisse, auteur du célèbre *Bon usage*), grammairiens qui invitent volontiers à la « chasse aux belgicismes » (Hanse *et al.* 1971).

L'autre attitude consiste à transcender l'insécurité en introduisant des archaïsmes, de l'argot, des éléments de la langue populaire et des emprunts au flamand (style qualifié de *carnavalesque*). Les deux attitudes nous renvoient à un problème qu'on rencontre rarement dans la francophonie qui est plus périphérique que celle de la Belgique (par ex. au Québec, en Afrique), à savoir celui du *déficit en identité*. Alors qu'il s'est créé une véritable « Nation flamande », dit Klinkenberg (1999 : 58), la Belgique francophone a du mal à se définir : « C'est la Belgique moins la Flandre. » Et, chose significative selon le linguiste belge, il n'existe pas d'adjectif pour désigner ce reste de la Belgique qui s'appelle officiellement « la Communauté française de Belgique » : « Je ne sais si un seul de mes concitoyens se définit comme 'communautois'. »

Les Belges sont travaillés par un vide, dit notre collègue danois Ole Wehner Rasmussen ; en lisant leur littérature on a la sensation d'une « identité en creux » (1997 : 53). Ce vide identitaire est expliqué ainsi par le sociolinguiste Michel Francard (1993 : 66-67) : Puisque le français s'est imposé comme langue dominante chez les « petits voisins » que sont les Belges dès la première moitié du XIXe siècle, les francophones de la Belgique n'ont pas été linguistiquement menacés et n'ont donc pas eu à lutter pour leur position en tant que francophones : « A la différence des Québécois, par exemple, qui ont fait du français un des moteurs de leur destin collectif, les francophones de la Belgique n'ont pas été contraints, pour leur survie, de se forger une identité positive, c'est-à-dire de se reconnaître dans une culture, dans une histoire, dans une écriture et dans une parole qui leur appartiennent vraiment. »

Mais une fois constatée cette complexité identitaire, on n'a pas de mal à voir qu'une littérature française de Belgique existe, et que cette littérature nationale a une histoire qui coïncide grosso modo avec l'histoire de la Belgique indépendante.

Si *La Légende d'Ulenspiegel* (1868) est considérée comme l'oeuvre fondatrice de la littérature belge (**Charles De Coster**, 1827-1879), le symbolisme est le premier courant littéraire auquel des écrivains belges apportent une contribution importante. La revue *Wallonie* (créée à Liège en 1886) devient un carrefour de cette nouvelle littérature européenne. Y contribuent les Français **Verlaine** et **Mallarmé** à côté des Belges **Emile Verhaeren** (1855-1916), poète qui domine la littérature belge de la fin du XIXe siècle, et **Maurice Maeterlinck** (1862-1949), poète et surtout auteur de théâtre dont des pièces comme *L'intruse* (1890) et *Les aveugles* (1890) annoncent le théâtre absurde des années 50.

Un autre courant qui influence fortement la littérature belge est le surréalisme. Autour de revues littéraires comme *Résurrection* et *Distances* se groupent des écrivains refusant le conformisme littéraire et souvent adhérant à un programme politique radical (**Paul Nougé**, 1895-1967, **Fernand Dumont**, 1906-1945).

Pendant la même période, deux auteurs de théâtre se font remarquer, à savoir **Fernand Crommelynck** (1885-1970), qui connaît un grand succès à Paris grâce à son *Cocu magnifique* (1920), et **Michel de Ghelderode** (1898-1962) à qui son oeuvre abondante – plus de 80 pièces – assure une renommée mondiale.

La littérature d'après-guerre est de plus en plus dominée par des écrivains wallons et bruxellois (alors que les écrivains d'origine flamande écrivent de plus en plus en néerlandais). Un grand nombre de ces écrivains partent donc pour faire carrière ailleurs, le plus souvent à Paris. C'est le cas pour **Dominique Rolin** (1913), **Françoise Mallet-Joris** (1930), **Hubert Juin** (1926-1979) et **Marcel Moreau** (1933), alors que **Marguerite Yourcenar**

(1903-1987), de mère belge et de père français, finit par s'installer aux Etats-Unis, et que **Georges Simenon** (1903-1989), après sa jeunesse passée à Liège, part pour Paris et s'installe ensuite en Suisse.

Face à ces départs nombreux, est lancée l'idée de la « belgitude » (calquée sur la « négritude » de Senghor), idée présupposant un sentiment d'appartenance à un petit pays ayant une histoire et une culture qui lui seraient propres. Un représentant de ce courant est le romancier **Pierre Mertens** (1939) que des romans comme *Terre d'asile* (1978) et *Les éblouissements* (1987) identifient clairement comme un écrivain belge.

Même si bien des écrivains contemporains continuent à faire carrière à Paris, la nouvelle prise de conscience permet ainsi à d'autres écrivains wallons et bruxellois d'exploiter et d'afficher leur spécificité.

2.2 Le Luxembourg

Ce petit pays (env. 43 000 habitants) connaît une situation linguistique qui est très différente de celle de la Belgique. Si les langues en Belgiques sont *juxtaposées*, correspondant à des territoires d'utilisation bien délimités, au Luxembourg elle sont *superposées*, correspondant à des fonctions et à des domaines d'usage différents.

Commençons par une constatation qui a des conséquences importantes pour une description de la situation linguistique au Luxembourg : C'est un pays où le taux d'immigration est très élevé (env. 30%). Or, quand on parle en termes généraux de la situation linguistique au Grand Duché, on parle normalement de la situation des autochtones. Mais comme on va le voir, pour une bonne évaluation de la position du français, la prise en compte des immigrés est essentielle.

La langue maternelle de tous les autochtones est le **luxembourgeois** (lëtzebuergesch). Il s'agit d'un dialecte germanique qui, depuis une loi linguistique de 1984, est **la langue nationale**. Cependant, la même loi prévoit aussi une fonction officielle pour le **français** (langue de la législation) et pour l'**allemand** (langue administrative et judiciaire avec le luxembourgeois et le français).

On peut dire que toute la population autochtone est trilingue, même si tous ne sont pas à même de parler et d'écrire les trois langues correctement.

2.2.1 Historique

Cette situation, qui peut paraître complexe mais qui est en réalité une situation d'équilibre et de coexistence linguistique paisible, s'explique par une histoire qui ressemble, à certains égards, à celle de la Belgique. A tour de rôle sous dominance germanique, espagnole, française et néerlandaise, le pays obtient petit à petit son indépendance. 1839 est considérée comme l'année de naissance du Luxembourg moderne (traîté de Londres). En même temps, le pays devient linguistiquement homogène en cédant à la Belgique la partie francophone de son territoire (aujourd'hui la province belge de Luxembourg) ; le Grand Duché devient ainsi entièrement « luxophone » (excepté quelques villages le long de la frontière belge, et une très mince couche de la haute bourgeoisie qui utilise le français comme langue de tous les jours, voir Trausch 1992 : 106).

Cependant, tout au long de son histoire, le français et l'allemand ont joué un rôle important dans la vie officielle du pays. Pour ce qui est des rapports entre les deux langues, une tendance générale se dégage. Puisque la frontière avec la Belgique constitue aussi une frontière linguistique entre parlers germaniques et parlers romans, le Luxembourg fait incontestablement partie de la zone linguistique germanique. Mais toute tentative de germanisation forcée a renforcé la position du français au Luxembourg (par exemple l'obligation de ne fréquenter que des universités germaniques (1835) et l'usage obligatoire de l'allemand sous l'occupation nazi, voir Schlechter 1996 : 141). Il semble en effet que le pays s'est servi politiquement du français pour garder une certaine distance vis-à-vis de l'Allemagne. En témoigne par exemple la loi de 1843 qui, juste après l'entrée du Luxembourg en union douanière avec la Confédération germanique, fait du français une discipline obligatoire dans l'enseignement élémentaire. On peut même parler d'une francophilie constante à travers l'histoire du Luxembourg qui fait du pays un cas géolinguistique à part : C'est un pays de langue germanique qui, par une politique volontaire, a persisté à assurer au français une position prédominante dans la vie du pays (voir Trausch 1992 : 94).

2.2.2 La situation actuelle

Le trilinguisme luxembourgeois

La singularité de son paysage linguistique a suscité de nombreuses études sur le Luxembourg trilingue, études qui nous permettent d'avoir des idées assez précises sur l'usage des langues, en privé aussi bien qu'en public. Nous suivons surtout la présentation de Jean-Pierre Goudaillier (1993).

Vu l'usage historique du français et de l'allemand comme langues administratives, le luxembourgeois a longtemps été considéré comme un dialecte local, bien qu'il ait été parlé par l'ensemble de la population autochtone. Pendant longtemps il y a même eu une tendance à donner à l'allemand la fonction de langue maternelle (*Muttersprache*), tout en déniant au dialecte le statut de langue (Trausch 1992 : 109-110). Or, la seconde moitié du XXe siècle voit le luxembourgeois prendre de plus en plus d'importance (entre autres à cause de l'occupation nazi et l'usage forcé de l'allemand) ; la loi de 1984 qui fait du dialecte la langue nationale est donc l'aboutissement d'un long processus de valorisation de la langue du peuple. Aujourd'hui, le luxembourgeois est la langue qui domine les échanges oraux de la vie privée, et c'est la langue qui domine dans le domaine des discours, des conférences et des spectacles, ainsi que dans les cérémonies religieuses.

L'allemand occupe la première place comme langue des échanges écrits de la sphère privée. C'est aussi la première langue de la presse, de la littérature et de la radio. Dans ces mêmes domaines, le français occupe la deuxième position : après le luxembourgeois pour ce qui est de l'usage oral privé (80% et 13%), après l'allemand pour l'écrit privé (51% et 44%). Par contre, le français est la langue la plus importante dans les domaines de la télévision et du cinéma, ainsi que dans celui des échanges écrits professionnels et sociaux.

Les immigrés et les langues

Un autre facteur important joue aujourd'hui en faveur du français et tend à modifier l'équilibre trilingue au Luxembourg. Sur les 30% d'immigrés que compte le Luxembourg (50% dans la capitale!), 3/4 sont des romanophones (Portugais, Italiens, Français, Belges, Espagnols). Les enquêtes montrent clairement que le français tend à monopoliser la fonction de langue de communication entre les communautés linguistiques. Et comme le taux d'immigration est si élevé, « le français devient la langue de communication principale dans les domaines du travail et des relations sociales » (*Etat de la francophonie dans le monde* 2001 : 28).

Cette évolution change en même temps le statut social du français dans le pays. Considéré historiquement comme la langue ayant le statut le plus élevé (usage officiel, langue de la législation, langue de l'élite), il semble aujourd'hui aussi voué à devenir une langue populaire en remplaçant le luxembourgeois comme langue de la communication quotidienne dans les échanges entre autochtones et immigrés.

Les langues à l'école

Cette évolution a également des répercussions sur la place des langues à l'école. En principe, le luxembourgeois est la langue de l'école maternelle. Ensuite les élèves apprennent, à l'âge de 6 ans, à lire et à écrire en allemand, langue qui dominera dans l'enseignement primaire ; c'est un apprentissage qui est relativement simple à cause des similarités entre le parler luxembourgeois et l'allemand standard. Cependant, le français est introduit dès la deuxième année du primaire, et le rapport de force entre les deux langues se modifie graduellement au cours du cycle primaire. Alors que l'allemand est plus important que le français pendant les premières années de la scolarisation, les rapports sont inversés en dernière classe du primaire, tendance qui se renforce au cours du cycle secondaire. Ainsi on peut dire que le trilinguisme luxembourgeois se reflète dans le système scolaire : la langue maternelle est pratiquée à l'école maternelle, les deux langues supplémentaires sont apprises à l'école.

Mais vu la forte immigration romanophone, certains indices semblent prédire une évolution vers un renforcement de la position du français comme langue scolaire. Les étrangers d'origine latine ont un taux de naissance beaucoup plus élevé que les autochtones, ce qui veut dire qu'ils constituent un groupe encore plus important dans la population scolaire que dans la population totale. En voici un exemple : les Portugais représentent 10% de la population totale, 15% de la population scolaire, et seulement quelques pourcents des plus de soixante ans.

Il va de soi qu'un système scolaire donnant une place si importante à l'allemand (dont l'usage est surtout confiné à l'écrit) n'est pas pour convenir à la grande majorité romanophone des immigrés. Aussi a-t-on introduit, à titre d'essai, des classes utilisant le français comme langue d'enseignement principale.

Toutes les données démolinguistiques récentes semblent donc garantir au français un renforcement graduel de sa position face à l'allemand.

2.2.3 Littérature

Une première constatation s'impose : un écrivain luxembourgeois d'expression française peut difficilement être francophone dans le sens fort du mot, il est plutôt *francographe* - il écrit en français tout en restant fidèle à sa langue maternelle, le luxembourgeois.

En effet, la situation trilingue impose au Luxembourgeois désireux de devenir écrivain un *choix* linguistique, qui est en même temps un choix culturel. L'écrivain **Lambert Schlechter** nous a donné un témoignage précieux à propos de cette situation si particulière (1996 : 141-145). Il se présente comme à la fois « luxophone » et « francographe », et on est frappé par la ressemblance entre son rapport à la langue française et celui de l'écrivain africain. Le français est une langue seconde, « une langue apprise mais aussi une langue conquise ». Et Schlechter à déplorer le même danger que celui qui guette maints écrivains de la périphérie francophone (comme par exemple les Belges) : dans leur adoration de Paris, les Luxembourgeois francographes ont été « tellement terrorisés par la perfection du français que pendant des générations ils ont écrit des textes mort-nés ». Ce n'est que la génération la plus récente qui a osé pratiquer un français qui soit bien à elle.

2.3 La Suisse

Le nom officiel du pays en français est la **Confédération suisse**, alors que le sigle « CH », que nous connaissons des codes postaux et des plaques d'immatriculation des voitures, correspond à **Confœderatio Helvetica**. Aussi l'adjectif « helvétique » s'emploie-t-il comme synonyme de « suisse » dans bien des contextes officiels (par exemple « passeport helvétique »). On appelle la région de langue française la Suisse **romande** (ou la **Romandie**), et la région de langue allemande la Suisse **alémanique**.

Une particularité constitutionnelle du pays est la très large autonomie conférée aux **cantons** (qu'on peut bien qualifier d'« Etats » suisses). Il y en a en tout 26, dont 22 sont unilingues (17 allemands, 4 français et un italien), 3 sont bilingues français-allemand, et un seul est trilingue (allemand, italien, romanche).

La Suisse distingue les **langues nationales** des **langues officielles** : langues nationales :

- allemand, 64 %
- français, 20 %
- italien, 6,5 %
- romanche, 0,5 %
- autres, 9 %
  (*Office fédéral de la statistique*, 2002)

Les chiffres indiquent le % de la population totale, y compris un grand nombre d'immigrés. Les langues nationales sont celles qui, originairement, ont été parlées sur le territoire des divers cantons, et qui, par conséquence, ont droit à être cultivées et sauvegardées. Ceci est particulièrement important pour le romanche, qui est une langue peu employée et mal standardisée ; il s'agit en effet de cinq variétés qui sont regroupées sous une dénomination d'ensemble, ce qui ne rend pas facile l'action linguistique en sa faveur.

Les **langues officielles** sont celles qui peuvent être utilisées pour la communication entre les citoyens et la Confédération, et qui sont employées dans les services publics fédéraux (la poste, la douane, etc.). Jusqu'en 1996, le romanche n'avait pas de statut officiel, mais depuis, cette langue très minoritaire a un statut semi-officiel et peut être utilisée par les citoyens romanches pour communiquer avec les autorités centrales.

Il faut bien préciser que lorsqu'on parle de la Suisse comme d'un pays plurilingue, on ne parle pas de la compétence linguistique des habitants (comme on peut le faire à propos du Luxembourg), mais d'un aspect de la législation helvétique : « Le plurilinguisme apparaît (...) avant tout comme un attribut juridique de l'Etat, favorisant, d'une certaine manière, l'unilinguisme des habitants. » (Béguelin et De Pietro 2000 : 275) Le plurilinguisme officel permet donc à la grande majorité des habitants de n'employer que leur langue maternelle dans un contexte fédéral officiel.

Au-dessous du niveau fédéral, la situation linguistique est, comme en Belgique, régie par le principe de *territorialité* : chaque canton est libre, dans les limites posées par la Constitution, de déterminer le régime linguistique à appliquer au niveau cantonal. Mais, contrairement à la Belgique, ce principe est appliqué avec une certaine souplesse garantissant une *paix linguistique* relative.

2.3.1 Historique

L'histoire de la Suisse nous donne dans une large mesure les raisons de cette « pax helvetica », de cette cohabitation des groupes linguistiques dans une même nation.

Contrairement à la Belgique, qui à l'origine était une nation politiquement unitaire que divisaient langues et cultures, la Suisse est, dès sa naissance, le produit d'une confédération de territoires indépendants. La première alliance de trois cantons de 1291 s'étend petit à petit par la venue dans la Confédération de nouveaux territoires (ils seront huit en 1353, treize en 1513). Cependant, il faut attendre des siècles pour voir apparaître le pays plurilingue que nous connaissons aujourd'hui. A l'origine, la Suisse est « une nation allemande, formée autour d'une culture germanique » (Dessemontet

1984 : 27), alors que la participation romane à la Confédération ne date que du XIXe siècle (1803, 1815).

En plus, on risque d'avoir une idée fausse du pays si l'on cherche à saisir sa spécificité dans l'union des quatre groupes linguistiques : « L'Etat suisse ne repose pas, comme on a tendance à le croire à l'étranger, sur l'union de quatre ethnies, mais sur 25 cantons et demi-cantons [depuis 1978 : 26] : le Suisse est vaudois ou zurichois avant d'être romand ou alémanique. » (Marti-Rolli 1978 : 8)

Mais ceci n'empêche pas l'identité linguistique des cantons de montrer une très grande stabilité. A travers les siècles, la frontière linguistique n'a bougé que de quelques kilomètres (exception faite des territoires romanches qui se sont largement germanisés). Géographiquement, la Suisse romande et la Suisse alémanique d'aujourd'hui correspondent en gros aux territoires occupés par les romanophones et les germanophones il y a plus de 1000 ans, et le Tessin italophone est une partie de l'ancienne Lombardie italienne.

2.3.2 La situation actuelle

Les langues au niveau fédéral

Pendant cette longue période de construction nationale, la question de la langue n'en est pas vraiment une ; on chercherait en vain une politique et une legislation linguistiques d'une certaine importance. Lors de la révision constitutionnelle en 1848, est introduit un article constatant que les trois langues principales de la Suisse, l'allemand, le français et l'italien sont « les langues nationales de la Confédération », et qu'il y a entre ces langues des rapports d'égalité.

Ensuite, une révision de 1937 y ajoute une quatrième langue nationale, le romanche, langue minoritaire de la famille romane. La raison en est surtout la situation politique en Europe ; devant la menace des pouvoirs de l'Axe d'incorporer la Suisse à un grand empire germanique, le pays trouve bon d'affirmer une identité helvétique qui est beaucoup plus que germanique (Dessemontet 1984 : 63–64). Mais comme il est évident qu'une égalité réelle du romanche (parlé par 1% de la population) avec les trois langues principales créerait des complications énormes d'ordre administratif, on décide en même temps de faire des trois langues principales les langues officielles de la Confédération. Depuis 1938, l'article 116 relatif aux langues dans la Constitution fédéral dit donc que

« 1) l'allemand, le français, l'italien et le romanche sont les langues nationales de la Suisse.

2) sont déclarées langues officielles de la Confédération : l'allemand, le français et l'italien. »

Aujourd'hui, l'article 116 est remplacé par l'article 70 – *Langues*, dont le premier paragraphe constate que « les langues officielles de la Confédération sont l'allemand, le français et l'italien. Le romanche est aussi langue officielle pour les rapports que la Confédération entretient avec les personnes de langue romanche ».

Comparée à bien des Etats plurilingues avec minorités persécutées et droits linguistiques bafoués, la Suisse peut paraître un pays modèle où règne une remarquable harmonie dans la diversité linguistique. Cependant, dans l'optique des groupes minoritaires, la situation se présente autrement. En effet, la très grande disproportion entre les communautés linguistiques et la nette domination de l'allemand posent un évident problème d'équilibre et de parité. Pour bien voir ces problèmes, il n'est pas nécessaire de s'identifier avec la situation des locuteurs romanches dont la langue est en voie d'extinction et d'assimilation. Pour les italophones aussi bien que pour les francophones, la domination alémanique peut être vue comme une gêne : « Le prix de la *pax helvetica*, c'est d'être gouverné en allemand, par des politiciens et des chefs d'entreprise, des fonctionnaires et des ministres qui pensent et qui ordonnent en suisse-allemand », dit François Dessemontet, professeur et spécialiste romand du droit des langues en Suisse (1984 : 11).

On a déjà constaté que la Confédération reste un phénomène culturel et linguistique germanique pendant des siècles, avant d'accueillir ses composantes romanes ; l'histoire du pays aussi bien que la domination numérique des Alémaniques rendent probablement inévitable une inégalité certaine du statut des langues et des groupes linguistiques. Ainsi la maîtrise de l'allemand paraît-elle obligatoire pour un Romand qui désire faire carrière politique au niveau national (*Dictionnaire général de la francophonie* 1986 : 259), et les débats parlementaires qui se déroulent en principe dans les trois langues officielles, ne sont pas traduits en italien (Rossinelli 1992 : 187).

On peut donc dire que la situation linguistique au niveau fédéral est caractérisée par un *principe* d'égalité qui est tempéré par une *réalité* où règne pragmatiquement la loi du plus fort. Cette inégalité réelle de la situation des langues au niveau fédéral est prise en compte par l'article 70 *Langues*, cinquième paragraphe : « La Confédération soutient les mesures prises par les cantons des Grisons et du Tessin pour sauvegarder et promouvoir le romanche et l'italien. »

Les langues au niveau cantonal

La situation linguistique est donc relativement claire au niveau fédéral ; une remarquable continuité historique a préparé le terrain pour une coexistence des langues officielles sur la base de coutumes ancestrales, coexistence qui n'est pas sans poser des problèmes pour les plus faibles, mais qui reste quand même un modèle pour bien des pays plurilingues à conflits.

La situation est plus complexe au niveau cantonal, qui est, à bien des égards, le niveau politique principal en Suisse. La grande majorité des cantons sont donc *unilingues* ; selon le principe de territorialité, cela veut dire que la langue du canton est la langue de l'habitant, et qu'une personne ayant une langue première autre est censée s'assimiler, non seulement un étranger mais aussi un « immigré » suisse. Le principe de la liberté de la langue s'applique donc surtout au niveau fédéral (si la langue maternelle est une des langues officielles), alors qu'un locuteur suisse qui s'installe dans un canton d'une autre région linguistique que la sienne, n'a aucun droit d'y pratiquer sa langue maternelle dans un contexte cantonal public.

Bien entendu, les frontières cantonales ne coïncident pas complètement avec les frontières linguistiques. Mais dans les 22 cantons officiellement unilingues, le respect de la langue officielle est totale. En effet, un canton unilingue est à considérer comme un Etat où les résidants sont censés s'adapter au comportement linguistique officiel, même si leur langue « étrangère » est une des langues nationales de la Suisse. Ceci met en évidence combien l'identité cantonale est forte en Suisse.

Les cantons unilingues francophones

Genève, Vaud, Neuchâtel et le Jura sont les quatre cantons unilingues francophones. Les deux premiers sont les plus importants, par le nombre d'habitants aussi bien que par le poids que leur donnent Genève et Lausanne, deux villes jouissant d'un grand prestige international. Les chiffres officiels indiquent une légère progression du français au niveau national et un léger recul de l'allemand entre 1980 et 1990 (*Atlas de la langue française* 1995 : 62–63). Ces modifications linguistiques sont sans doute liées à l'immigration et dues à une plus grande assimilation vers le français, proche du français standard, que vers les dialectes alémaniques, *schwyzertütsch*, langue majoritaire des Suisses alémaniques qui est très différente de l'allemand standard.

Alors que Vaud fait partie de la Confédération depuis 1803, et Genève et Neuchâtel depuis 1815, le Jura n'y est entré qu'en 1978, suite à la querelle linguistique la plus dramatique de l'histoire de la Suisse. Jusqu'en 1978, le Jura constituait trois districts dans la partie nord du canton bilingue de Berne.

Un mécontentement de nature linguistique et religieuse s'était développé pendant plusieurs décennies, avec mouvement séparatiste, attentats et manifestations violentes. Après plusieurs référendums aux niveaux national, cantonal et local, on a créé le premier nouveau canton depuis 1815, un canton francophone à forte majorité catholique, alors que le sud du Jura, francophone mais protestant, a décidé de demeurer une partie du canton de Berne.

Les cantons bilingues

Les trois cantons bilingues, Berne, Fribourg et le Valais, sont tous traversés par la frontière linguistique séparant la région francophone de la région germanophone. Afin d'assurer un bilinguisme fonctionnel, le régime linguistique est basé sur deux principes majeurs : les habitants des cantons peuvent communiquer avec les autorités cantonales dans les deux langues officielles, mais les cantons redeviennent unilingues aux niveaux administratifs au-dessous du canton. Ainsi districts et communes sont généralement unilingues, sauf s'il y a sur les territoires en question une minorité importante parlant l'autre langue (à tous les niveaux, le bilinguisme s'impose si le taux est de 30% ou plus). La frontière linguistique qui traverse les trois cantons peut tout aussi bien traverser des districts et des communes, et on compte en effet environ 35 communes bilingues le long de la frontière entre l'allemand et le français.

– **Berne**. Dans ce canton, la minorité francophone constitue bien moins de 30% de la population (environ 8%), mais elle tire un grand profit du bilinguisme officiel du canton. Car les trois districts jurassiens du canton (des francophones protestants qui avaient décidé de ne pas se joindre au canton du Jura en 1978) ont le français comme seule langue officielle, ce qui veut dire que le français est langue d'enseignement des écoles communales et langue d'administration locale. Les 23 autres districts sont germanophones, sauf la ville de Bienne qui est traversée par la frontière linguistique ; elle est officiellement bilingue avec deux systèmes scolaires parallèles, administration bilingue, etc.

– **Fribourg**. Majoritairement francophone (env. 60%), le canton de Fribourg a longtemps hésité à garantir à la minorité allemande une parité satisfaisante des langues. Cependant, en 1990, la Constitution cantonale est modifiée de façon à consacrer une égalité juridique de l'allemand et du français. Pour ce qui est de l'enseignement, il est donné dans la langue officielle de la commune selon le principe de territorialité. Le bilinguisme est appliqué aussi dans la ville de Fribourg où certains quartiers sont francophones, d'autres germanophones ; à Fribourg il y a aussi une université bilingue où les cours sont donnés parallèlement en français et en allemand.

– **Valais**. La minorité germanophone constitue moins d'un tiers de la population, mais le canton est quand même un exemple d'un bilinguisme équilibré ; la parité du français et de l'allemand (les deux langues « nationales » du canton) est reconnue par la constitution depuis 1844, ce qui fait du Valais le premier canton officiellement bilingue.

La partie supérieure du canton est germanophone, la partie inférieure francophone ; petit à petit, la frontière linguistique s'est déplacée de façon à franciser une partie du territoire germanophone, dont les deux villes principales Sion et Sienne. Cependant, la présence traditionnelle de l'allemand dans ce territoire garantit à la petite minorité germanophone des deux villes le droit à un enseignement en allemand. Le régime linguistique des deux villes illustre ainsi le poids des traditions en Suisse, ainsi que l'importance constitutionnelle de la catégorie de « langue nationale ».

Langues et identités

– **L'allemand.** L'allemand est donc une des quatre langues nationales et une des trois langues officielles de la Suisse ; mais comme c'est aussi la langue de la grande majorité de la population et des régions les plus dynamiques d'un point de vue économique, il va de soi qu'il occupe une place à part. Mais ce qui intrigue les autres groupes linguistiques est moins la place dominante de l'allemand que l'usage très répandu des dialectes suisses (*schwyzertütsch*). En effet, la popularité des dialectes en Suisse alémanique est telle qu'elle semble compliquer considérablement la communication intranationale. Les Suisses d'autres langues découvrent que leur allemand scolaire ne leur sert plus à communiquer dans une Suisse alémanique où cette langue est de plus en plus réduite à fonctionner comme une langue écrite (Furer 1992 : 193).

– **L'italien.** L'italien est surtout parlé dans le seul canton italophone du Tessin (Ticino), et aussi par une petite minorité au sud des Grisons trilingues. Les italophones de nationalité suisse ne constituent que 4% de la population, mais à cause de la forte immigration d'Italie, la langue est parlée par plus de 8% de la population totale.

Cette situation linguistique unique (les immigrés italophones sont plus nombreux que les autochtones) n'est pas sans influencer la situation de l'italien en Suisse. Car historiquement, l'identité tessinoise se manifeste non seulement à travers la langue italienne dans un contexte helvétique, mais aussi par les dialectes du canton qui sont différents de l'italien standard. Or, l'immigration italienne massive a entraîné un usage de plus en plus répandu de l'italien standard, tendance qui est renforcée par la consommation de la radio et de la télévision italiennes. A long terme, on risque donc de voir disparaître la spécificité linguistique tessinoise (Furer 1992 : 198-200).

– **Le romanche**. Parlé par une minorité infime (env. 0,5%), le romanche est la seule des quatre langues nationales à ne pas avoir un canton où il est seule langue officielle. La Constitution des Grisons déclare que les trois langues parlées dans le canton, l'allemand, l'italien et le romanche, « sont garanties comme langues nationales », mais il n'a pas été possible « d'adopter une législation cantonale déterminant une aire propre au romanche ou d'autres mesures protectrices de cette langue menacée » (Rossinelli 1992 : 190).

Un des problèmes qui se posent à ceux qui travaillent pour la sauvegarde du romanche, est la multitude de dialectes romanches. Même si une norme unitaire écrite existe (le *Rumantsch Grischun*), des locuteurs romanchophones de dialectes différents ont tendance à opter pour l'allemand comme langue de communication interne.

En plus, l'allemand, la langue majoritaire de la Confédération, est aussi langue majoritaire du canton des Grisons, et il n'existe plus de romanchophone unilingue, l'allemand étant devenu nécessaire pour communiquer en dehors des quelques communes à majorité romanche. Depuis la fin du XIXe siècle, l'assimilation a réduit de moitié le territoire traditionnellement romanche, et tout indique que la langue est vouée à extinction en tant que langue vivante d'une partie de la population suisse : l'âge moyen des locuteurs est bien plus élevé que l'âge moyen en Suisse, le territoire où la langue est toujours parlée est morcelé (à cause de la germanisation continuelle des communes), toutes les communes où le romanche est encore langue majoritaire sont petites et relativement pauvres (ou bien elles connaissent un essor grâce au tourisme - surtout germanophone!). En plus, c'est une langue sans aucune force assimilatrice et sans prestige culturel ; il semble même que « les Romanches eux-mêmes sont gênés d'employer leur langue ailleurs que dans le cercle le plus étroit de la famille » (Dessemontet 1984 : 127).

– **Le français**. Comme on a pu le constater, la position du français ne semble pas menacée en Suisse. Il est une des langues officielles de la Confédération, langue officielle unique dans quatre cantons et *langue* co-officielle dans trois autres. La frontière linguistique entre l'allemand et le français est stable, et le taux de francophones montre une légère augmentation : 18% en 1980, 19 en 1990, 20 en 2000 ; en plus, les rapports entre la forte immigration en Romandie et l'augmentation du taux de francophones font preuve d'une assimilation rapide des immigrés.

Une des raisons en est certainement que les dialectes ont pratiquement disparu et que le français appris en Suisse est bon dans tous les pays francophones (ce qui est loin d'être le cas pour l'alémanique dans les pays germanophones). Or, comme en Wallonie, le français standard est à considérer comme une langue « étrangère » ayant supplanté des patois qui sont aujourd'hui quasiment disparus ou pratiqués seulement par des locuteurs âgés. D'après le sociolinguiste Pierre Knecht, l'introduction du français standard se fait entre autres par la Réforme calviniste et l'obligation de lire la Bible en français, d'où une « antériorité chronologique du style formel sur le style informel » (1996 : 761).

Y a-t-il un français romand? Non, répond Pierre Knecht : « Il n'existe pas de français romand susceptible d'être décrit en termes de structure grammaticale ou lexicale contraignante. » (1996 : 759) Ce qui ne veut pas dire qu'il n'existe pas de particularités propres au français parlé sur le territoire suisse. Mais ces particularités, que ce soit dans le domaine du lexique, de la syntaxe ou de la phonologie, s'observent normalement sur une partie du territoire sans couvrir l'ensemble de la Romandie (De Pietro 1995 : 229-230, Knecht et Rubattel 1984). Un Vaudois peut s'exprimer autrement qu'un Neuchâtelois, un Jurassien autrement qu'un Genevois, ou bien une particularité locale peut se retrouver dans une région française voisine.

Ce qui fonde l'unité linguistique en Romandie est donc le français comme langue officielle ; et en tant qu'idiome rassembleur, le français de la Suisse romande « diffère à peine de celui de France et, de façon plus générale, est plus conservateur que celui de Paris » (Knecht et Rubattel 1984 : 141). Mais, comme en Belgique, une fidélité à la norme de Paris n'est pas incompatible avec un attachement aux « parlures du terroir » (De Pietro 1995 : 233). En effet, les sociolinguistes ont observé que même s'il existe, toujours comme en Belgique, une certaine insécurité linguistique (dévalorisation de leur propre parler), les Romands éprouvent en même temps un plaisir à affirmer leur identité linguistique et leur appartenance à un territoire en utilisant par exemple *septante* et *nonante* (tombés en désuétude en France), ou bien en plaçant « personne » avant le participe passé dans une phrase comme « J'ai personne vu », influence du franco-provençal parlé sur presque tout le territoire romand jusqu'à l'introduction du français standard (De Pietro 1995 : 229).

Le quadrilinguisme face à l'anglais véhiculaire

On a vu que l'égalité de principe entre les quatre langues nationales cache une inégalité réelle pour ce qui est de leur usage dans la société suisse. D'un point de vue utilitaire, l'allemand est plus important que le français, qui est plus important que l'italien, qui est plus important que le romanche.

Cependant, jusqu'ici le système éducatif a contribué à renforcer la compréhension et le respect mutuel entre groupes linguistiques par l'enseignement obligatoire, dans chacune des régions linguistique et dès l'école primaire, d'une des autres langues nationales. En pratique, cela veut dire qu'une grande majorité des élèves des autres régions apprennent l'allemand, et que les jeunes Alémaniques apprennent surtout le français. Mais tout porte à croire que cette « paix scolaire » ne va pas durer. On a pu constater que les apprenants d'allemand sont démotivés par l'usage des dialectes en Suisse alémanique, et dernièrement le canton de Zurich, qui est le plus grand et le plus puissant de la Suisse alémanique, a décidé de remplacer le français par l'anglais comme première langue étrangère obligatoire dans les écoles primaires.

Voilà un signe certain qu'on est en train de repenser la situation linguistique interne du pays. Si l'anglais devient la langue de communication principale entre les groupes linguistiques en Suisse, il sera désormais difficile de promouvoir le quadrilinguisme comme une valeur servant à renforcer le sentiment civique des citoyens helvétiques.

2.3.3 Littérature

La littérature écrite par des écrivains originaires de la Suisse romande n'a guerre la fonction d'une littérature nationale (affirmant une identité hélvétique) avant le XXe siècle. Un étudiant de français a appris à considérer des écrivains d'origine suisse comme **Jean-Jacques Rousseau** (1712-1778), **Benjamin Constant** (1767-1830) et **Madame de Staël** (1766-1817) comme des représentants de la littérature française, catégorisation qui est motivée par leur usage d'un français littéraire standard et par leurs séjours et leur carrière en France. Ceci constaté, on peut toujours trouver intéressant de replacer un Rousseau dans son contexte genevois protestant en étudiant comment il s'est servi de l'homme suisse comme modèle pour son enfant de la nature. Et Daniel Combe n'hésite pas à affirmer que c'est « la publication de *La Nouvelle Héloïse*, en 1761, qui signe véritablement (...) l'acte de naissance d'un roman de langue française en Suisse et, avec lui d'une littérature spécifiquement *romande* ». Combe cite aussi le célèbre critique Jean Starobinski qui, dans une préface à *La Nouvelle Héloïse*, considère Rousseau comme le « premier écrivain romand » par son exploitation de la « différence féconde » entre la Suisse et la France (1997 : 28). Ou bien on peut expliquer le rôle important de Mme de Staël comme médiatrice de la culture germanique par son origine suisse, pays où les cultures se rencontrent. Mais la production de ces auteurs célèbres n'est pas encore considérée comme faisant partie d'un patrimoine suisse.

Malgré l'existence d'un courant d'*hélvétisme* aux XVIIIe et XIXe siècles (une Suisse alpestre, idyllique et pure, séparée du reste du monde), les historiens de la littérature romande sont d'accord pour considérer **Charles-Ferdinand Ramuz** (1878-1947) comme celui qui a, le premier, revendiqué une littérature spécifiquement romande. Dans sa revue *Les Cahiers vaudois* il exprime sa volonté de marquer la langue aussi bien que le contenu de ses oeuvres par une inspiration locale (*La grande peur dans la montagne*, 1926, *Derborence*, 1927).

Mais on risque d'être déçu si l'on cherche une littérature unitaire à identifier comme romande, car telle est l'importance de l'organisation cantonale en Suisse que les écrivains se disent volontiers valaisans ou vaudois avant d'être romands. Chaque canton a sa spécificité historique et culturelle, et les écrivains s'attachent souvent surtout à exprimer leur *pays*. C'est ainsi que **Jean-Pierre Monnier** (1920-1997) peut être considéré comme un romancier important du Jura (*L'arbre du jour*, 1971), que **Jacques Chessex** (1934) est le plus célèbre écrivain vaudois de notre époque (*L'ogre*, prix Goncourt en 1973), et que **Maurice Chappaz** est un écrivain resté fidèle au pays valaisan (*Le Match Valais-Judée*, 1968). Cependant, ces écrivains ne se limitent nullement à produire une littérature «régionale» ou folklorique. Tout en se déclarant vaudois avant d'être autre chose, Ramuz déclare aussi, dans le premier numéro des *Cahiers vaudois* (1914), que le particulier n'est qu'un point de départ pour atteindre plus sûrement le général.

Même s'il est donc difficile d'identifier une littérature romande homogène et que l'attachement au canton semble l'emporter sur l'identification nationale ou romande, il y a quand même un courant qui se distingue comme propre à la production littéraire de la Suisse romande, à savoir l'introspection moralisante sous forme de confessions, de romans autobiographiques ou de journaux intimes. Cette tendance s'inscrit sans doute dans le sillon des *Confessions* de Rousseau (1782-1789, éd. posthume), et aussi dans celui d'*Adolphe* de Benjamin Constant (1816), roman qui, selon Daniel Combe, illustre « le lien profond entre le genre de la confession autobiographique et la culture protestante, calviniste, qui prédispose à l'auto-examen et au repli narcissique du sujet sur lui-même » (1997 : 32). Le représentant le plus célèbre de cette tradition est **Henri-Frédéric Amiel** (1799-1846) qui, dans son *Journal intime* (environ 17 000 pages), entreprend une analyse profonde de son moi.

Cette tendance à l'introspection, qui s'explique sans doute en partie par l'isolement où ont longtemps vécu les Suisses, est contrebalancé par le genre du voyage. Parmi les voyageurs et cosmopolites, à qui la Suisse semble trop petite et qui partent à la découverte du monde, nous citerons **Charles-Albert Cingria** (1883-1954), qui se dit plus « Constantinopolitain » que Suisse, **Blaise Cendrars** (1887-1961) dont la *Prose du Transsibérien* (1912-1914) est devenu un classique de la littérature moderne, et **Nicolas Bouvier** (1929-1998) que *L'usage du monde* (1963) a rendu célèbre.

Nous rappelons finalement que la Suisse romande peut se vanter d'une tradition universitaire d'une qualité exceptionnelle en sciences sociales et humaines. Les travaux de **Jean Piaget** (1896-1980) ont révolutionné la psychologie, les *Cours de linguistique générale* de **Ferdinand de Saussure** (1857-1913) ont profondément marqué non seulement la linguistique du XXe siècle, mais aussi des disciplines comme l'anthropologie, la philosophie et la psychanalyse, et l' « Ecole de Genève » occupe une place à part dans la critique littéraire grâce aux travaux de **Marcel Raymond**, **Jean Rousset** et **Jean Starobinski**.

Références

Atlas de la langue française (dir. Rossillon, Ph.) (1995). Paris Bordas.

BEGUELIN, Marie-José et DE PIETRO, Jean-François (2000) : « Sans autre, schwentser, septante, séré, soccolis, sonderfall, souper, stamm, sundic...», dans *Le français dans tous ses états* (dir. Cerquiglini, B *et al.*). Paris, Flammarion.

COMBE, Daniel (1997) : « Suisse romande », dans *Littérature francophone, 1. Le roman* (dir. Bonn, C., Garnier, X. et Lecarme, J.), Paris, Hatier.

DE PIETRO, Jean-François (1995) : « Francophone ou romand? Qualité de la langue et identité linguistique en situation minoritaire », dans *La qualité de la langue? Le cas du français* (dir. Eloy, J.-M.), Paris, Champion.

DESSEMONTET, François (1984) : *Le droit des langues en Suisse*. Québec, Editeur officiel du Québec.

Dictionnaire général de la francophonie (1986). Paris, Letouzey et Ané.

DOMENICHELLI, Luisa (1999) : *Constitution et régime linguistique en Belgique et au Canada*. Bruxelles, Bruylant.

Etat de la Francophonie dans le monde (Données 1999-2000) (2001). Paris, La Documentation française.

FRANCARD, Michel (1993) : « Entre *Romania* et *Germania* : la Belgique francophone », dans *Le français dans l'espace francophone*, I (dir. Robillard, D. de et Beniamino, M.). Paris, Champion.

FURER, Jean-Jacques (1992) . « Le plurilinguisme de la Suisse : un modèle ? », dans *Les minorités en Europe* (dir. Giordan, H.). Paris, Editions Kimé.

GOUDAILLIER, Jean-Pierre (1996) : « La situation luxembourgeoise : vers un changement du statut de la langue française? » dans *Le français dans l'espace francophone*, II (dir. Robillard, D. de et Beniamino, M.). Paris, Champion.

HANSE, Joseph (*et al.*) (1971) : *Chasse aux belgicismes*. Bruxelles, Office du bon langage/Fondation Charles Plisnier.

JAVEAU, Claude (1997) : « Le contexte socio-politique de la langue française à Bruxelles », dans *Le français en Belgique : une langue, une communauté* (dir. Blampain, D. *et al.*). Louvain-la-Neuve, De Boeck-Duculot.

KLINKENBERG, Jean-Marie (1993) : « Insécurité linguistique et production littéraire », dans *Cahiers de l'Institut de linguistique de Louvain*, 19, 3-4.

KLINKENBERG, Jean-Marie (1997) : « Le cas de Fouron », dans *Le français en Belgique : une langue, une communauté* (dir Blampain, D. *et al.*). Louvain-la-Neuve, De Boeck-Duculot.

KLINKENBERG, Jean-Marie (1999) : Communication sans titre, dans *Citoyenneté, nations, supranationalité* (dir. Bernard, B.-J.). Montréal, Fides.

KNECHT, Pierre (1996) : « La Suisse romande : aspects d'un paysage francophone conservateur », dans *Le français dans l'espace francophone*, II (dir. Robillard, D. de et Beniamino, M.). Paris, Champion.

KNECHT, Pierre et RUBATTEL, Christian (1984) : « A propos de la dimension sociolinguistique en Suisse romande », dans *Le français moderne*, no 3-4.

LETON, André et MIROIR, André (1999) : *Les conflits communautaires en Belgique*. Paris, Presses Universitaires de France.

MARTI-ROLLI, Christine (1978) : *La liberté de la langue en droit suisse*. Zurich, Juris Druck + Verlag.

RASMUSSEN, Ole Wehner (1997) : « Le 'Manque à être' et la littérature francophone de la Belgique », dans *FrancophonieS et Identitaire* (dir. Charon, J.). Odense University Press.

ROSSINELLI, Michel (1992) : « Les droits de langue en Suisse », dans *Les minorités en Europe* (dir. Giordan, H.). Paris, Editions Kimé.

SCHLECHTER, Lambert (1996) : « Francophonie, francophilie et francographie », dans *Nos ancêtres les Gaulois* (dir. Engel, V. et Guissard, M.). Ottigies, Quorum.

TRAUSCH, Gilbert (1992) : *Histoire du Luxembourg*. Paris, Hatier.

3 La francophonie nord-américaine : Canada, Québec

La langue française est présente sur le continent nord-américain depuis l'arrivée des premiers explorateurs au XVIe siècle. Cependant, ni la prise de possession du Canada par Jacques Cartier en 1534 ni la fondation de Québec par Samuel de Champlain en 1608 ne déclenchent une véritable colonisation du territoire : les Français s'intéressent surtout aux métaux précieux et à la route vers l'Asie. Mais ils y trouvent au moins une ressource précieuse qui sera le premier objet d'exploitation de la « Nouvelle-France » pendant plus d'un siècle, à savoir la fourrure, richesse exploitée en conflit – et en collaboration – avec les Amérindiens, peuple autochtone qui habite déjà le continent depuis des millénaires.

Un réseau commercial est établi grâce à des explorateurs (des « coureurs de bois ») qui parcourent le continent jusqu'au golfe du Mexique au Sud, jusqu'aux montagnes Rocheuses à l'Ouest ; parallèlement sont établis des missions et des forts. Cependant, comme on le sait, le cours de l'histoire va faire de l'Amérique du Nord un continent à prédominance anglophone ; le peuplement des colonies anglaises va se faire avec une rapidité extraordinaire, alors que les Rois de France ne s'intéressent que médiocrement à une colonisation de peuplement. A titre d'exemple, on peut comparer les chiffres suivants : alors qu'en 1750 la Nouvelle-France, qui comprend à ce moment-là non seulement le centre de population de la vallée du Saint-Laurent, mais aussi le vaste territoire autour de la vallée du Mississippi jusqu'au golfe du Mexique, ne compte que 85 000 habitants, la Nouvelle-Angleterre a déjà 1 500 000 habitants sur un territoire 20 fois plus petit (*Quid 2001* : 997). De plus, les guerres en Europe vont faire perdre à la France la plupart de ses possessions en Amérique du Nord ; la plus grande partie de l'Acadie est cédée à l'Angleterre en 1713 (le traité d'Utrecht), la partie de la Nouvelle-France qui correspond au Québec actuel tombe sous contrôle britannique en 1763 (le traité de Paris), et la Louisiane passe sous contrôle espagnol en 1762.

Sous domination anglophone, les petites collectivités françaises dispersées sur le vaste continent vont graduellement se fondre dans le milieu anglophone ambiant. Ainsi, la langue française ne constitue aujourd'hui un aspect important qu'au Canada, où elle est majoritaire dans certaines régions ; elle ne joue qu'un rôle tout à fait marginal, voire folklorique, aux Etats-Unis (Nouvelle-Angleterre, Louisiane). La francophonie états-unienne sera brièvement abordée à la fin de ce chapitre.

La situation linguistique au Canada est très complexe. Vu l'histoire différente et la spécificité de la situation actuelle des populations francophones au Canada (position réelle et institutionnelle du français), nous allons distinguer trois régions principales pour présenter la francophonie canadienne : le Québec, l'Acadie, et l'Ontario et les provinces de l'Ouest. Mais pour mieux saisir la spécificité de chaque situation linguistique au niveau **provincial**, il est utile de regarder d'abord la question des langues dans une optique **fédérale**.

Le Canada – un pays officiellement bilingue

Pendant les siècles qui suivent la première colonisation du Canada, la question de la langue n'en est pas vraiment une. Chaque communauté est libre d'utiliser sa langue, le français et l'anglais existent l'un à côté de l'autre, leur usage étant surtout local. Du côté des francophones, l'Église catholique est un acteur principal dans la sauvegarde de la langue et sa transmission d'une génération à l'autre.

Ensuite, avec l'établissement de gouvernements provinciaux, et surtout avec la création de la **Confédération canadienne** en 1867, la question de la langue devient une question politique et administrative. La Constitution prend la forme d'un pacte entre les « deux peuples fondateurs » de la fédération, les Anglais et les Français ; l'article 133 de la Constitution établit que les deux langues seront utilisées au niveau fédéral dans les textes de lois, devant les tribunaux et dans les débats au Parlement, ainsi que dans la province du Québec dans les domaines analogues. On peut noter que ni les services administratifs ni l'éducation ne sont concernés par l'article 133.

Il s'agit donc d'un bilinguisme limité valable pour l'État fédéral (central) et pour la seule province du Québec. Les autres gouvernements établissent des régimes provinciaux qui sont unilingues anglais, ce qui enlève aux communautés francophones locales leur autonomie linguistique. Cette perte de liberté est surtout sensible dans le domaine crucial de l'éducation.

La Confédération de 1867 accorde à chaque province le droit d'établir le système d'enseignement qu'elle désire, ce qui crée une situation difficile pour les minorités francophones (en général beaucoup plus importantes qu'aujourd'hui). qui voient la majorité des provinces établir un système scolaire unilingue anglais (Martel 1996 : 239–42). C'est, par exemple, dans cette situation que l'Ontario adopte son fameux règlement 17 qui interdit l'enseignement en français, affaire à laquelle nous reviendrons dans le chapitre sur l'Ontario.

Le Québec constitue une exception à cette homogénisation de l'enseignement dans la mesure où la province, en harmonie avec son bilinguisme limité, permet à la minorité anglaise d'établir un système d'éducation complet.

Le régime législatif de 1867, qui ne protège nullement les minorités francophones au niveau provincial, est radicalement changé dans la seconde moitié du XXe siècle, d'abord par la **Loi sur les langues officielles** de 1969, qui reconnaît la dualité linguistique du Canada et en fait un pays officiellement bilingue, ensuite par la **Charte canadienne des droits et libertés** de 1982, dont l'article 23 garantit des droits scolaires particuliers aux minorités linguistiques ; cette loi peut sans doute être considérée comme une réponse stratégique du côté fédéral à la Loi 101 québécoise qui, en 1977, fait du français la seule langue officielle du Québec (voir le chapitre sur le Québec).

Nationalisme québécois et bilinguisme canadien

Ce renforcement du caractère bilingue du pays est donc une réponse à la montée du nationalisme québécois et aux forces politiques du Québec qui sont pour l'indépendance de la province. La politique du bilinguisme est surtout l'œuvre du premier ministre canadien Pierre Elliott Trudeau (lui-même d'origine québécoise), qui en fait une arme stratégique dans sa lutte pour faire barrage aux aspirations indépendantistes québécoises.

Mais ceux qui profitent surtout de la politique de bilinguisme, sont les francophones minoritaires des autres provinces, qui voient leurs droits linguistiques considérablement renforcés. D'une part, ils ont le droit d'utiliser leur propre langue dans leur communication avec les divers services gouvernementaux ; d'autre part, ils ont certains droits au niveau provincial, en tant que minorité, si leur nombre le justifie. Cette dernière restriction est surtout importante pour la question des écoles. Quel est le nombre nécessaire d'élèves pour qu'on puisse exiger des écoles homogènes en français? Quelle concentration de francophones est requise pour que ceux-ci puissent gérer leurs propres écoles? La question des écoles est essentielle pour la vitalité des francophones minoritaires au Canada. (On trouve une brève introduction aux réglements relatifs au bilinguisme canadien dans Foucher 1999, une étude très détaillée dans Domenichelli 1999.)

Ainsi, on trouve parmi les minorités francophones hors Québec peu de partisans des aspirations du Québec à l'indépendance ; plutôt de conviction fédéraliste, ils savent bien que leur situation en tant que minorité a été renforcée par la stratégie fédérale.

Bilinguisme et francophonie

Est-ce que le bilinguisme canadien peut servir à stabiliser la position du français dans le pays? Le renforcement institutionnel du caractère bilingue du Canada est-il propre à freiner l'assimilation des francophones à l'anglais? Pour le Québec, la question ne semble pas avoir de pertinence pour le moment. Indépendamment de la politique du bilinguisme, la province a renforcé sa propre défense du français, qui est, en 1974, déclaré seule langue officielle de la province. Au Québec, le bilinguisme sert donc surtout à renforcer les droits de la minorité anglophone.

Pour les provinces anglophones et pour la seule province bilingue, le Nouveau-Brunswick, le bilinguisme semble être, pour les minorités francophones, une arme de défense à double tranchant. D'une part, il sert sans aucun doute à améliorer l'infrastructure linguistique des minorités (écoles, divers services publics) ; les lois fédérales ordonnent aux provinces de respecter certains droits fondamentaux des minorités, qui peuvent éventuellement s'adresser aux tribunaux si les gouvernements provinciaux ne respectent pas les ordonnances fédérales.

Mais d'autre part, l'assimilation des minorités à l'anglais semble suivre son cours ; le recensement de 1996 montre que le Canada hors Québec compte 4,5% de locuteurs de langue maternelle française (970 000), alors que 2,9% seulement ont le français comme langue d'usage. Plus de 35% (env. 350 000) des francophones minoritaires sont donc déjà assimilés ou en voie de l'être (Statistique Canada). Nous allons voir plus loin qu'il y a de très grandes différences entre les différentes régions – peu d'assimilation au Nouveau-Brunswick, beaucoup dans les régions les plus faiblement francophones ; mais un trait général s'en dégage : le bilinguisme des minorités francophones du Canada est généralement *soustractif* – l'apprentissage et la pratique de la langue de la majorité, l'anglais, nuisent au maintien de la langue maternelle. Pour les anglophones, par contre, le bilinguisme sera toujours *additif* – ils apprennent le français (entre autres dans les très populaires programmes d'immersion où l'enseignement se fait en français) comme une langue en addition qui ne remplace l'anglais comme langue maternelle que dans des cas exceptionnels (Foucher 1999, Landry et Allard 1999).

NB: Pour toutes les statistiques relatives à la situation linguistique au Canada, nous précisons que « langue maternelle » veut dire « première langue apprise et toujours comprise », alors que la « langue d'usage » est la langue principale utilisée à la maison, en famille.

3.1 Le Québec

Unique province du Canada à avoir le français comme seule langue officielle, le Québec est le bastion de la francophonie en Amérique du Nord. C'est aussi le seul territoire en dehors de l'Europe où une population majoritaire d'une certaine importance a la langue française comme langue maternelle (env. 6 mill.).

En légère hausse depuis une vingtaine d'années, le taux de francophones (langue maternelle) est d'environ 82%. La minorité anglophone constitue environ 10% de la population québécoise, alors que les allophones, terme utilisé au Québec pour désigner ceux qui ont une langue maternelle qui n'est ni le français ni l'anglais, constituent le reste.

Deux problèmes principaux ont longtemps préoccupé les instances linguistiques officielles au Québec, à savoir la tendance des allophones à opter pour l'anglais comme langue d'usage, et la concentration de l'anglophonie à Montréal, ville qu'un visiteur risque de percevoir comme parfaitement bilingue. Par des mesures législatives et administratives, les divers gouvernements québécois travaillent depuis trente ans à modifier cette évolution démolinguistique en renforçant la position réelle et officielle du français comme langue nationale des Québécois.

Comme cette présentation du Québec est faite principalement dans une optique francophone, nous n'aborderons ni l'histoire des peuples autochtones, ni leurs rapports aux colonisateurs. Ceux qui cherchent à se renseigner sur cette partie de l'histoire du Québec (et du Canada) pourront consulter par exemple l'étude de Stanley Bréhaut Ryerson (1997) : *Les origines du Canada*.

3.1.1 Historique

Il est possible de constituer les étapes principales de l'histoire des Québécois en suivant l'évolution des noms utilisés pour les désigner. D'abord considérés comme des « Français » (immigrés), ils deviennent ensuite des

« Canadiens » (dès les premières générations nées au Canada). Puis ils sont pour une longue période des « Canadiens-français » (traduction de « French-Canadians ») ; selon l'historien Michel Brunet, le terme « prit naissance le jour où les Canadiens se virent forcés de se soumettre au leadership des *British Americans*, devenus depuis les *Canadians* » (Brunet 1976 : 19), c'est-à-dire au cours de la première moitié du XIXe siècle. On voit aussi apparaître le mot « Canayen », terme en usage dans la langue populaire ; l'avantage du mot est d'être univoque, alors que « Canadien » devient ambigu puisque le mot peut être considéré comme une traduction de « Canadian ». Finalement, l'adjectif « québécois » sert, dès les années 1960, à désigner ce qui a trait à la « nation » québécoise telle qu'elle prend conscience d'elle-même par la Révolution tranquille. En même temps, le terme de « canadien-français » est remplacé par les adjectifs désignant les diverses minorités francophones d'après leur appartenance provinciale (franco-ontarien, franco-manitobain, etc.)

Des origines à la Confédération de 1867

L'histoire du Québec, territoire français, commence au moment où Jacques Cartier, navigateur français parti à la recherche d'une route vers l'Asie, prend possession du Canada (la « Nouvelle-France ») en 1534 au nom de François 1er. Cependant, la colonisation de peuplement tarde à commencer, car les premiers arrivants ne voient d'intérêt que dans la pêche et dans la fourrure. Il faut donc attendre la fondation des premiers centres administratifs (Québec, 1608, Montréal, 1642) pour voir se développer une certaine colonisation des terres de la vallée du Saint-Laurent, centre démographique et base économique de la future province du Québec.

Toutefois, l'immigration demeure faible pendant les premiers siècles, le pays étant loin d'être considéré par les Français comme riche et hospitalier. Au XVIIe siècle, les deux tiers des immigrants retournent en Europe après un court séjour, et entre 1608 et 1760, on ne compte que 9 000 immigrés qui s'installent définitivement dans la vallée du Saint-Laurent, une bonne partie de ceux-ci étant recrutée grâce aux campagnes de peuplement de Louis XIV et de Colbert entre 1663 et 1673 (Frenette 1998:21). Cette politique de colonisation de Louis XIV a surtout pour but de contrer la croissance des colonies anglo-américaines du Sud (la Nouvelle-Angleterre).

Cependant, ces dernières sont peuplées beaucoup plus rapidement que la Nouvelle-France. Dès la fin du XVIIIe siècle, il est évident que la vallée du Saint-Laurent sera le seul territoire à majorité francophone en Amérique du Nord. Minoritaires en Amérique du Nord, bientôt minoritaires au Canada, mais largement majoritaires au Québec (88% de la population en 1791), les francophones ont donc pour atouts leur concentration géographique – et leur extraordinaire fertilité. Même avec une très faible immigration, leur nombre double à chaque génération (Frenette 1998 : 22 et 52), ce qui causera, dès la première moitié du XIXe siècle, une surpopulation du territoire cultivable de la province et une forte émigration vers les Etats-Unis, l'Ontario (le Haut-Canada) et les nouvelles provinces de l'Ouest.

Voici les dates et les événements principaux marquant l'évolution du statut politique et administratif du Québec jusqu'à la Confédération de 1867 :

– **1760 : La Conquête britannique et la naissance du Canada anglais**. Pendant plus d'un siècle, les Canadiens vivent dans une colonie française, la Nouvelle-France, n'ayant que des conflits sporadiques avec les colonies anglo-américaines au Sud. Cette paix et cette indépendance relatives prennent fin avec la conquête britannique et la bataille sur les plaines d'Abraham (la ville de Québec) en 1760. La victoire britannique est confirmée par le *Traité de Paris* en 1763 par lequel la France cède ses possessions nord-américaines à l'Angleterre (ne conservant que les îles Saint-Pierre et Miquelon, demeurées territoire français jusqu'à nos jours). Cette victoire de la Grande-Bretagne (et des colonies anglo-américaines au Sud) est considérée, par une forte tradition d'historiens québécois, comme « un désastre majeur dans l'histoire du Canada français, une catastrophe qui arrache cette jeune colonie à son milieu protecteur (...) et l'atteint dans son organisation comme peuple » (Séguin 1977 : 12). La partie de la Nouvelle-France qui nous intéresse, territoire à forte majorité francophone, devient *The Province of Quebec* ; elle est ainsi soumise à une administration et une législation britanniques qui font en sorte qu'aucun catholique ne peut accéder à une haute fonction administrative ou à un poste dans l'armée sans jurer fidélité à la couronne britannique et en même temps nier l'autorité du Pape (le serment du Test, « the Test Act »).

– **1774 : l'Acte de Québec** introduit une politique plus conciliante envers les Canadiens ; les lois civiles françaises rentrent en vigueur, le serment du Test est aboli, la pratique de « la religion de l'Eglise de Rome sous la suprématie du Roi » est autorisée. Toutefois, ils n'ont pas encore leur propre Chambre d'assemblée.

– En **1791** sont créées les deux provinces du **Haut-Canada** (Ontario), essentiellement anglaise, et du **Bas-Canada** (Québec), à forte majorité francophone (160 000 habitants dont 20 000 anglophones, Hamelin et Provencher 1987 : 47). La population du Haut-Canada est surtout composée de « loyalistes » fuyant la guerre d'indépendance aux Etats-Unis par fidélité à la couronne britannique.

La division du Canada en deux parties donne en même temps à chaque province une Chambre d'assemblée ; cette décision de Londres, qui permet donc à la population francophone du Bas-Canada de constituer une majorité politique, est fortement critiquée par la minorité anglophone de la Province, qui y voit, à juste titre, une plateforme du séparatisme canadien-français (Séguin 1977 : 16–17).

– En **1840**, les deux provinces sont annexées et deviennent **le Canada uni**, ne comprenant qu'un seul gouvernement ; l'anglais devient la seule langue officielle de la colonie (Londres devra accepter l'usage du français en 1848). La raison principale de ce changement de régime est la désobéissance grandissante de la majorité francophone du Bas-Canada qui conteste de plus en plus la politique coloniale de l'Angleterre (la Chambre d'assemblée à majorité francophone s'opposant au Gouverneur britannique exécutant la politique de Londres). La contestation politique a abouti au soulèvement armé des Patriotes en 1837 ; la révolte a été durement réprimée par Londres, qui envoie Lord Durham pour enquêter sur place et faire un rapport sur la situation. Dans son fameux *Rapport* à la Reine (Durham 1990, [1839]), il dénonce le système politique en France pendant la colonisation du Canada (des institutions « propres à étouffer l'intelligence et la liberté de la grande masse du peuple », p. 65), système qui a produit, au Bas-Canada, « une population sans éducation aucune » (p. 63), un « peuple ignare, apathique et rétrograde » (p. 66) qui ne mérite qu'un avenir d'assimilation complète à la civilisation anglaise du pays.

– Mais en **1867**, la **Confédération canadienne** voit le jour, signifiant ainsi que la politique assimilatrice recommandée par Lord Durham a échoué. D'une part, les efforts pour augmenter l'immigration anglaise dans les territoires à majorité francophone n'ont pas réussi, et d'autre part, le peuple canadien-français a beaucoup plus de force et de vitalité que ne le croyait le Lord. On peut même dire que ce sont les conflits politiques au milieu du siècle qui préparent ce que le sociologue Fernand Dumont appelle « la genèse de la société québécoise », le moment où les Canadiens-français, en tant que collectivité, « [sont] parvenu[s] à la conscience historique » (Dumont 1993 : 18). Le Canada français se forge des mythes, voit naître une littérature nationale, se donne une culture et une idéologie distinctes qui vont les aider à survivre en tant que peuple sous la domination britannique.

La Confédération naît donc comme une union entre deux nations, la canadienne-anglaise et la canadienne-française ; elle comporte d'abord quatre provinces, dont trois anglophones (Ontario, Nouveau-Brunswick, Nouvelle-Ecosse) et une bilingue (Québec). Le pouvoir est, comme aujourd'hui, partagé entre le niveau fédéral et le niveau provincial, et pour la première fois dans son histoire, le Québec a la structure d'un Etat, avec ses propres compétences et son propre gouvernement.

De la confédération à la Révolution tranquille

Malgré certaines modifications constitutionnelles et l'élargissement graduel de la Confédération (qui compte aujourd'hui 10 provinces et 3 territoires), la structure politique faisant du Québec une province de la Confédération canadienne est restée pratiquement la même jusqu'à nos jours. Qui plus est, la période entre 1867 et 1960 voit peu de modifications dans les rapports entre les deux « peuples fondateurs », au niveau fédéral aussi bien qu'au Québec. La majorité canadienne-française de la province reste longtemps une population essentiellement rurale qui est fortement liée à l'Eglise et à la religion catholique. La minorité anglaise domine le commerce et l'industrie, et les rapports de force entre les deux groupes linguistiques sont ainsi très clairs : les anglophones sont généralement mieux éduqués et mieux payés que les francophones, situation qui ne sera clairement modifiée qu'après les changements dus à la Révolution tranquille.

L'attitude des hommes politiques québécois devant la structure politique confédérative est divisée. Un courant fédéraliste défend l'idée d'une union de deux nations égales avec un certain équilibre entre le pouvoir central et le pouvoir provincial ; à la domination de la minorité anglophone dans les domaines du commerce et de l'industrie, correspondent les aspirations a*griculturalistes* des francophones, aspirations idéologiquement fondées sur la foi catholique et sur la volonté de défendre les traditions ancestrales. Ce courant idéologique de la *survivance* (où la priorité est donnée à la défense de la façon de vivre traditionnelle et à la langue française, sans égard pour le progrès et la modernisation de la société) est appuyé par le clergé, qui s'opposait d'ailleurs fortement au mouvement des patriotes des années 1830.

S'oppose à cette volonté d'une coexistence paisible, mais inégale, un courant indépendantiste qui considère le fait d'être un peuple minoritaire dans une confédération comme une annexion ; selon cette perspective, les fédéralistes invitent leurs compatriotes à « se considérer (...) comme membres d'une minorité dépouillée du droit à l'autodétermination » (Brunet 1977 : 19). Qui plus est, l'infériorité politique entraîne nécessairement une infériorité économique aussi bien que culturelle (Séguin 1977 : 9–10, Brunet 1958 : 221 et passim).

Indépendamment des préférences politiques, il faut bien reconnaître que l'infériorité économique et sociale des francophones après 1867 est un problème bien réel et d'une grande importance pour la situation linguistique de la province bilingue. Vu la prédominance de la minorité anglophone dans la vie économique, la langue de la minorité joue un rôle disproportionné dans la vie de tous les jours, surtout dans les villes. Avec la surpopulation des régions rurales et le début de l'industrialisation au Québec, il y a, chez les francophones, une migration de masse vers les villes dès la fin du XIXe siècle. Les ruraux qui quittent des paroisses entièrement francophones, où règne un clergé garant de la foi, de la tradition et de la langue, se retrouvent dans une ville comme Montréal où la langue anglaise domine, non seulement oralement (langue de travail), mais aussi par écrit (affiches, enseignes, publicité). Pour trouver un emploi qualifié, le francophone est souvent obligé d'être bilingue, ce qui n'est pas le cas de l'employé anglophone. Un des buts principaux de la législation linguistique au Québec après 1970 sera notamment de désangliciser le monde du travail ainsi que le « paysage » linguistique de Montréal et d'autres centres économiques.

L'homme politique qui symbolise le mieux le traditonnalisme et le manque de modernisation de la société québécoise est **Maurice Duplessis**. Premier ministre de la province de 1936 à 1939 et de 1944 jusqu'à sa mort en 1959, il représente l'Union nationale, parti conservateur qui se définit surtout par rapport aux valeurs du passé.

Le duplessisme représente un conservatisme nationaliste qui s'inscrit dans la tradition idéologique de la survivance. Cependant, son attachement aux valeurs des ancêtres ne l'empêche pas d'ouvrir largement la province aux capitaux états-uniens en vue de moderniser l'économie du Québec et de profiter de la croissance d'après-guerre. En même temps, la politique de ce gouvernement est fortement antisyndicale et antiprogressiste ; ceux qui luttent pour un changement social sont vite taxés de « communistes ». De plus, le gouvernement de Duplessis s'oppose à une intervention plus forte de l'Etat et aux orientations politiques vers un Etat-providence qui caractérisent d'autres pays occidentaux (Linteau et al. 1986 : 192). Formant une alliance intime avec l'Eglise et le monde rural, il est contre le droit de vote accordé aux femmes et l'école obligatoire, deux mesures progressistes adoptées par le gouvernement libéral au pouvoir de 1939 à 1944.

A la mort de Duplessis en 1959, le Québec a pris un retard notable par rapport aux autres sociétés occidentales dans les domaines de la politique et de l'économie, ainsi que dans les trois secteurs importants qui sont contrôlés par le clergé et par l'Eglise, à savoir la santé, les services sociaux et l'éducation. Au moment de la victoire du Parti libéral en 1960, les Québécois sont prêts pour leur *Révolution tranquille*.

La Révolution tranquille

Cette transformation profonde de la société qui a lieu dans les années soixante, a été préparée pendant la période duplessiste par le mouvement syndical et toute une série de conflits ouvriers, ainsi que par une contestation intellectuelle et artistique qui dénonce la « grande noirceur » de la période duplessiste. Dans le monde universitaire, l'enseignement d'un groupe d'historiens, l'*Ecole de Montréal*, a une grande influence sur la formation d'une nouvelle élite nationaliste. Michel Brunet, Guy Frégault et Maurice Séguin critiquent fortement le nationalisme traditionnel de survivance qui accepte l'infériorité économique et sociale des Canadiens-français en cherchant des récompenses dans la culture des ancêtres, dans la religion et dans l'agriculture. Ces historiens enseignent un nationalisme nouveau en soulignant que le Québec est en retard sur les autres societés occidentales, et que ce retard est dû à la Conquête britannique de 1760 et à l'infériorité politique dans laquelle a vécu le Canada français depuis cette date (Lamarre 1993).

Un facteur psychologique joue aussi un rôle important dans le processus d'émancipation des francophones. Bien des Canadiens-français sont prêts à se libérer de l'image négative que projette d'eux le Canada anglais. « English-speaking Canadians were educated to imagine the Québecois as a picturesque, fun-loving, and inferior minority who wanted only to be left alone to breed huge families and speak their own particular brand of *patois* », dit un historien anglophone, qui dénonce fortement « the infantilization of the Québecois by English Canadians » (Francis 1997 : 96–97).

Au niveau politique, c'est la prise de pouvoir du Parti libéral en 1960 qui déclenche le processus réformateur de la Révolution tranquille (le terme est utilisé d'abord par un journaliste de l'Ontario qui parle du « Quiet Revolution » commencé au Québec en 1960). Avec le premier ministre Jean Lesage et son équipe, qui ont comme slogan électoral « Il faut que ça change! », la modernisation du Québec se fait rapidement dans les institutions politiques ; la nouveauté ayant la plus grande valeur symbolique est sans doute la création du Ministère de l'Education (1964), ce qui réduit radicalement l'influence de l'Eglise dans le domaine de l'éducation (même si l'Eglise obtient que l'école reste confessionnelle) ; d'autres secteurs à être décléricalisés sont la santé et les affaires sociales. D'une façon générale, on peut dire que la place que l'Eglise catholique a occupée dans la société québécoise, et le rôle et la fonction du clergé auprès de la population sont désormais remplacés par un appareil étatique fort. Comme le dit Marc V. Levine (1997 : 85), « l'Etat avait remplacé l'Eglise comme l'institution la plus visible de la société québécoise », une institution dont le but était d'introduire, avec un certain retard, le même genre d'Etat-providence qui naît en Europe du Nord après la guerre.

Pour réussir une telle politique dynamique, il faut une économie forte. Une décision politique de première importance pour l'émancipation du Québec moderne, et qui réduit la dépendance de capitaux étrangers héritée de la période duplessiste, est la nationalisation de l'électricité et la création d'une industrie hydroélectrique forte, enjeu principal des élections de 1962 que les libéraux gagnent avec le slogan « Maîtres chez nous ».

Les acteurs de ces tranformations sont donc des hommes politiques progressistes qui s'appuient sur la nouvelle classe moyenne urbaine, alors que le monde rural et le clergé, piliers principaux du nationalisme ancien (de survivance), se sentent dépassés par les événements.

Selon Linteau et al. (1986 : 395), on peut voir les effets de la nouvelle politique nationaliste à trois niveau : au Québec, il s'agit de réduire l'importance de la minorité anglaise dans la vie économique pour permettre aux francophones de prendre la commande des affaires ; au Canada, on travaille à augmenter les pouvoirs du Québec au détriment des pouvoirs fédéraux ; et, finalement, on cherche à se manifester sur la scène internationale, surtout en nouant des liens avec d'autres pays francophones, dont la France. C'est ainsi que sont créées de nombreuses *Délégations du Québec* à travers le monde (18 en 1981), sortes de mini-ambassades dont l'existence constitue une source constante de conflits avec le pouvoir fédéral, qui veut être seul à représenter le Canada sur la scène internationale ; le même genre de conflits québéco-canadiens accompagnent les fortes initiatives du Québec pour jouer un rôle important dans la mouvement international de la Francophonie. Dans cette optique internationale, on peut considérer comme un des moments forts de l'émancipation politique du Québec dans les années soixante le discours du Général de Gaulle du balcon de l'Hôtel de Ville de Montréal en 1967, discours terminé par un « Vive le Québec libre! » enthousiaste.

La Révolution tranquille est aussi une période intense de *prise de parole*. Une nouvelle génération de jeunes, mieux éduquée et moins soumise à l'autorité religieuse, apprend à s'exprimer, à contester, à affirmer un esprit d'indépendance (Rioux 1987 : 112). Cette prise de parole déclenche une activité nouvelle en particulier dans la vie culturelle. Littérature, chanson, cinéma, tous les secteurs de la vie culturelle gagnent en vitalité pendant les années soixante.

Alors que les acquis principaux de la Révolution tranquille sont les fruits du travail du nouvel establishment politique, les années soixante connaissent aussi la contestation politique de groupes et groupuscules de gauche. D'inspiration marxiste, ces groupes choisissent volontiers la lutte clandestine pour l'indépendance du Québec ; c'est ainsi que le Front de libération du Québec (FLQ) prend en otage un conseiller commercial britannique et un ministre québécois (ce dernier est exécuté), provoquant par cet acte de terrorisme la crise d'octobre 1970 : le gouvernement fédéral de Pierre Elliott Trudeau décrète la Loi sur les mesures de guerre, et l'armée canadienne prend le pouvoir au Québec.

3.1.2 Le Québec contemporain

Un effet important des transformations de la Révolution tranquille est la création d'une identité proprement québécoise. Désormais, l'identité canadienne-française est considérée comme appartenant au passé, alors que le fait de se considérer comme *Québécois* devient, au moins pour ceux qui travaillent à « l'émancipation du Québec de la tutelle canadienne », « une espèce de symbole de l'affirmation de soi, d'autodétermination et de libération nationale » (Rioux 1974 : 12).

Le Parti Québécois et la politique linguistique

Au cours des années soixante-dix, cette tendance autonomiste est surtout attribuée au Parti Québécois (PQ). Son leader principal, René Lévesque, est d'abord un acteur dans la vie politique des années soixante en tant que ministre libéral. En 1967, il fonde le Mouvement souveraineté-association, qui devient le Parti Québécois en 1968. Désormais, ce sera la principale force politique luttant pour un Québec indépendant.

Cependant, la cause politique la plus importante au début des années soixante-dix n'est pas l'indépendance du Québec, mais sa francisation. La nouvelle identité québécoise donne aux nouveaux nationalistes un sentiment accru d'injustice devant la position très forte de l'anglais, surtout à Montréal. Vers la fin des années soixante, l'anglais a toujours une position dominante comme langue de travail, et un phénomène particulier commence de plus en plus à inquiéter les francophones, à savoir la tendance forte des immigrés à opter pour l'anglais comme langue d'usage. Ces conditions défavorables pour les francophones majoritaires sont documentées par des commissions d'enquête qui permettent aux législateurs de s'appuyer sur des données solides. En plus, les rapports entre situation linguistique et situation économique sont de plus en plus perçus comme intolérables : non seulement l'employé francophone doit-il souvent accepter de travailler en anglais, mais, en plus, l'écart entre le revenu moyen des deux groupes linguistiques reste important jusqu'aux années soixante (en 1965, le revenu moyen des francophones est de 35% inférieur à celui des anglophones, Hamelin et Provencher 1987 : 109). C'est pourquoi la politique linguistique se situe au centre même des préoccupations des Québécois depuis la Révolution tranquille, et comme la minorité anglophone est prête à défendre ses privilèges historiques, des conflits anglo-français sont inévitables. Pendant la même période où les grandes villes américaines sont sous le choc des conflits raciaux et que les villes européennes connaissent leurs conflits de classes, la vie montréalaise est dominée par ses tensions linguistiques (Levine 1997 : 75).

Une crise éclate en 1967 qui va beaucoup influencer le débat linguistique des années soixante-dix. Découvrant qu'une très grande majorité des écoliers italo-montréalais du quartier de Saint-Léonard choisissent l'école secondaire anglaise, la commission scolaire locale décide d'obliger tous les parents à envoyer leurs enfants à l'école française ; devant la fureur des parents, le gouvernement propose ensuite une loi garantissant à tous les parents le libre choix de la langue d'enseignement, ce qui provoque à son tour la fureur des militants francophones. Ainsi naît la crise de Saint-Léonard, conflit linguistique typique du Montréal bilingue de cette période.

Deux lois linguistiques des années soixante-dix vont mettre fin aux ambiguïtés du bilinguisme québécois. D'abord, le gouvernement libéral de 1974 fait voter la Loi 22 proclamant que « le français est la langue officielle du Québec » ; mais, fidèle au bilinguisme historique du Québec, on reconnaît en même temps le libre choix de la langue d'enseignement. Cette loi est ensuite remplacée par la Loi 101 votée en 1977 par le premier gouvernement formé par le Parti Québécois.

La Loi 101 ou **la Charte de la langue française** va profondément modifier la situation linguistique du Québec, en faveur du français. Cette loi, une sorte de « deuxième Révolution tranquille » qui « produit des ondes de choc à tous les paliers de la société québécoise » (Rocher 2000 : 283), servira à faire du français la « langue commune à tous les Québécois ». Elle s'applique dans trois domaines principaux, à savoir l'enseignement, le monde du travail et le « paysage linguistique ».

– **L'enseignement**. Le but principal de la loi dans ce domaine est d'obliger les immigrés à envoyer leurs enfants à l'école française, qui est l'école commune des Québécois ; seul un parent qui a reçu l'enseignement primaire en anglais au Québec a le droit d'envoyer ses enfants à l'école anglaise.

– **Le monde du travail**. La Charte exige que toute entreprise qui emploie plus de 50 personnes soit francisée, ce qui veut dire que la communication orale et écrite à l'intérieur de l'entreprise, aussi bien que le contact avec les clients et la publicité, se font en français.

– **Affichage et publicité**. La « francisation du paysage québécois » (et surtout du paysage montréalais) se fera en imposant un affichage et une publicité à prédominance francophone. C'est sans aucun doute le domaine où l'on a vu les protestations les plus vives de la part d'une minorité anglophone qui a accusé la *Commission de surveillance de la langue française* d'être une « police de la langue » indigne d'une société libre et démocratique.

Plusieurs fois, on a dû modifier la Charte, dont certains articles ont été jugés incompatibles avec la Constitution canadienne (avec l'article 133 de 1867 aussi bien qu'avec l'article 23 de la Charte des droits et libertés de 1982, voir l'introduction sur le Canada). Mais cela n'empêche pas que la Loi 101 a atteint la plupart de ses objectifs. Dans le domaine scolaire, on peut observer qu'environ 80% des immigrés envoient leurs enfants à l'école française à Montréal en 1995, alors qu'ils n'étaient que 8% à le faire en 1970. Sur le marché du travail, le français est devenu la langue principale, avec les conséquences économiques qui en découlent : alors que les francophones unilingues étaient économiquement handicapés en 1960, ce sont aujourd'hui les anglophones unilingues qui ont des problèmes sérieux à trouver du travail (Levine 1997 : 324-29). Et les articles relatifs à l'affichage ont sensiblement modifié le « visage » montréalais, ancien symbole de la prédominance économique anglophone.

Vu du côté anglophone, la Charte a sans doute créé des tensions nouvelles entre les groupes linguistiques. Il y a 40 ans, la minorité anglophone vivait dans un Québec où elle était *psychologiquement* dominante ; aujourd'hui, elle se sent réellement minorisée par une majorité qui a pris le pouvoir réel dans tous les domaines de la vie sociale. Toutefois, la Charte a quand même eu un effet positif dans le rapprochement des deux groupes linguistiques : les anglophones se sont très rapidement bilinguisés de façon à pouvoir se servir publiquement du français, la « langue commune à tous les Québécois » ; alors qu'ils n'étaient bilingues qu'à 36% en 1971, les anglophones le sont à 62% en 1996 (Statistique Canada).

Les immigrés et le « problème » de Montréal

La plupart des régions québécoises sont très majoritairement francophones ; la question linguistique ne s'y est donc jamais vraiment posée. Le problème est en effet préoccupant surtout à Montréal et dans sa région ; pour comprendre la situation actuelle, il faut jeter un coup d'œil sur l'histoire de la ville.

Comme le reste du territoire québécois, Montréal est une ville conquise depuis 1760. Avec l'immigration résultant de la guerre d'indépendance aux Etats-Unis, ainsi qu'une immigration de masse des îles britanniques (surtout des Irlandais), la ville grandit très rapidement pour devenir le centre économique du Canada ; à partir de 1830, elle est une ville majoritairement anglophone qui le restera pendant 35 ans. Même aujourd'hui, où elle est la deuxième ville francophone du monde (après Paris), on peut sentir cette influence britannique, produit d'une longue dominance économique et sociale des Anglo-Montréalais.

Cependant, numériquement, la ville redevient française dans les années 1860. En 1870, 60% de la population est d'origine française, taux qui n'a augmenté que très légèrement jusqu'à nos jours (Levine 1997 : 26). Mais comme on l'a vu déjà, une part importante de cette majorité francophone constitue une classe défavorisée qui ne peut pas empêcher la puissante minorité anglophone de marquer la ville de son empreinte, économiquement aussi bien que culturellement et linguistiquement. Avant les années 1970, « l'élite anglophone constituait une minorité qui se comportait en majorité, qui ne se donnait que rarement la peine d'apprendre le français et qui agissait comme si Montréal était une ville britannique où se trouvait à vivre une large population francophone » (Levine 2000 : 366).

L'immigration vient aggraver ce « problème » de Montréal. Linguistiquement, la grande majorité des immigrés sont des « allophones », c'est-à-dire qu'ils ont une langue maternelle autre que le français ou l'anglais. Ces nouveaux Québécois qui arrivent en vagues successives au cours du XXe siècle (Juifs, Italiens, Portugais, Grecs, et, plus récemment, des non-Européens), s'installent surtout dans la région de Montréal où le groupe d'allophones, qui ne constitue que 4,5% de la population en 1900, a augmenté à 23% en 1970. Pendant longtemps, la grande majorité de ces immigrés s'intègre à la communauté anglophone ; une raison en est le manque d'ouverture et d'accueil de l'Eglise catholique et de son système scolaire confessionnel (Levine 1997 : 97–104), une autre en est le prestige de l'anglais, à la fois comme langue de l'Amérique du Nord, qui est longtemps la première référence géographique des immigrés arrivant au Québec, et comme langue d'avancement social à Montréal.

Selon des scénarios réalistes basés sur les enquêtes linguistiques des années soixante, la forte immigration de non-francophones risquait de mettre les francophones en minorité à Montréal avant 2000. Voilà ce qui explique la grande inquiétude des Québécois francophones après la Révolution tranquille ; et voilà aussi ce qui souligne combien la politique et la législation linguistiques ultérieures sont à considérer comme une réussite menant à la « reconquête de Montréal » (Levine 1997, Linteau 1992 : 149).

Même si la situation linguistique à Montréal reste préoccupante, l'ancienne ville anglaise est aujourd'hui une ville où un visiteur rencontre « un bilinguisme à prédominance française » (Levine 2000 : 367), une ville où l'on est partout servi en français et où les immigrés allophones optent majoritairement pour le français comme langue d'usage public. On peut également noter que Montréal, à cause de ce bilinguisme, occupe une position unique comme métropole canadienne : en 1996, 62% de sa population est bilingue, alors que le taux de bilinguisme pour Toronto et Vancouver n'est que de 9% (Statistique Canada).

Le Québec, société francophone et plurielle

Pendant ses longues années sous domination britannique, le Canada français trouve sa force de résistance, ou sa force de *survivance*, dans sa grande homogénéité. Fidèles à leur religion et à la vocation agric*ulturaliste*, les Canadiens-français se créent un champ d'émancipation où ils ne sont pas entravés par la domination économique des *Canadians*. Cependant, avec la forte urbanisation du XXe siècle, cette situation relativement équilibrée change. La confrontation avec la puissante minorité anglophone provoque une prise de position plus revendicative de la part des Canadiens-français, confrontation qui, au Québec, résulte en un véritable changement d'identité nationale.

Dans une certaine mesure, le (Franco-) Québécois de la fin du XXe siècle laisse tomber les références à la tradition historique, aux valeurs communes des ancêtres. La seule référence historique dont l'importance reste incontestable est la langue française, une langue qui n'est plus, dans une optique contemporaine, la propriété d'une ethnie, mais d'une nation composée d'individus ayant une très grande variété d'origines ethniques. Voilà ce qui est peut-être le contenu le plus important de la reconquête francophone. Alors que le Canada français était une société homogène mais stationnaire, où le présent devait rester fidèle au passé et à ses valeurs, le Québec moderne est une société francophone ouverte sur l'avenir, où le français est devenu « la langue commune à tous les Québécois », l'outil de travail d'une société dynamique, typique du brassage culturel des sociétés occidentales à forte immigration. En même temps, le terme de « Québécois » a de nouveau changé de signification ; alors que le *Québécois* de la Révolution tranquille était l'ancien Canadien-français ayant pris conscience de la transformation du Québec en une société moderne où domineraient désormais les francophones, le *Québécois* du tournant du siècle est un citoyen du Québec, société francophone, qui peut être de n'importe quelle origine ethnique et parler chez lui n'importe quelle langue maternelle.

Mais des voix se sont élevées contre ceux qui tendent à renoncer à leur propre histoire canadienne-française sous la pression du multiculturalisme. Cesser de parler du passé et des traditions historiques de la majorité des Québécois pour montrer qu'on est prêt à accueillir les « autres », est une stratégie d'intégration inacceptable. « Les Néo-Québécois (...) savent bien qu'ils sont montés dans un train en marche depuis longtemps, dont ils ne peuvent abolir ni la provenance ni le tracé parcouru jusqu'ici. De la même façon que les immigrants ne songeraient pas à remettre en cause ces cathédrales mémorielles que sont la Révolution de 1789 en France ou l'Insurrection de 1776 aux Etats-Unis. » (Bouchard 2000 : 61–62) Il s'agit plutôt d'inviter à « une coalition des partenaires qui occupent actuellement le territoire du Québec. Ce sont : les Franco-Québécois, les Anglo-Québécois, les autochtones, et ce qu'il est convenu d'appeler les communautés culturelles (Juifs, Italiens, Grecs, Portugais, Haïtiens et autres) » (Bouchard 2000 : 54–55). Cette coalition se réalisera en français dans une interaction constante entre la culture majoritaire et la mosaïque des cultures minoritaires. Mais il faut aussi oser dire le droit de la majorité à sa culture majoritaire ; lisons à ce propos le philosophe Michel Seymour : « Il faut reconnaître que la langue, la culture (...) et l'histoire de la majorité nationale des Québécois francophones sont à la base de l'identité civique commune de tous les Québécois. Cette identité civique commune est compatible avec la reconnaissance des droits acquis de la communauté anglophone et des droits ancestraux des onze peuples autochtones. Elle est compatible avec une perpétuelle transformation de l'identité civique commune suscitée par l'ensemble des citoyens du Québec et cela inclut les citoyens issus de l'immigration. » (Seymour 2000 : 254–255)

Un Québec indépendant?

Lorsque le Parti Québécois prend le pouvoir en 1976, sa première priorité est de travailler à l'obtention de la souveraineté politique de la province en sortant le Québec de la Confédération, tout en préparant une base pour la coopération avec le reste du Canada. Cependant, aujourd'hui, plus de 25 ans après l'arrivée au pouvoir du PQ, ce projet ne semble pas près de se réaliser ; après deux référendums perdus (env. 40% de OUI en 1980, entre 49% et 50% en 1995) les indépendantistes semblent découragés et hésitent à se lancer dans une nouvelle campagne pour le OUI. Les deux référendums ont montré non seulement que les anglophones et les allophones sont généralement pour le statu quo fédéraliste, mais aussi qu'il y a parmi les

Franco-Québécois une forte hésitation devant l'idée de quitter la Confedération canadienne.

Il est vrai que la Révolution tranquille était portée par une vague de néo-nationalisme francophone et que la victoire du Parti Québécois en 1976 était un signe certain de la tendance indépendantiste de ce nationalisme. Mais une analyse de la motivation des Québécois aux deux référendums montre aussi que beaucoup de Québécois ont un double attachement identitaire : ils se considèrent à la fois comme québécois et canadiens. En plus, un argument de nature utilitaire vient renforcer les hésitations identitaires : il y en a beaucoup qui craignent qu'une rupture trop radicale avec le Canada ne nuise à la situation économique du Québec, argument qui a été largement utilisé par les tenants du NON lors des deux référendums.

Il semblerait aussi que le succès de la politique linguistique du PQ constitue, paradoxalement, un problème pour son projet indépendantiste. Alors que l'injustice linguistique ressentie par une majorité de Québécois avant 1970 créait un climat propice au mouvement indépendantiste, le renforcement de la position officielle et réelle du français au Québec aujourd'hui rend bien des Québécois moins prêts à se lancer dans l'aventure de la souveraineté politique.

Le français québécois

Contrairement à la France, qui reste longtemps un pays linguistiquement hétérogène, où une minorité de la population parle français et une majorité pratique une des nombreuses langues régionales (jusqu'au XIXe siècle), le futur Québec devient rapidement un territoire francophone assez homogène. La raison en est surtout que la grande majorité des immigrés des premières générations sont originaires des mêmes régions de l'ouest et du centre de la France (Poitou, Bretagne, Normandie, Ile de France) ; les premiers Canadiens ont donc pu, assez rapidement, adopter un parler commun.

Cependant, comme cette variante canadienne du français est exclusivement une langue orale, il s'établit nécessairement un double rapport diglossique, le parler québécois étant une langue inférieure par rapport au français parisien, la langue standard écrite, aussi bien que par rapport à l'anglais, langue dominante dans les secteurs importants de la société. Voilà l'héritage linguistique principal des Québécois au moment de la prise de conscience nationale des années 1960 ; ils ont appris à déprécier leur propre langue québécoise (la langue *basse*) à la fois par rapport au français de France, prestigieuse langue de culture, et par rapport à l'anglais, langue de la réussite économique (les deux langues *hautes*).

Ce sentiment d'infériorité (producteur de ce que les sociolinguistes appellent l'*insécurité linguistique*, complexe d'infériorité par rapport à une norme qu'on ne maîtrise pas) va bientôt disparaître avec la Révolution tranquille et sa politique d'*aménagement linguistique* (en anglais *language planning*). A travers des institutions d'expertise linguistique, comme l'*Office de la langue française* (1961), l'Etat va agir dans le domaine de la langue en vue d'élaborer une norme locale, un français québécois standard qui servira comme une variante écrite du français international, variante officiellement valable pour la population québécoise.

Mais cette norme écrite n'est pas la seule à tenter les Québécois fraîchement émancipés ; il y a aussi le courant « joualisant » qui défend une variante très familière marquée par des anglicismes et autres traits, phonétiques aussi bien que lexicaux et syntaxiques, qui sont très éloignés de l'usage « correct ». Le « joual » (d'après la façon de prononcer le mot « cheval ») a même ses adeptes parmi des écrivains qui pratiquent cette variante familière dans leurs œuvres pendant une brève période (les années soixante et soixante-dix).

Le besoin d'une variante écrite propre au Québec s'est fait sentir entre autres à l'école : en 1977, l'année de la Loi 101, l'Association québécoise des professeurs de français a déclaré vouloir promouvoir « la variété de français socialement valorisée que la majorité des Québécois francophones tendent à utiliser dans des situations de communication formelle » (cité dans Martel et Cajolet-Laganière 2000 : 379). Cette variante, telle qu'elle est pratiquée et enseignée aujourd'hui, n'est pas très éloignée du français de France ; de toute façon, elle est beaucoup plus près du français de France que du « joual ». En effet, on peut dire qu'il « existe une norme du français correct propre au Québec, pas très éloignée de la norme française (puisque l'intercommunication est possible), mais suffisamment marquée pour ne pas se confondre avec elle. En cela, la communauté linguistique québécoise est semblable à toutes les autres où l'on parle français différemment, en Belgique, en Suisse, en Afrique, dans les Antilles, et même en France » (Corbeil 2000 : 311).

D'abord normative, l'approche des décideurs linguistiques québécois devient de plus en plus descriptive, évolution qui aboutit à l'élaboration du *Trésor de la langue française au Québec* dans les années quatre-vingt-dix. Le but du dictionnaire est de sensibiliser les Québécois à la question des niveaux de langue en proposant un usage qui tient compte de la situation de communication ; il s'agit donc d'une évolution importante depuis l'époque où les puristes faisaient la « chasse aux québécismes » en renvoyant à la norme franco-européenne (Sanders 1996 : 119–21).

Voici quelques traits typiques du français québécois qui contribuent à en faire une variante distincte :

– les Québécois rejettent bon nombre d'**anglicismes** : on dit *fin de semaine* pour *week-end*, les panneaux de signalisation indiquent *arrêt* au lieu de *stop* (de grande valeur symbolique pour la francisation du paysage urbain !), et on essaie de remplacer *email* par *courriel* (tout en rencontrant une certaine résistance) ; mais un Québécois peut bien aller à un *party* pour avoir du *fun* ; on se sert donc d'anglicismes, mais ce ne sont pas forcément les mêmes qu'en France ;

– on utilise sans hésiter des mots d'origine **régionale,** qui sont bien français, mais qui ne sont pas utilisés en France : une *poudrerie* désigne la neige chassée par le vent (un blizzard), et la *brunante* au Québec est la tombée de la nuit en France ;

– pour ce qui est de la **prononciation**, on distingue sans problème un Québécois par sa façon de prononcer les occlusives dentales devant *i* et *u* : *petit* est prononcé *ptsi*, *du* est prononcé *dzu*. Par contre, la prononciation très caractéristique de *moé* et *toé* pour *moi* et *toi* est en train de disparaître du québécois moderne (elle est beaucoup utilisée dans la littérature pour marquer la couleur locale) ;

– la **féminisation des titres** est un usage courant et officiellement recommandé par l'Office de la langue française : on dit *Madame la Présidente* et *la députée*, les universités publient des postes pour *professeur/professeure*, et Anne Hébert est une grande *écrivaine* québécoise. Il s'agit d'ailleurs d'un usage qui influence les autres variantes du français : huit élues du gouvernement Jospin ont choisi de porter un titre féminin.

Pour des raisons politiques, le travail d'aménagement de la langue a été particulièrement intense dans le domaine de la terminologie (ou des langues de spécialité) ; c'est un secteur de la linguistique où le Québec occupe une position prédominante au sein de la francophonie. La raison en est surtout le besoin qu'on a eu d'une francisation de la terminologie du travail répondant aux efforts politiques pour faire du français la langue de travail de tous les Québécois.

3.1.3 Littérature

Conformément à l'évolution historique du Québec, sa littérature est qualifiée de *canadienne-française* jusqu'aux années soixante, pour devenir *québécoise* avec la Révolution tranquille. La littérature nationale du Québec est jeune par rapport à celles de l'Europe. Elle naît avec le nationalisme de survivance au milieu du XIXe siècle et reste longtemps une littérature qui est plus didactique qu'artistique ; son but est surtout de chanter les vertus de la vie et de la culture des Canadiens-français. Comme le dit Réjean Beaudoin à propos du roman du XIXe siècle, c'est une sorte de « degré zéro du roman » ; et le contraste avec le roman européen est très net : alors que le roman européen se voue à un réalisme permettant la présentation d'individus complexes à la psychologie intéressante, le roman canadien-français présente l'unité d'un groupe dont la vie est fortement idéalisée (Beaudoin 1991 : 29).

–**Le roman de la terre**. Dans cette littérature à thèse, dont les œuvres principales se regroupent dans le genre du *roman de la terre* (ou du *terroir*), on peut distinguer certaines œuvres qui sont considérées comme des classiques du genre, telles que *La terre paternelle* (1846) de **Patrice Lacombe** (1807–1863) et *Jean Rivard, le défricheur* (1862) d'**André Gérin-Lajoie** (1824–1882) ; comme le suggèrent déjà les titres, il s'agit d'une littérature didactique prônant la fidélité à la terre et les vertus de la colonisation. Quelques rares œuvres se détachent de cette littérature collective par leurs qualités psychologiques et individuelles ; la plus célèbre est sans doute *Angeline de Montbrun* (1881) de **Laure Conan** (1845–1924), roman intérieur utilisant les techniques de la correspondance et du journal intime.

Curieusement, le roman de la terre qui est sans aucun doute le plus réussi du genre est écrit par un français, **Louis Hémon** (1880–1913), qui n'a passé que quelques mois au Québec. Publié en 1916, après la mort de son auteur, *Maria Chapdelaine* est un des derniers romans idéalisant la vie du paysan-défricheur, vivant loin des villes et luttant constamment contre la nature. De plus, il s'agit d'une œuvre didactique efficace défendant l'idéologie de la survivance ; elle prône la fidélité à la terre et aux traditions ancestrales en face du défi de la modernité anglo-américaine.

–**Le déclin du roman de la terre**. Les années trente marquent le déclin du roman de la terre par deux œuvres d'une grande qualité littéraire ; elles ont pour toile de fond les valeurs de la terre, mais introduisent en même temps une crise qui se manifeste par l'intrusion des temps modernes dans la société de la survivance. *Menaud, maître-draveur* (1937) de **Félix-Antoine Savard** (1896–1982) et *Trente arpents* (1938) de **Ringuet** (1895–1960) présentent des héros qui, par leur attachement à leur profession et leur fidélité aux traditions, sont des représentants dignes de la tradition de la terre. Toutefois, les deux protagonistes sont ruinés par l'intrusion d'une forme précoce de « mondialisation » dans leur existence traditionnelle : le vieux Menaud sombre dans la folie dans sa lutte contre les « autres » (les capitalistes anglophones), alors que le héros de *Trente arpents* doit quitter sa terre pour finir sa vie misérablement comme gardien de garage auprès de son fils dans une Nouvelle-Angleterre où il ne comprend pas la langue et où personne ne le comprend.

Après *Trente arpents*, un des derniers romans à mettre le paysan au premier plan, vient un dernier adieu au roman de la terre, véritable œuvre canonique de la littérature nationale au Québec. *Le survenant* (1945) de **Germaine Guèvremont** (1893-1968) raconte l'histoire d'une famille de paysans qui vit depuis six générations sur la même terre. Le jeune couple, qui va prendre la relève du père, semble stérile, et le fils, un homme physiquement et moralement faible, n'a rien du patriarche qu'est son père. Celui qui va insouffler la vie à cette société mourante est le Survenant, l'étranger qui vient d'on ne sait où et qui repart à la fin du roman. Par ses récits, son art de vivre et ses capacités pratiques et intellectuelles, il montre en quelque sorte que le monde est grand et qu'il faut s'intéresser aux autres, à l'ailleurs.

– **Le réalisme urbain.** Lorsque paraît *Le survenant*, le Québec est déjà un pays en pleine urbanisation où une majorité de la population habite en ville. Cette évolution démographique correspond aux débuts du *réalisme urbain* dans la littérature québécoise ; ainsi, l'*ouvrier* remplace le *paysan* comme représentant du peuple. Il est intéressant de mesurer le retard de la littérature québécoise par rapport à la littérature française en constatant que **Gabrielle Roy** (1909-1983) avec *Bonheur d'occasion* (1945) et **Roger Lemelin** (1919-1992) avec *Aux pieds de la pente douce* (1944) et *Les Plouffe* (1949) sont les premiers héritiers de la tradition réaliste représentée en France par Flaubert, Maupassant et Zola (Beaudoin 1991 : 58-59).

L'action de *Bonheur d'occasion* se déroule dans un quartier populaire de Montréal, alors que les romans de Lemelin ont pour scène un quartier ouvrier de la ville de Québec. Chez les deux auteurs, il s'agit d'une peinture de l'existence d'une génération qui quitte la campagne et arrive en ville au début du siècle ; leurs rêves, leurs conflits, leurs luttes pour arriver préfigurent déjà la transformation de la société québécoise pendant la Révolution tranquille.

– **La poésie.** On a vu que, vers le milieu du XXe siècle, le roman canadien-français accuse un retard considérable par rapport à l'évolution générale de la littérature occidentale. La poésie, par contre, est beaucoup plus ouverte à l'influence européenne, ce qu'illustre l'œuvre d'**Emile Nelligan** (1879-1941). Poète romantique *maudit*, il est influencé par Baudelaire, le Parnasse et les symbolistes, et l'histoire de la genèse de son œuvre poétique en fait un véritable Rimbaud canadien : ses poésies sont toutes composées pendant une période de trois ans (1896-1899), suite à laquelle Nelligan est déclaré schizophrène et interné pour le reste de sa vie. Pendant sa brève carrière, Nelligan est le centre de l'*Ecole de Montréal*, cercle de poètes qui prône la poésie pure et s'oppose nettement à l'idéologie conservatrice de la terre qui domine encore le roman.

La modernité formelle du *vers libre* fait aussi son irruption dans la littérature canadienne française pendant le règne de la littérature de la terre ; **Hector de Saint-Denys Garneau** (1912-1943) et **Alain Grandbois** (1900-1975) appartiennent à la génération de *La Relève* (1934), revue littéraire qui rompt avec le discours littéraire traditionaliste. Y collaborent aussi Anne Hébert, qui sera la grande romancière québécoise du XXe siècle, ainsi que des peintres.

Et c'est notamment du monde de la peinture que viendra la vraie révolution moderniste au Québec. D'inspiration surréaliste, le manifeste *Refus global* est publié en 1948 ; il est rédigé par le peintre **Paul-Emile Borduas** (1905-1960), qui, à cause de cette attaque virulente contre l'hégémonie culturelle de l'Eglise et tout ce qui est de l'ordre du conservatisme idéologique, perd son travail d'enseignant et s'exile aux Etats-Unis, puis en France.

A partir de la Révolution tranquille, la poésie a toujours occupé une place importante dans la littérature québécoise ; elle est nettement moins élitiste qu'en France, tendance qui est illustrée par les nombreux festivals de poésie et « Nuits de la poésie », qui sont d'importantes manifestations culturelles permettant des échanges entre les poètes et leur public.

Pour bien des Québécois, cette nouvelle fonction publique de la poésie est associée à la personne de **Gaston Miron** (1928-1996), le grand nom de la poésie québécoise de la fin du XXe siècle. Miron est non seulement un écrivain engagé connu pour sa prise de position indépendantiste, mais il est aussi un grand déclamateur dont la voix est très connue au Québec. Présent aux grands débats nationaux et fervent défenseur de la langue française, il montre bien que le poète peut jouer un rôle politique important, même à la fin du XXe siècle. Les poèmes de Miron sont publiés en volume en 1970 sous le titre *L'homme rapaillé* (« l'homme rassemblé »).

La poésie québécoise connaît également des courants plus formalistes ; en effet, la poésie contemporaine du pays est d'une extrême richesse et d'une grande diversité. On est tenté de voir un rapport entre le dynamisme de la création poétique au Québec et la situation linguistique du pays : la poésie, avec son travail sur la langue elle-même, se prête facilement à cette activité nécessaire des Québécois qui consiste à questionner la langue, à l'identifier et à l'apprivoiser.

– Le théâtre. Jusqu'à la deuxième guerre mondiale, le théâtre occupe une place tout à fait secondaire dans la vie littéraire au Québec. Mais en même temps que le réalisme urbain fait son entrée dans le roman, on voit naître un théâtre québécois qui parle du monde contemporain. *Tit-Coq* (1948) et *Bousille et les Justes* (1959) de **Gratien Gélinas** (1909), aussi bien que *Zone* (1953) et *Un simple soldat* (1957) de **Marcel Dubé** (1930) introduisent des personnages représentant les classes populaires urbanisées. *Tit-Coq* de Gélinas a connu une énorme popularité au Québec : pauvre, orphelin, antihéros par excellence, il a tout ce qu'il faut pour symboliser la situation du Canadien français avant la Révolution tranquille.

Ces pièces sont aussi liées à la question de la langue québécoise. Sans faire parler une authentique langue populaire à leurs personnages, Gélinas et Dubé font entendre une langue québécoise spécifique qui permet aux spectateurs de s'identifier aux personnages. Cependant, celui qui fait de la langue québécoise un véritable enjeu théâtral est **Michel Tremblay** (1942). Après avoir été d'abord refusée par les grands théâtres à cause de la mauvaise qualité de la langue utilisée par les personnages, sa pièce *Les Belles-Sœurs* est finalement montée en 1968. Avec cette pièce, un *joual* véritable fait son entrée sur les scènes québécoises, pratiqué par des personnages de la classe ouvrière montréalaise. Depuis, Tremblay écrit des romans aussi bien que des pièces de théâtre, faisant du travail sur la langue un des éléments constitutifs de son œuvre. Tremblay est joué sur les scènes du monde entier.

Même si ce théâtre de type national et identitaire a inspiré d'autres écrivains dramatiques, il est loin d'être le courant dominant des dernières années. Ce qui caractérise le théâtre québécois contemporain est plutôt la primauté de l'esthétique sur les questions sociales et politiques. En plus, la théâtralité l'emporte sur le texte dramatique, comme dans bien des théâtres occidentaux. Les nouveaux médias s'ajoutent aux effets dramatiques traditionnels ; la danse, la peinture, divers effets sonores s'allient au texte, qui n'est plus privilégié comme élément dramatique.

Dans ce nouveau théâtre québécois, le groupe de **Robert Lepage** (1957) est celui qui a obtenu le plus grand succès international ; *La trilogie des dragons* (1985) et *Les plaques tectoniques* (1988) sont dominés par une esthétique visuelle, la langue parlée pouvant être réduite à ses seuls effets sonores, comme dans *La trilogie des dragons* où l'on entend parler chinois.

– **Le roman à partir de la Révolution tranquille**. Parler brièvement du roman contemporain au Québec est une chose difficile tellement le genre est riche et diversifié. Cette présentation s'occupera surtout de romanciers qui sont étudiés dans les universités (sans que ce soit un critère de qualité infaillible!).

Les années soixante ont vu une véritable explosion de la production littéraire accompagner les transformations de la Révolution tranquille ; nombreux sont les écrivains qui ont aussi joué un rôle important en tant qu'intellectuels participant au débat politique et linguistique (comme le poète Gaston Miron).

Parmi les romanciers, **Jacques Godbout** (1933) se distingue par son rôle double ; fervent partisan de la laïcisation et de la modernisation du Québec, et auteur de nombreux essais et pamphlets, il a aussi écrit un grand nombre de romans qui sont des réflexions lucides sur les transformations du Québec à partir de 1960. *Salut Galarneau!* (1967) constitue un véritable portrait du Québécois, fils de la Révolution tranquille ; le héros-narrateur est un petit Québécois aliéné par le modèle états-unien omniprésent, mais qui, vers la fin du roman, est devenu un homme/écrivain capable de se doter d'une nouvelle identité propre. La critique y a vu un symbole de la naissance du Québécois moderne. Autre roman de Godbout à prendre la température de la société québécoise, *Une histoire américaine* (1986) est une satire féroce de l'*american dream* très présent au Québec. Le tableau que peint Godbout de la Californie, vue par un professeur-invité québécois, comporte une critique féroce non seulement de l'*americain way of live*, mais aussi de la politique états-unienne. Depuis 1960, Godbout poursuit, parallèlement à son rôle d'écrivain et d'intellectuel, une brillante carrière de cinéaste.

Hubert Aquin (1929-1977) est de la même génération que Godbout ; mais, même s'il était, comme lui, écrivain, essayiste et cinéaste, et aussi, toujours comme Godbout, un nationaliste convaincu, sa carrière est tout autre. Il est lié au *Front de Libération du Québec* et arrêté pour port d'armes et vol de voiture, il refuse d'accepter le Prix du Gouverneur général du Canada, il se suicide en 1977 : Aquin a pleinement assumé sa marginalité. Aussi ses romans sont-ils réputés pour leur fragmentation, leur désordre, leur structure formelle complexe. *Prochain épisode* (1965), *Trou de mémoire* (1968) et *Neige noire* (1974) sont des œuvres beaucoup étudiées et qui ont eu une influence certaine sur la littérature québécoise contemporaine. En 1979, Jacques Godbout a fait un hommage cinématographique à Aquin : *Deux épisodes dans la vie d'Hubert Aquin*.

Même si elle a publié un nombre considérable de romans, nouvelles, recueils de poèmes et pièces de théâtre depuis ses débuts en 1959, **Marie-Claire Blais** (1939) doit sa célébrité principalement à une de ses premières œuvres, *Une saison dans la vie d'Emmanuel* (1965), un tableau impitoyable de la vie d'une famille paysanne. Pauvreté, alcoolisme, enfants maltraités, maladies et perversités : le pessimisme de Blais fait du roman une œuvre choc dans la littérature nationale québécoise. Même si le lieu et le temps de l'action ne sont pas spécifiés, bien des détails nous font penser à la région de la ville de Québec dans les années quarante ; une lecture socio-historique du roman en fait donc un tableau sans fard d'un Québec pauvre et arriéré attendant sa Révolution tranquille. Dans son ensemble, l'œuvre de Blais donne une voix aux marginaux, aux exclus, aux humiliés, à tous ceux qui souffrent ; un thème récurrent en est l'homosexualité, masculine aussi bien que féminine.

L'énigmatique **Réjean Ducharme** (1941) occupe une place à part dans la littérature québécoise. Comme il s'est toujours tenu à l'écart de la vie publique, sans jamais donner d'entrevue, très peu de gens le connaissent, ce qui en fait une personnalité quasi légendaire.

Publié par Gallimard, il connaît tout de suite le succès avec son premier roman, *L'avalée des avalés* en 1966. Composée de romans (dont un en vers!), de pièces de théâtre et de scénarios, son œuvre se distingue par sa rupture avec le code réaliste, surtout au niveau du langage ; spontanéité débridée, jeux de mots, créativité extrême, tous des éléments qui nous font penser à un Céline ou à un Queneau (voir par ex. des titres comme *Les enfantômes*, roman, 1976, ou *Ines Pérée et Inat Tendu*, pièce de théâtre, 1961/1976).

Ses personnages ressemblent souvent à l'auteur par leur recherche de la solitude, par leur fuite hors du monde, tel que le couple de *L'hiver de force* (1973, probablement le texte ducharmien le plus facilement accessible pour un lecteur étranger), qui se retire du monde pour s'enfermer dans un appartement à Montréal. Le monde de Ducharme est dominé par une sorte d'innocence anarchique d'une jeunesse qui refuse les normes du monde adulte.

Anne Hébert (1916–2000) mérite sans aucun doute le titre de *grande dame* de la littérature québécoise. Connue d'abord comme poète, ensuite comme nouvelliste et auteure dramatique, elle doit sa réputation surtout à une série de romans écrits à partir de 1970, en particulier *Kamouraska* (1970), *Les fous de Bassan* (1982) et *Le premier jardin* (1988). Publiée par les Editions du Seuil à Paris, elle est parmi les écrivains québécois les mieux connus et distribués dans le reste de la francophonie.

Anne Hébert a passé presque toute sa vie d'écrivaine à Paris, mais son univers est fortement marqué par son héritage québécois ; elle est un bon exemple de l'auteur qui, tel un Ibsen créant son *Peer Gynt* à Rome, établit une distance pour mieux voir son objet. Porté par une écriture raffinée et complexe, l'univers romanesque d'Hébert est plein de personnages hauts en couleur qui vivent des passions fortes dans un monde dominé par des traditions limitant les possibilités d'émancipation individuelle. *Kamouraska* est certainement son roman le plus accompli, et aussi celui qui a fait naître le plus de thèses et d'études. La passion adultère et le crime de l'héroïne nous sont communiqués par un monologue intérieur efficace qui fait ressortir la fureur de l'amour-passion comme un scandale dans une société régie par les convenances.

La passion criminelle est aussi au centre de l'action des *Fous de Bassan* ; l'histoire du viol et du meurtre de deux jeunes filles est racontée par plusieurs voix qui donnent chacune sa version des faits. De nouveau, est dénoncé le rôle étouffant d'une société traditionaliste réprimant la passion et la sexualité.

Les deux romans comportent bien des détails précis d'ordre historique (*Kamouraska*, première moitié du XIXe siècle) et géographique (*Les fous de Bassan*, petit village de pêcheurs de la région de Gaspé). Aussi ont-ils tenté des cinéastes : alors que l'adaptation de Claude Jutra de *Kamouraska* (1973) est considérée comme une réussite, celle des *Fous de Bassan* faite par Yves Simoneau (1987) illustre plutôt les limites des adaptations d'œuvres trop complexes.

Avec une régularité exemplaire, **Jacques Poulin** (1937) a publié dix romans depuis ses débuts d'écrivain : *Mon cheval pour un royaume* en 1967, jusqu'aux *Yeux bleus de Mistassini* en 2002. La grande simplicité de son écriture ainsi que ses personnages et ses histoires peu spectaculaires ont fait en sorte que le public a mis du temps à l'identifier comme un des grands romanciers québécois. Son univers romanesque est dominé par la quête des personnages pour atteindre le bonheur, mais surtout par la figure du héros-écrivain qu'on retrouve dans la plupart des romans constituant cette œuvre remarquablement homogène.

Cependant, à lire la plupart des introductions à la littérature québécoise, on a l'impression que Poulin est un écrivain à un seul livre tellement a été écrasant le succès de *Volkswagen Blues* (1984). Illustration parfaite de la dimension américaine de la littérature québécoise, le roman est l'histoire d'un Franco-Québécois, Jack Waterman, qui parcourt le continent, du Québec jusqu'en Californie, accompagné d'une métisse, Pitsémine. Le but du voyage est de retrouver le frère de Jack disparu depuis des années. Mais comme ils suivent la route des pionniers, *the Oregon Trail*, leur voyage devient une quête historique et identitaire, une réflexion sur la signification du grand rêve américain, mais aussi sur les effets de la colonisation, et, surtout grâce à la curiosité de Pitsémine, un récit de la rencontre avec les Indiens. Truffé de passages en anglais, *Volkswagen Blues* est un roman largement bilingue qui contient aussi beaucoup de références à la littérature anglo-américaine (Hemingway, Saul Bellow). Le roman en dit long sur la transformation de la littérature canadienne-française, fidèle aux traditions, en littérature québécoise, ouverte sur le monde.

Tous ces romanciers ont donc débuté avant 1970 ; or une nouvelle génération est née qui a à peine vécu la Révolution tranquille et qui domine aujourd'hui le marché romanesque. Logiquement, c'est une génération d'écrivains libérés d'une participation obligatoire au projet national et identitaire. La littérature devient plus personnelle, plus diversifiée, perd son cachet québécois traditionnel. Dans cette grande multitude d'auteurs, nous nous limiterons à présenter quelques noms de qualité pour conseiller ceux qui sont curieux de se documenter sur la littérature récente : l'univers de **Robert Lalonde** (1947) est intimement lié à la nature, à l'environnment, et il s'est penché sur les rapports entre l'Indien et le Blanc (*Le dernier été des Indiens*, 1982) ; **Monique Proulx** (1952) est une romancière et nouvelliste appréciée par un grand public aussi bien que par la critique (*Le sexe des étoiles*, 1987, *Les aurores montréales*, 1996 - nouvelles) ; avec des romans comme *La rage* (1989) et *Cowboy* (1992), **Louis Hamelin** (1959) se distingue par sa faculté de décrire les mœurs modernes ; et citons aussi le nom de **Gaétan Soucy**, étoile montante qui est déjà très apprécié, au Québec aussi bien qu'en France (*La petite fille qui aimait trop les allumettes*, 1998).

Finalement, il faut noter l'importance sans cesse croissante de la **littérature migrante**, de tous ces écrivains venus d'horizons très divers pour vivre et écrire au Québec, en français (« ces étrangers du dedans » selon un ouvrage récent, Moisan et Hildebrand 2001). Leur apport à la littérature québécoise contribue à renforcer l'aspect hétérogène du Québec contemporain en nous proposant des thèmes comme le métissage, l'exil, l'interculturel.

Voici quelques représentants importants de ces écrivains néo-québécois : **Marco Micone** (1945, immigré au Québec en 1958), qui nous décrit les problèmes d'intégration de la grande communauté italo-québécoise dans sa *Trilogia* dramatique (1996), a écrit un récit autobiographique émouvant sur sa famille, sur les raisons de leur départ et les conditions de leur installation dans le pays d'adoption (*Le figuier enchanté*, 1992) ; **Dany Laferrière** (1953, au Québec depuis 1978), qui se fait connaître par l'énorme succès de *Comment faire l'amour avec un nègre sans se fatiguer* (1985), est le représentant le plus prolifique de la grande communauté haïtienne du Québec ; malgré sa double origine judéo-irakienne, **Naïm Kattan,** essayiste et romancier (1928, au Québec depuis 1954), insiste sur son appartenance à la littérature québécoise (*La fiancée promise*, 1983) ; d'origine brésilienne, **Sergio Kokis** (1944, arrivé au Québec en 1969), qui est peintre, romancier et psychologue, connaît le succès dès son premier roman, *Le pavillon des miroirs* en 1994 ; née à Shanghai en 1961 et arrivée au Québec en 1989, **Ying Chen** a déjà signé plusieurs romans en français, qui parlent de la société autoritaire qu'elle a quittée avec un certain soulagement, mais aussi des problèmes liés à l'intégration au pays d'accueil (*Les lettres chinoises*, 1994, *L'ingratitude*, 1995).

Pour terminer, on peut noter que du côté des institutions littéraires, la littérature québécoise a une autonomie que bien des littératures francophones peuvent lui envier. Il est vrai que bien des auteurs québécois considèrent le fait d'être édité en France comme un avantage pour la diffusion de leurs livres ; mais la carrière d'un écrivain québécois se décide principalement au Québec. On trouve sur place des maisons d'édition très diversifiées, la littérature québécoise est enseignée à tous les niveaux de l'éducation nationale, une presse de qualité suit de près ce qui s'écrit au pays, et une institution universitaire de grande qualité donne à la littérature la résonnance académique nécessaire.

3.2 L'Acadie – les provinces maritimes

La population de langue maternelle française représente aujourd'hui une minorité plus ou moins importante dans trois provinces canadiennes de la côte atlantique :

- Ile du Prince-Edouard 4,3% (moins de 6 000 pers.)
- Nouvelle-Ecosse 4,0% (env. 35 000 pers.)
- Nouveau-Brunswick 33,2% (env. 240 000 pers.)
  (*Statistique Canada* 1996)

Si on utilise généralement le terme « Acadiens » pour désigner cette population francophone des provinces maritimes, c'est qu'il y a une tendance à valoriser fortement l'histoire et l'identité de ce peuple dont les ancêtres ont établi l'**Acadie**, la première colonie française en Amérique du Nord.

3.2.1 Historique

Cette première colonie est établie par Samuel de Champlain en 1605 sur un territoire qui est aujourd'hui situé en Nouvelle-Ecosse. Au cours du siècle suivant, l'Acadie est l'objet de constantes disputes entre la France et l'Angleterre ; les colons français sont tantôt sous domination française, tantôt sous domination anglaise. La colonie est cédée définitivement à l'Angleterre en 1713 (traité d'Utrecht).

Commence alors une période difficile pour les Acadiens, devenus une population de plus de 2 000 personnes en 1713. Refusant de prêter le serment de fidélité à l'Angleterre, ils acceptent de prêter un serment de neutralité qui les oblige à ne pas prendre les armes dans un conflit éventuel entre la France et l'Angleterre, pays rivaux dans la lutte pour contrôler le Canada. Avec l'arrivée de nombreux colons anglais qui envient aux Français leurs terres fertiles, la tension monte entre les deux peuples. Finalement, en 1755, les autorités anglaises décident la déportation collective de la grande majorité des Acadiens.

Cet événement tragique, une véritable épuration ethnique connue sous le nom du « **Grand Dérangement** », va marquer pour toujours la mémoire collective du peuple acadien et contribuer à forger une identité acadienne différente de celle du reste du Canada français. Près de 8 000 personnes sont prises dans une rafle, leurs villages sont brûlés, et elles sont mises de force sur des navires qui partent pour des destinations diverses, dans un premier temps vers les colonies anglaises de la côte est américaine. Ensuite, d'autres sont envoyés en France, un groupe se rend en Louisiane (ancêtres des « Cajuns »), un autre au Québec. Une minorité de la population de 1755 réussit à s'enfuir pour se cacher dans les forêts et se réfugier dans des territoires voisins demeurés sous législation française.

Après la guerre de sept ans et le traité de Paris (1763), par lequel la France cède le Canada à l'Angleterre, les autorités anglaises permettent aux Acadiens de retourner en Acadie (main-d'œuvre utile et bon marché pour les Anglais), à condition que ce soit par petits groupes. Cependant, comme leurs anciennes terres sont occupées par des colons anglais, ils sont obligés de s'installer ailleurs, entre autres au Nouveau-Brunswick, fait qui explique la position relativement forte des francophones dans cette province aujourd'hui.

Dans un premier temps dispersés et isolés les uns des autres, les divers groupes d'Acadiens commencent lentement à prendre une nouvelle conscience collective de leur identité. L'événement majeur marquant cette **renaissance acadienne** est le premier congrès national acadien en 1881. Pour mettre en valeur leur identité distincte, les Acadiens choisissent un drapeau national (tricolore, avec étoile jaune symbolisant la Vierge Marie) et une fête nationale. Après de longues discussions, on décide de ne pas choisir le 24 juin, la Saint Jean-Baptiste – fête nationale du Québec –, mais le 15 août – l'Assomption et la fête de Marie –, principalement dans le but de symboliser une identité acadienne différente de celle des Québécois (Vernex 1979 : 63-64).

Le premier souci des acteurs de la renaissance acadienne est la question de l'éducation. Pauvres et très majoritairement analphabètes, les Acadiens doivent vivre longtemps encore sous la domination d'une autorité anglaise qui interdit l'enseignement en français (LeBlanc 1963 : 46-50).

3.2.2 La situation actuelle

La résistance acadienne à une anglicisation générale a surtout porté des fruits au Nouveau-Brunswick, où la population francophone est assez nombreuse et habite de façon assez concentrée pour éviter l'assimilation. En plus, il s'agit d'une province qui est officiellement bilingue, alors que l'Ile du Prince-Edouard et la Nouvelle-Ecosse sont unilingues anglais.

A l'**Ile du Prince-Edouard**, la population francophone est si petite que, même si la législation actuelle permet un enseignement primaire en français, il semble que la population acadienne de l'île est vouée à l'assimilation et que le fait français relèvera, à l'avenir, du folklore (chansons, musées, etc.).

La situation est moins sombre en **Nouvelle-Ecosse**, vu que le nombre total de francophones y est plus élevé. La population acadienne s'est servie des lois sur le bilinguisme canadien pour obtenir des écoles en français, et une petite université francophone assure la possibilité d'une formation en français dans certaines disciplines. Le français a également une place limitée dans le système judiciaire.

La province connaît néanmoins, comme l'Ile du Prince-Edouard, une assimilation constante des francophones à l'anglais. Une raison majeure en est les mariages linguistiquement mixtes. Alors que les mariages mixtes ne représentent que 10% de la population acadienne du Nouveau-Brunswick, ils représentent presque 50% dans les deux autres provinces ; seulement un couple mixte sur cinq utilise le français comme langue du ménage (*Atlas de la langue française* 1995 : 74). Un autre facteur qui renforce la tendance à l'assimilation est le fait que les francophones sont majoritairement bilingues, alors que seulement une petite minorité de la population anglophone parle français. La situation très minoritaire des francophones des deux provinces rend leur bilinguisme définitivement soustractif : leur pratique de l'autre langue, celle de la majorité, entraîne facilement l'abandon de la langue maternelle minoritaire (on va voir que cette tendance est encore plus nette dans les provinces de l'Ouest). L'assimilation des francophones dans les deux provinces en question peut se chiffrer ainsi : alors qu'à l'Ile du Prince-Edouard 4,3% de la population était de langue maternelle française en 1996, 2,3% seulement avait le français comme langue d'usage ; pour la

Nouvelle-Ecosse les données étaient respectivement de 4,0% et 2,3% (Statistique Canada). Presque la moitié de la population de langue maternelle française avait donc choisi l'anglais comme langue d'usage.

Le Nouveau-Brunswick

Au Nouveau-Brunswick les statistiques montrent une situation linguistique relativement stable : 33,2% de la population a le français comme langue maternelle, 30,5% comme langue d'usage. En effet, en dehors du Québec, c'est le seul territoire en Amérique du Nord où la position du français semble relativement solide. Mais cette situation positive est un phénomène assez récent. Jusqu'aux années soixante, les Acadiens du Nouveau-Brunswick manquaient des conditions nécessaires pour pouvoir vivre normalement en se servant de leur langue maternelle.

Malgré l'importance de la minorité acadienne de la province, l'anglais était la seule langue officielle du Nouveau-Brunswick. Il en résultait entre autres qu'il n'y avait pas de système scolaire en français qui correspondait aux demandes des Acadiens. Voici des chiffres qui en disent long sur la situation : en 1961, on comptait 30% d'analphabètes fonctionnels (moins de 5 ans de scolarisation) dans les régions où les Acadiens étaient nettement majoritaires, contre une moyenne de 19% pour l'ensemble de la province. En effet, la première formation d'instituteurs en français date de 1968 (l'école normale de Moncton). Jusque-là, la formation des maîtres était assurée principalement par quelques collèges religieux qui enseignaient surtout les langues classiques, la religion et le français (Vernex 1979 : 50–51).

Aussi l'anglais était-il considéré comme la langue du commerce, de l'économie et du progrès, comme c'était le cas au Québec avant le Révolution tranquille. Il s'agissait donc d'une situation clairement diglossique, l'anglais étant la langue haute et le français la langue basse. Cette situation était renforcée par le fait que la population acadienne était typiquement rurale. En effet, toutes les villes d'une certaine importance se trouvaient dans des régions à dominance anglophone ; les Acadiens pouvaient vivre en français chez eux, au village, mais dès que les besoins de la vie moderne les obligeaient à aller en ville (travail, commerce, école), ils étaient obligés de parler l'autre langue.

Un statut renforcé du français

A partir des années soixante, cette situation linguistique a beaucoup changé en faveur des Acadiens du Nouveau-Brunswick. D'un point de vue politique, on peut noter que ces changements sont liés au premier gouvernement néo-brunswickois présidé par un premier ministre acadien, Louis Robichaud, qui représente la petite élite acadienne issue de la renaissance au XIXe siècle et formée par les collèges classiques.

Un événement d'une grande valeur, réelle aussi bien que symbolique, est la création de l'**Université de Moncton** en 1963. Il s'agit de la seule université canadienne entièrement francophone hors Québec. Assurant la formation d'une classe professionnelle acadienne dans les domaines les plus importants de la société, elle inspire aussi une vie intellectuelle et artistique plus large (maisons d'édition, troupes de théâtre, etc.), et elle attire de nombreux étudiants francophones étrangers. La présence de l'Université à Moncton explique aussi pourquoi cette ville, où les francophones ne représentent que le tiers de la population et où la vie se déroule généralement en anglais, est aujourd'hui le centre vital de la vie culturelle et artistique des Acadiens (littérature, théâtre, musique, arts).

L'action politique majeure du gouvernement Robichaud en faveur des Acadiens est sans aucun doute l'adoption de la *Loi sur les langues officielles du Nouveau-Brunswick* (1968), faisant du français la langue officielle de la province à côté de l'anglais. Il s'agit de la première d'une série de lois ayant pour but l'installation d'un bilinguisme institutionnel correspondant à la composition linguistique de la population, et c'est la première fois qu'une loi officielle reconnaît l'existence de la minorité francophone de la province.

Cependant, un bilinguisme institutionnel au niveau de la province n'est pas la même chose qu'une égalité réelle des deux langues dans la vie de tous les jours. D'une part l'anglais est la langue de la majorité au Nouveau-Brunswick, et d'autre part le prestige de la langue anglaise en Amérique du Nord est écrasant. Ainsi le bilinguisme officiel risquerait, à long terme, d'être un outil d'assimilation des Acadiens à l'anglais. C'est pourquoi bien des Acadiens ont lutté pour une certaine décentralisation linguistique.

Un territoire acadien ?

Cette stratégie est basée sur la volonté de permettre aux régions à forte majorité francophone de contrôler leurs propres services administratifs et d'organiser une vie officielle et privée qui se déroulerait entièrement en français. En effet, la forte concentration de la population francophone dans certaines régions (nord-ouest, nord-est, sud-est) est propre à faciliter une telle solution : alors que les Acadiens constituent plus de 95% de la population dans la région la plus francophone, ils en constituent moins de 2% dans la région la plus anglophone. Une telle stratégie linguistique décentralisée impliquerait la gestion en français des trois secteurs clés du domaine politico-linguistique : la santé, l'éducation et les affaires sociales. Il n'est pas difficile de comprendre que les Acadiens ont regardé vers la Belgique pour trouver des arguments en faveur d'une telle politique.

Ce rêve d'une province acadienne est entre autres promu par le Parti Acadien dans les années soixante-dix, mais le pouvoir politique du Nouveau-Brunswick craint justement une situation « belge » et refuse une trop grande autonomie aux régions acadiennes. Le résultat principal de cette politique décentralisatrice est la création d'une dualité dans le domaine de l'éducation : depuis 1981, les francophones ont le droit d'administrer leur propre système scolaire (écoles et districts scolaires français homogènes).

La situation politico-linguistique actuelle est un compromis entre les deux tendances : le Nouveau-Brunswick est une province officiellement bilingue, mais la concentration géographique des communautés linguistiques entraîne une certaine répartition territoriale de l'usage des deux langues officielles. Une telle dualité politico-linguistique désavantage les francophones dans la mesure où il n'y a pas de ville à majorité francophone (la seule ville avec une minorité francophone importante étant Moncton). Toutefois, les régions à dominance francophone connaissent une vitalité économique satisfaisante pour retenir la population et empêcher l'exode rural.

Un français acadien ?

Si le statut officiel de la langue est une question importante pour les francophones du Nouveau-Brunswick, la qualité et le statut linguistique du français acadien en sont une autre. En effet, l'écart est grand entre le français standard et le français acadien, situation qui s'explique par l'histoire particulière des Acadiens. Comme le français pratiqué en Acadie pendant des siècles est surtout une langue orale (taux élevé d'analphabétisme) et que les relations avec la France et d'autres régions francophones sont quasi inexistantes, cette langue ne suit pas l'évolution du français international. La variante acadienne du français est marquée par la syntaxe et le vocabulaire des régions françaises d'où sont partis les premiers colons au XVIIe siècle.

Une autre particularité acadienne est le contact intime avec l'anglais, ce qui, dans certaines régions, a causé une certaine anglicisation du français acadien. Français standard, français régional archaïque, français anglicisé, voilà les composantes principales du mélange linguistique acadien.

Cette situation linguistique pose de sérieux problèmes pour l'apprentissage du français. Quel français enseigner ? Quel français apprendre ? Et aussi : quel français pratiquer ? Y a-t-il des variantes qui sont plus légitimes que d'autres ? (Boudreau et Dubois 1993)

Les linguistes sont loin de donner une réponse unanime, mais certains sont pour l'élaboration d'une norme spécifiquement acadienne. L'avantage en serait surtout de ne pas donner aux apprenants un sentiment d'aliénation en rencontrant à l'école une norme très différente de celle de leur langue maternelle. Le linguiste André Martinet s'est prononcé pour l'établissement d'une telle norme acadienne, entre autres pour éviter que les jeunes Acadiens, dans leur rencontre frustrante avec le français standard, optent pour l'anglais où le problème de l'écart entre variété locale et langue standard est quasi inexistant (cité par Peronnet 1993 : 107).

3.2.3 Littérature

Curieusement, le premier texte important du corpus national des Acadiens est écrit en anglais par un Américain. En 1847 paraît le poème épique *Evangéline : A Tale of Acadie* de **Henry Wadsworth Longfellow**. *Evangéline* raconte l'histoire tragique de l'héroïne et de son fiancé qui sont séparés et placés sur des bateaux différents pendant la Déportation de 1755, pour se retrouver et mourir ensemble après de longues années de migration. Traduit en 1856, le poème a longtemps servi de référence culturelle et identitaire pour les Acadiens.

La littérature acadienne proprement dite naît après la deuxième guerre mondiale ; sa vedette incontestable est **Antonine Maillet** (1929), qui, par ses œuvres, a joué un rôle important dans la constitution de l'imaginaire collectif acadien. Dans *Pélagie-la-charette* (Prix Goncourt en 1979), elle raconte l'histoire d'une femme qui revient au pays après la Déportation (en Louisiane). Les romans et pièces de théâtre de Maillet sont tous marqués par la tradition orale des conteurs, la langue des dialogues étant celle de la région. D'autres écrivains qui exploitent l'histoire acadienne dans leurs œuvres sont **Jeanne Ducluzeau** (*Anne d'Acadie*, 1984), **Claude Le Bouthillier** (*L'Acadien reprend son pays*, 1977) et **Louis Haché** (*Adieu, p'tit Chipagan*, 1978).

Comme au Québec, la poésie occupe une place importante dans le paysage littéraire : **Herménégilde Chiasson** (*Mourir à Scoudouc*, 1974) et **Guy Arsenault** (*Acadie Rock*, 1973) se sont distingués dans ce domaine par des textes revendicateurs marqués par la problématique identitaire.

Pour sa diffusion, la littérature acadienne dépend largement de l'institution littéraire locale. Les Editions d'Acadie (et d'autres éditeurs plus petits) ainsi que le Centre d'études acadiennes de l'Université de Moncton y jouent un rôle important.

3.3 L'Ontario et les provinces de l'Ouest

Contrairement au Québec et à l'Acadie, il n'y a pas, en Ontario et dans les provinces de l'Ouest, de peuplement français important dès le XVIIe siècle. D'abord parcouru par des explorateurs, des militaires, des missionnaires et des « coureurs de bois » français, le pays à l'ouest du Québec voit surtout s'installer ses communautés francophones au cours du XIXe siècle, suite à des migrations importantes d'un Québec surpeuplé incapable de nourrir toute sa population. Cette immigration se fait à une époque où le territoire voisin (l'Ontario à venir) a déjà une population majoritaire de langue anglaise.

Représentant une minorité plus ou moins importante selon les provinces, les francophones sont, depuis quelques dizaines d'années, en état d'assimilation constante à l'anglais. Statistique Canada donne les chiffres suivants pour 1996 (le premier chiffre indique le taux de langue maternelle française, le deuxième celui de langue d'usage) :

- Ontario   4,7   2,9
- Manitoba   4,5   2,1
- Saskatchewan   2,0   0,6
- Alberta   2,1   0,7
- Colombie-Britannique   1,5   0,4

Cette proportion de la population totale correspond aux chiffres globaux suivants: environ 680 000 personnes sont de langue maternelle française (la grande majorité habite l'Ontario), alors qu'environ 370 000 indiquent avoir le français comme langue d'usage. On voit que l'Ontario et le Manitoba sont les seules provinces où la minorité francophone est assez importante pour résister tant soit peu à l'assimilation complète.

Jusqu'aux années 1960, les francophones de ces provinces sont considérés, sans distinction, comme des *Canadiens-Français* ; après la Révolution tranquille au Québec et le renforcement d'une identité québécoise distincte, ils commencent à se regarder comme des minorités francophones de leur province. En Ontario, ils se nomment désormais Franco-Ontariens (ou Ontarois), au Manitoba, Franco-Manitobains, en Saskatchewan, Fransaskois, en Alberta, Franco-Albertains, en Colombie-Britannique, Franco-Colombiens.

3.3.1 L'Ontario

Historique
Mis à part l'établissement d'un certain nombre de forts, de comptoirs et de missions dès le XVIIe siècle, l'Ontario ne compte que quelques petites paroisses francophones avant 1800 ; la présence militaire, commerciale et religieuse n'est pas accompagnée d'une colonisation importante, comme ce fut le cas en Acadie.

La colonisation canadienne-française se fait au cours du XIXe siècle, à une époque où l'Ontario (le Haut-Canada) est déjà un territoire contrôlé par une population anglophone, principalement des *Loyalistes* ayant quitté les Etats-Unis après la guerre d'indépendance pour montrer leur fidélité à la Couronne britannique. Les immigrés francophones, majoritairement des colons-bûcherons, viennent d'un Québec où la natalité est très forte (la « revanche des berceaux ») et où il n'y a pas assez de terres pour nourrir une population grandissante. Fidèles au nationalisme canadien-français, catholique et agricole, les francophones de l'Ontario resteront une population à prédominance rurale jusqu'aux migrations internes vers les grandes villes après la deuxième guerre mondiale.

Très peu impliqués dans le pouvoir (anglais), les francophones de l'Ontario établissent leur communauté en s'appuyant sur deux institutions principales propres à assurer leur survie comme minorité linguistique et culturelle : l'école et la paroisse, toutes les deux dépendantes d'un important réseau clérical couvrant le territoire entier.

Cependant, face à la forte colonisation francophone au tournant du siècle, le pouvoir provincial décide de renforcer le contrôle sur la province, à majorité britannique et protestante, en interdisant l'enseignement en français après la deuxième année scolaire. Le fameux **réglement 17**, en vigueur de 1912 à 1927, déclenche une forte mobilisation francophone ; on peut même dire que cette tentative de faire disparaître le fait français en Ontario est un facteur déterminant dans la création de l'identité franco-ontarienne du XXe siècle. Une forte volonté de résister à l'anglicisation a nourri des luttes continuelles pour le renforcement institutionnel du français en Ontario. (Cette introduction historique se base surtout sur Gervais 1999.)

La situation actuelle
On a vu que la montée du nationalisme québécois dans les années soixante déclenche une politique fédérale de bilinguisme et de renforcement du statut du français comme langue co-officielle au Canada. Comme les minorités des

autres provinces, la minorité francophone de l'Ontario en profite aussi. Ayant vécu jusqu'aux années soixante sans aucune reconnaissance officielle en tant que minorité ontarienne, elle a longtemps constitué une sorte de « communauté clandestine dans une province anglaise » (Gervais 1999 : 155), qui constituait en 1950 environ 8% de la population ontarienne. A partir des lois fédérales sur le bilinguisme (1969) et sur les droits scolaires (1982), les Franco-Ontariens ont vu leur province reconnaître officiellement leur existence de plusieurs manières.

Pour ce qui est de **l'éducation**, l'enseignement en français se faisait surtout dans des écoles catholiques bilingues, et le principe de base était que les élèves devaient d'abord maîtriser l'anglais ; le français langue maternelle avait donc structurellement un statut de langue seconde (Bordeleau, Bernard et Cazabon 1999 : 445-446). Sous couvert de l'article 23 de la *Charte des droits et des libertés* (1982, voir l'introduction sur le Canada), les Franco-Ontariens peuvent obtenir le contrôle de leurs propres écoles sous forme de conseils scolaires autonomes.

La lutte des Franco-Ontariens pour la création de leurs propres écoles françaises concerne surtout l'**école secondaire**. Historiquement sous-scolarisée, la minorité francophone voit sa situation s'améliorer à partir des années soixante-dix avec l'établissement d'écoles secondaires françaises là où l'importance de la population le justifie. En effet, et contrairement à l'Acadie, où la concentration régionale des francophones est forte, ce dernier point en est un faible dans la lutte des Franco-Ontariens pour leurs droits linguistiques ; comme le dit une géographe, « à première vue, l'Ontario français n'existe pas » (Gilbert 1999 : 71), tellement est disséminée la population à travers le territoire ontarien et tellement elle manque de reconnaissance territoriale. En effet, contrairement au Nouveau-Brunswick, il n'y a pas en Ontario de régions où les francophones sont majoritaires ; ils constituent 25% de la population dans la région la plus francophone et moins de 2% dans la région la moins francophone (Gilbert 1999 : 65). Il faut descendre à un niveau administratif inférieur pour trouver des entités géographiques où les francophones sont majoritaires (surtout à l'est d'Ottawa, vers la frontière avec le Québec, et dans la région peu peuplée du Nord).

La minorité francophone a également vu une amélioration de sa situation au niveau de l'éducation **postsecondaire**. Alors que la participation des francophones au niveau scolaire postsecondaire était très inférieure à celle des anglophones en 1960 (3,4% vs 6,2% des populations respectives), l'écart est en train de se réduire considérablement grâce surtout à la création d'un réseau de collèges francophones (études technologiques et professionnelles moins longues que les études universitaires). Les programmes universitaires en français sont surtout proposés par les deux universités bilingues, l'Université d'Ottawa et l'Université Laurentienne de Sudbury.

Un autre domaine linguistiquement important est celui de la **juridiction** et des **services publics**. A partir des années soixante-dix, plusieurs lois sont votées qui renforcent le bilinguisme judiciaire en Ontario (possibilité de parler français devant le juge). Pour ce qui est de la possibilité de communiquer en français avec les instances du gouvernement provincial, un changement important a lieu en 1985 avec la victoire du Parti libéral. Le premier ministre David Peterson – le premier chef d'un gouvernement ontarien à savoir s'exprimer en français! – nomme pour la première fois dans l'histoire de l'Ontario un ministre délégué aux affaires francophones ; en 1986, il fait voter *La loi sur les services en français* (Dennie 1999). Cette loi est importante au niveau symbolique aussi bien que pratique ; d'une part, elle donne aux francophones le droit de se servir de leur langue maternelle pour communiquer avec le secteur public dépendant du gouvernement provincial (dans les régions avec une population francophone d'au moins 10% qui totalise plus de 5 000 personnes, Frenette 1998 : 189) ; d'autre part, elle ouvre aux francophones un nouveau marché de travail puisqu'on a besoin d'un personnel francophone compétent dans des secteurs comme la santé et les services sociaux (Gervais 1999 : 159).

Malgré cette amélioration institutionnelle de leur situation, on se demande si, à long terme, la minorité franco-ontarienne n'est pas vouée à l'assimilation complète. Une des raisons en est que le bilinguisme est très répandu dans cette population. En effet, lors d'un recensement en 1986, 86% de la population de langue maternelle française se déclare bilingue et une enquête de 1991 révèle que plus de 80 000 (plus de 15% des francophones) disent avoir deux langues maternelles, l'autre langue étant pour la grande majorité l'anglais (Farmer et Poirier 1999 : 273). Certains se demandent même s'il ne faut pas parler d'une *identité* bilingue ; le français risque éventuellement de devenir, à long terme, une langue seconde même pour les francophones, tellement est forte leur dépendance de la société anglophone majoritaire.

Une chose qui sert à compenser un peu le transfert à l'anglais par assimilation est l'arrivée en Ontario d'immigrés francophones. En effet, la composition ethnique des Franco-Ontariens a beaucoup changé pendant les dernières dizaines d'années ; 25% des Franco-Ontariens sont maintenant nés au Québec alors que 5% sont des immigrés en provenance d'autres continents (Europe, Afrique, Asie) (Gervais 1999 : 158).

Littérature

Un facteur qui a contribué à renforcer l'identité franco-ontarienne depuis 1970 est la naissance d'une littérature régionale qui leur est propre. Jusqu'aux années soixante et la Révolution tranquille au Québec, un écrivain franco-ontarien ne se distingue pas des écrivains québécois ou manitobains ; ils appartiennent tous à la littérature canadienne-française. Or, dès la mort du Canada français unitaire, une nouvelle génération d'écrivains commence à manifester son identité franco-ontarienne, son appartenance à une littérature mineure (c'est-à-dire produite par une minorité, mais dans une langue majoritaire). Il existe aussi une institution littéraire franco-ontarienne, puisque plusieurs maisons d'édition sont là pour distribuer les œuvres, et les textes sont étudiés en tant que littérature nationale à l'école aussi bien que dans les programmes universitaires.

Comme au Québec, on est frappé par l'importance de la poésie, du théâtre et de la chanson, genres qui sont propres à mettre en valeur la littérature en tant que parole, la langue en tant que spécificité locale (aussi une des premières maisons d'édition franco-ontariennes s'appelle-t-elle *Prise de parole*). Si la poésie occupe une place si centrale dans la littérature franco-ontarienne, cela vient aussi des nombreux festivals et spectacles de poésie qui mettent en valeur sa fonction comme témoignage identitaire. Celui qui se distingue comme le premier poète franco-ontarien est **Patrice Desbiens**.

Le théâtre est aussi marqué par la thématique de l'identitaire. Des auteurs comme **André Paiement** (*Lavalléville*, 1975) et **Michel Ouellette** (*French Town*, 1994) sont caractéristiques de la tendance du théâtre franco-ontarien à problématiser l'existence minoritaire.

Le roman franco-ontarien est moins étroitement marqué par des préoccupations identitaires. Les œuvres de romanciers comme **Daniel Poliquin** (*Vision de Jude*, 1990 et *L'écureuil noir*, 1994) et **Gabrielle Poulin** (*La couronne d'oubli*, 1990) ont fait connaître la littérature franco-ontarienne au-delà des frontières de la province. Les tendances les plus récentes montrent d'ailleurs une littérature prête à rompre avec le régionalisme en exploitant des thèmes plus universalistes, comme en témoigne la contribution littéraire d'écrivains immigrés tels que **Hédi Bouraoui** (d'origine tunisienne).

3.3.2 Les provinces de l'Ouest

Historique

Le Manitoba est créé en 1870, la Saskatchewan et l'Alberta en 1905. Jusqu'alors, ces territoires sont contrôlés par des compagnies basées à Montréal qui ont obtenu le monopole du commerce des fourrures. Cette activité économique principale attire un grand nombre de Français depuis la première moitié du XVIIIe siècle.

De la rencontre entre les Français et les Amérindiens naît la première francophonie d'une certaine importance dans l'Ouest, à savoir la société métisse. **Les Métis** prennent rapidement conscience de leur identié particulière, vivant moitié, à la façon indienne, de la chasse au bison, moitié à la française, comme commerçants et agriculteurs.

Face à la colonisation canadienne et aux vagues d'immigrants venus de l'Ontario (du Haut-Canada) qui menacent leur mode de vie, les Métis et leur leader Louis Riel se révoltent en 1870. Ils créent d'abord leur propre gouvernement provisoire, obtiennent ensuite la création de la province du Manitoba et la reconnaissance officielle de la langue française. Lors de conflits ultérieurs, Louis Riel est arrêté et pendu (1885), événement tragique de grande valeur symbolique dans la création de l'identité des francophones de l'Ouest. Au fil du temps, les communautés métisses sont désintégrées et anglicisées.

La seconde francophonie de l'Ouest est blanche ; elle s'établit principalement par l'arrivée d'immigrants acadiens et québécois (mais aussi belges et français) du milieu du XIXe siècle jusqu'au début du XXe. Cette migration est promue par le clergé canadien-français qui rêve d'établir une province francophone et catholique dans l'Ouest (Viaud 1999 : 78).

Or, submergés par une forte immigration anglophone, les francophones se voient rapidement éparpillés partout sur le continent et linguistiquement minorisés. A titre d'exemple, les francophones constituent plus de la moitié de la population du Manitoba en 1871, et seulement 7% en 1891. Aussi les nouvelles provinces deviennent-elles officiellement anglophones. La vie en français se déroulera donc dans la sphère privée, ainsi que dans les villages et dans certains quartiers des villes où la concentration des francophones est assez forte pour créer des îlots dans l'océan anglophone.

La situation actuelle

De 1960 jusqu'à nos jours, la situation des minorités francophones de l'Ouest est marquée par une assimilation galopante et par des luttes continuelles pour l'obtention des droits linguistiques qui sont en principe garantis par les lois fédérales (la *Loi sur les langues officielles* et la *Charte canadienne des droits et libertés*), mais que les provinces hésitent à respecter.

Des statistiques à trois niveaux nous permettent d'observer la fragilité démolinguistique des francophones. Dans la province la plus francophone, le Manitoba, il y a en 1991 5% de la population qui déclare être d'origine ethnique française (14% qui sont d'origine française **et** autre), 4,5% être de langue maternelle française, 2,2% avoir le français comme langue d'usage. Pour les autres provinces, les chiffres sont encore plus critiques (Statistique Canada).

D'autres statistiques viennent compléter le portrait linguistique du francophone de l'Ouest : en 1991, 97,5% des francophones déclarent connaître l'anglais, et, chose qui en dit long sur le processus de l'assimilation, 92% se disent *compétents* en anglais (ils savent parler, comprendre, lire, écrire), alors qu'ils ne sont que 78% à revendiquer la même compétence en français (Aunger 1999 : 288).

L'isolement des îlots francophones, leur grand éparpillement et le grand éloignement du foyer francophone principal qu'est le Québec donnent de plus en plus à la minorité francophone le sentiment d'habiter un pays anglophone auquel il faut adhérer pour avoir accès à la modernité. Ce sentiment est renforcé par l'exode rural des dernières décennies ; il était beaucoup plus facile de vivre une vie en français dans les paroisses rurales traditionnelles, où la majorité des francophones habitaient jusqu'au milieu du XXe siècle, que dans les villes où ils sont maintenant partout minorisés. L'exception principale est Saint-Boniface, ville dans la banlieue de Winnipeg au Manitoba, où les francophones sont majoritaires dans certains quartiers et où un Collège universitaire proposent un certain nombre de diplômes en français.

Cependant, malgré l'assimilation inévitable, la francophonie fait preuve d'une résistance certaine qui se manifeste surtout à travers la question de l'enseignement. Parmi les nombreuses décisions des tribunaux relatives à l'école, celle de la Cour suprême du Canada en 1990 semble la plus importante ; se référant à la *Charte des droits et libertés*, la Cour suprême donne à la minorité francophone le droit de gérer ses propres écoles françaises. Il s'ensuit l'établissement de conseils scolaires francophones dans chaque province ; on compte en 1997-1998 plus de 10 000 élèves qui sont inscrits dans des écoles gérées par les communautés francophones elles-mêmes.

L'isolement et l'éparpillement constituent aussi un handicap considérable pour la production littéraire et culturelle; l'absence d'une importante concentration urbaine francophone fait qu'un écrivain ou un artiste trouve difficilement un milieu propice à son épanouissement. A ce propos, le destin de **Gabrielle Roy** est exemplaire ; née au Manitoba (Saint-Boniface) en 1909, elle s'installe au Québec à l'âge de 40 ans pour devenir un des plus grands écrivains canadiens de langue française (*Bonheur d'occasion*, 1945). Cependant, même si manuels et dictionnaires la présentent souvent comme appartenant à la littérature québécoise, elle ne cesse d'évoquer, dans ses romans et nouvelles, le Manitoba de son enfance (*La petite poule d'eau*, 1950, *Rue Deschambault*, 1955).

3.4 Les Etats-Unis

Commençons par une constatation évidente : il y a aujourdhui deux langues importantes aux Etats-Unis, à savoir l'anglais (qui n'a pas le statut de langue officielle, mais qui est la langue nationale courante sur tout le territoire, dans la très grande majorité des situations d'usage) et l'espagnol (qui est une langue d'usage importante dans plusieurs États du sud du pays avec une forte immigration latino-américaine : Floride, Texas, Nouveau-Mexique, Californie). Le français, par contre, est une langue très minoritaire aux Etats-Unis ; il est certainement devancé en importance par bien des langues d'immigration, comme, par exemple, le vietnamien et le chinois. On peut même, en parlant de la francophonie états-unienne, se demander s'il s'agit d'une francophonie linguistique réelle, ou bien s'il n'y a aujourd'hui que des traces d'une francophonie ancienne sous forme d'un héritage culturel.

Comme on a pu le constater dans l'introduction à ce chapitre, les communautés francophones dispersées sur le vaste continent ont été absorbées par la société majoritaire au fur et à mesure que l'histoire a donné l'avantage aux Anglo-Américains ; ce qui subsiste des communautés francophones du Minnesota, de l'Oregon, etc. ne sont que des souvenirs : près de 4000 noms de lieu (parmi les plus connus : Detroit, Saint Louis, Des Moines) et un grand nombre de noms de famille – dont certains sont difficiles à identifier parce qu'ils ont été anglicisés (par ex. *Bourque* devenu *Burke*).

Cependant, deux régions se distinguent par leur résistance à l'assimilation complète, à savoir la Nouvelle-Angleterre et la Louisiane. Comme l'histoire de l'implantation francophone dans ces deux régions est loin d'être la même, elles seront présentées séparément.

3.4.1 La Nouvelle-Angleterre

La Nouvelle-Angleterre comprend les États suivants : Maine, New Hampshire, Vermont, Massachusetts, Rhode Island et Connecticut ; cette présentation comprend aussi l'Etat de New York, où il y a également eu une forte immigration canadienne-française.

L'immigration francophone en Nouvelle-Angleterre commence après la conquête britannique et l'établissement de *The Province of Quebec* en 1763, mais la grande masse d'immigrés Canadiens-français (près d'un million) arrive entre 1850 et 1930, principalement du Québec mais aussi de l'Acadie. La raison de cette immigration de masse est, d'une part, la crise agricole et la surpopulation au Québec, et, d'autre part, l'essor de l'industrie en Nouvelle-Angleterre (textile, chaussure, papier) et son grand besoin de main-d'œuvre.

Dans bien des villes et régions, les immigrés francophones seront bientôt majoritaires (sur des territoires limités), ce qui leur permet de vivre en français ; ces « Petits Canadas » sont organisés comme les paroisses canadiennes-françaises, avec une cohésion sociale forte, et un curé dans son église pour gérer la vie collective. Les écoles paroissiales et de nombreuses associations et publications assurent à la langue une sphère d'usage publique.

Mais ces Franco-Américains (ou Francos) commencent rapidement à s'identifier à leur nouvelle patrie. Par la force des choses, ils seront bientôt bilingues, et avec l'avènement de l'ère de la télévision au milieu du XXe siècle, et aussi avec la diminution du rôle de l'Église (comme dans toutes les sociétés occidentales), l'assimilation est inévitable ; les enclaves des Petits Canadas s'ouvrent pour se fondre dans le *melting pot* et les Francos sont rapidement américanisés, culturellement et linguistiquement.

Ce qu'on peut observer aujourd'hui est donc davantage une francophonie de la mémoire culturelle qu'une véritable francophonie linguistique. A partir de la fin des années soixante, l'héritage français a pu, en effet, bénéficier de cet intérêt grandissant pour les racines culturelles qu'on a observé dans bien des minorités états-uniennes, noires aussi bien que blanches ; même si les Franco-Américains ont largement perdu la langue des ancêtres, ils ont commencé à se dire fiers de leurs origines. Aujourd'hui, des jeunes apprennent le français à l'école et à l'université, des organisations militantes ont été créées.

Un ouvrage récent, *Vision et visages de la Franco-Amérique* (Louder et al. 2001), se propose de donner un aperçu de l'héritage franco-américain à travers une série de portraits ; on y trouve entre autres celui d'une universitaire d'origine franco, Eloïse Brière, qui donne un témoignage émouvant de ce que veut dire, pour les Francos américanisés, retrouver leurs racines. Arrivée en poste à l'Université d'Albany, au nord de l'Etat de New-York, elle s'étonne du grand nombre de noms de famille français dans la région ; elle prend des contacts, organise des cercles d'études, des conférences, suscite un nouvel intérêt pour les racines communes. C'est notamment une des formes que peut prendre la francophonie états-unienne : celle d'un travail contre l'oubli, pour une meilleure connaissance du passé.

3.4.2 La Louisiane

L'explorateur Robert Cavelier de la Salle, parti depuis le Canada pour explorer le bassin du Mississippi, prend possession du vaste espace parcouru au nom de Louis XIV en 1682. Mais la Louisiane ne devient colonie française qu'en 1731 ; ensuite, elle reste territoire francais jusqu'en 1763, date à laquelle la colonie est cédée à l'Espagne (ce sont les Espagnols qui accueillent et donnent de la terre aux grand nombre d'Acadiens qui arrivent en Louisiane après leur déportation de l'Acadie) ; puis la Louisiane redevient française sous Napoléon (1800) qui la vend bientôt aux Etats-Unis pour financer ses campagnes (1803).

Le français est longtemps une langue importante de la Louisiane, indépendamment des régimes au pouvoir. Cependant, au cours de la première moitié du XXe siècle, son importance diminue ; d'une part, le français perd son statut de langue officielle en 1921 (avec défense d'enseigner la langue à l'école), d'autre part, il résiste mal à l'ère de la télévision et de la communication, comme en Nouvelle-Angleterre.

Mais vers la fin du XXe siècle on a vu un certain regain d'intérêt pour le français et pour les racines (toujours comme en Nouvelle-Angleterre) ; l'Etat de la Lousiane est déclaré officiellement bilingue en 1968, et en 1970 est créé le Conseil pour le Développement du français en Louisiane (CODOFIL). Cet organisme a lutté, avec un certain succès, pour la réintroduction du français à l'école, entre autres en faisant venir des centaines d'instituteurs français, belges et québécois. Mais un problème se pose ; ces enseignants ne tiennent pas toujours compte du fait que leur français scolaire est très différent de la variété locale, le *cadien* (mot dérivé d'*acadien*). Ainsi se créent des problèmes de communication entre enseignants et élèves, avec des frustrations des deux côtés.

On estime qu'aujourd'hui plus de 10% des élèves louisiannais apprennent le français à l'école. Lors du recensement officiel en 1990, plus d'un million des habitants se disaient de descendance française, alors que 260 000 déclaraient utiliser une variété du français en famille (dans la très grande majorité des cas, il s'agit du cadien).

L'origine de la population francophone en Louisiane est complexe. On peut distinguer trois groupes principaux:

1. Les *Créoles blancs* descendent des colons arrivés au XVIIIe siècle, majoritairement de France (*créole* dans cet usage veut dire « né dans une colonie, mais de souche européenne », Pöll 2001 : 141). Il s'agit de locuteurs qui parlaient un français proche du français parisien ; ils habitaient surtout

dans et autour de la Nouvelle-Orléans, constituaient une classe d'aristocrates et étaient propriétaires de plantations. C'est un groupe qui est pratiquement disparu aujourd'hui ; un visiteur à la Nouvelle-Orléans risque de chercher en vain les véritables francophones.

2. Les *Cadiens* sont les descendants des Acadiens victimes des déportations de 1755 (le *Grand dérangement*, voir le chapitre sur l'Acadie). Longtemps, ils vivaient principalement de l'agriculture, de la pêche et de la chasse ; c'était une population essentiellement rurale et non-scolarisée qui assimilait des Indiens aussi bien que d'autres groupes ethniques, comme des Allemands. Leur langue était méprisée par les Créoles blancs aussi bien que par les Anglo-Américains.

Aujourd'hui, il ne reste guère plus de francophones unilingues parmi les Cadiens. La génération âgée est souvent bilingue, la génération médiane est unilingue anglophone, alors que les jeunes, grâce au renforcement de la position du français à l'école, ont recommencé à apprendre le français. On voit en même temps naître une nouvelle fierté identitaire cadienne. Le temps du mépris est fini, changement qui est surtout lié à l'essor culturel dans des secteurs comme la musique et la cuisine.

3. Les *Créoles noirs* parlent une variété qui est proche du créole antillais, mais qui a aussi été influencée par la variété majoritaire, la cadien. Ainsi ces locuteurs créolophones sont souvent comptés comme francophones. Ils descendent d'esclaves qui travaillaient sur les plantations et d'anciens esclaves en provenance des Antilles, surtout de Haïti. Leur langue est probablement encore parlée par quelques milliers de personnes.

Selon l'*Atlas de la langue française*, « il n'y a aucune chance que le français soit encore, dans 20 ou 30 ans, langue véhiculaire en Louisiane du Sud » (1995 : 77). Mais la langue peut très bien survivre en tant que langue de chansons, de festivals et de congrès, et ceci sous forme d'une variété cadienne qui se rapproche petit à petit d'un français standardisé.

Références

Atlas de la langue française (dir. Roussillon, Ph.) (1995). Paris, Bordas.

AUNGER, Edmund A. (1999) : « Les communautés francophones de l'Ouest : la survivance d'une minorité dispersée », dans *Francophonies minoritaires au Canada* (dir. Thériault, J.Y.). Moncton, Les Editions d'Acadie.

BEAUDOIN, Réjean (1991) : *Le roman québécois*. Montréal, Boréal.

BERNARD, André (2000) : « Les répercussions sociales et politiques de la Loi 101 », dans *Le français au Québec. 400 ans d'histoire et de vie* (dir. Plourde, M.). Montréal, Fides.

BORDELEAU, Louis-Gabriel, BERNARD, Roger et CAZABON, Benoît (1999) : « L'éducation en Ontario français », dans *Francophonies minoritaires au Canada* (dir. Thériault, J.Y.). Moncton, Editions d'Acadie.

BOUCHARD, Gérard (2000) : « Construire la nation québécoise. Manifeste pour une coalition nationale » dans *Penser la nation québécoise...* (dir. Venne, M.). Montréal, Québec Amérique.

BOUDREAU, Annette et DUBOIS, Lise (1993) : « J'parle pas comme les Français de France, ben c'est du français pareil ; j'ai ma *own* p'tite langue », *Cahiers de l'institut linguistique de Louvain* (CILL) 19, 3-4, vol 1.

BRUNET, Michel (1958) : *La présence anglaise et les Canadiens*. Montréal, Beauchemin.

BRUNET, Michel (1976) : *Notre passé, le présent et nous*. Montréal, Fides.

CORBEIL, Jean-Claude (2000) : « Une langue qui se planifie », dans *Le français au Québec. 400 ans d'histoire et de vie*. Montréal, Fides.

DENNIE, Donald (1999) : « La politique ontarienne et les Franco-Ontariens (1900-1995) », dans *Francophonies minoritaires au Canada* (dir. Thériault, J.Y.). Moncton, Les Editions d'Acadie.

DOMENICHELLI, Luisa (1999) : *Constitution et régime linguistique en Belgique et au Canada*. Bruxelles, Bruylant.

DUMONT, Fernand (1993) : *Genèse de la société québécoise*. Montréal, Boréal.

DURHAM, John George Lambton (1990) : *Le rapport Durham* [1839]. Montréal, l'Hexagone.

FARMER, Diane et POIRIER, Jeff (1999) : « La société et les réalités francophones en Ontario », dans *Francophonies minoritaires au Canada* (dir. Thériault, J. Y.). Moncton, Les Editions d'Acadie.

FOUCHER, Pierre (1999) : « Les droits linguistiques au Canada », dans *Francophonies minoritaires au Canada* (dir. Thériault, J.Y.). Moncton, Les Editions d'Acadie.

FRANCIS, Daniel (1997) : *National Dreams. Myth, Memory, and Canadian History*. Vancouver, Arsenal Pulp Press.

FRENETTE, Yves (1998) : *Brève histoire des Canadiens français*. Montréal, Boréal.

GERVAIS, Gaëtan (1999) : « L'histoire de l'Ontario français (1610-1997) », dans *Francophonies minoritaires au Canada* (dir. Thériault, J.Y.). Moncton, Les Editions d'Acadie.

GILBERT, Anne (1999) : « Les espaces de la francophonie ontarienne », dans *Francophonies minoritaires au Canada* (dir. Thériault, J.Y.). Moncton, Les Editions d'Acadie.

HAMELIN, Jean et PROVENCHER, Jean (1987) : *Brève histoire du Québec*. Montréal, Boréal.

LAMARRE, Jean (1993) : *Le devenir de la nation québécoise*. Sillery, Septentrion.

LANDRY, Rodrigue et ALLARD, Réal (1999) : « L'éducation dans la francophonie minoritaire », dans *Francophonies minoritaires au Canada* (dir. Thériault, J. Y.). Moncton, Les Editions d'Acadie.

LEBLANC, Emery (1963) : *Les Acadiens*. Montréal, Les Editions de l'homme.

LEVINE, Marc V. (1997) : *La reconquête de Montréal*. Montréal, VLB.

LEVINE, Marc V. (2000) : « L'usage du français, langue commune », dans *Le français au Québec. 400 ans d'histoire et de vie* (dir. Plourde, M.). Montréal, Fides.

LINTEAU, Paul-André et al. (1986) : *Histoire du Québec contemporain, II. Le Québec depuis 1930*. Montréal, Boréal.

LINTEAU, Paul-André (1992) : *Brève histoire de Montréal*. Montréal, Boréal.

LOUDER, Dean et al. (dir.) (2001) : *Vision et visages de la Franco-Amérique*. Sillery (Qc), Septentrion.

MARTEL, Angéline (1996) : « Evolution des services et des droits éducatifs des minorités de langue française du Canada », dans *Langue, espace, société. Les variétés du français en Amérique du Nord* (dir. Poirier, C.). Sainte-Foy, Les Presses de l'Université Laval.

MARTEL, Pierre et CAJOLET-LAGANIERE, Hélène (2000) : « Le français au Québec : un standard à décrire et des usages à hiérarchiser », dans *Le français au Québec. 400 ans d'histoire et de vie* (dir. Plourde, M.). Montréal, Fides.

MOISAN, Clément et HILDEBRAND, Renate (2001) : *Ces étrangers du dedans*. Montréal, Nota bene.

PERONNET, Louise (1993) : « La situation du français en Acadie : de la survivance à la lutte ouverte, in *Le français dans l'espace francophone*, tome I (dir. de Robillard, D. et Beniamino, M.). Paris, Champion.

PÖLL, Bernhard (2001) : *Francophonies périphériques*. Paris, L'Harmattan.

RIOUX, Marcel (1974) : *Les Québécois*. Paris, Seuil.

RIOUX, Marcel (1987) : *La question du Québec*, Montréal, l'Hexagone.

ROCHER, Guy (2000) : « La Charte de la langue française ou Loi 101 (1977) », dans *Le français au Québec. 400 ans d'histoire et de vie* (dir. Plourde, M.). Montréal, Fides.

RYERSON, Stanley Bréhaut (1997) : *Les origines du Canada*. Montréal VLB. (Traduction de *The founding of Canada* (1963) [1961].)

SANDERS, Carol (1996) : « Vers une norme au Canada français », dans *Francophonie : mythes, masques et réalités* (dir. Jones, B. et al.). Paris, Publisud.

SEGUIN, Maurice (1977) : *L'idée d'indépendance au Québec. Genèse et historique*. Montréal, Boréal.

SEYMOUR, Michel (2000) : « Une nation inclusive qui ne nie pas ses origines », dans *Penser la nation québécoise...* (dir. Venne, M.). Montréal, Québec Amérique.

VERNEX, Jean-Claude (1979) : *Les Acadiens*. Paris, Editions Entente.

VIAUD, Gilles (1999) : « La géographie du peuplement francophone de l'Ouest », dans *Francophonies minoritaires au Canada* (dir. Thériault, J. Y.). Moncton, Les Editions d'Acadie.

4 La francophonie nord-africaine : Algérie, Tunisie, Maroc, Mauritanie

Comme partout en dehors de l'Europe, la présence de la langue française en Afrique du Nord est le résultat d'une colonisation. C'est au XIXe siècle que la France, en concurrence avec d'autres nations européennes, s'est tournée vers le Maghreb pour étendre son influence. *Maghreb* est un vieux terme arabe qui désigne les pays où le soleil se couche, c'est l'Occident du monde arabe (*gharb* signifie l'ouest) alors que *Mashrek* désigne l'Orient, les pays où le soleil se lève (*cherg* signifie l'est). Pour les géographes d'autrefois, le Maghreb commençait à l'ouest de la vallée du Nil et couvrait les régions qui s'étendaient jusqu'à l'Atlantique. Aujourd'hui, le terme de *Grand Maghreb* englobe les pays suivants : le Maroc, la Mauritanie, l'Algérie, la Tunisie et la Libye, pays qui depuis 1989 constituent *l'Union du Maghreb Arabe* (UMA). Dans la perspective de la francophonie qui est la nôtre ici, le terme de *Maghreb* s'applique cependant en premier lieu au Maroc, l'Algérie et la Tunisie. La Libye, ancienne colonie italienne, ne s'est jamais trouvée dans l'aire francophone. Quant à la Mauritanie, le pays figure dans l'*Atlas de la langue française* (Bordas 1995 : 46) parmi les pays de l'Afrique occidentale. Comme elle fait cependant aujourd'hui partie du Grand Maghreb, nous en parlerons brièvement à la fin de ce chapitre.

L'expansion coloniale française sur la rive sud de la Méditerranée s'est faite par étapes et de manière différente selon les pays. La colonisation de l'Algérie, commencée par la prise d'Alger en 1830, ne s'achève qu'après 40 ans de luttes, de révoltes et de répressions et se termine par une guerre de plus de sept ans, en 1962. L'annexion par la France de la Tunisie et du Maroc s'est faite beaucoup plus tard, en 1881 pour la Tunisie et en 1912 pour le Maroc, et c'est avec le statut de **protectorats** que ces pays sont rattachés à l'empire colonial français. Ce régime, tout en assurant à la France le contrôle des affaires étrangères et de la défense et l'exploitation économique du pays, permettait une certaine administration autochtone parallèle. Surtout en ce qui concerne la religion et l'enseignement, domaines étroitement liés en pays musulmans, le régime colonial a laissé intactes les anciennes institutions religieuses et scolaires de prestige, permettant ainsi à l'élite de ces pays de sauvegarder la langue et la culture arabes. Les deux protectorats obtiennent leur indépendance en 1956.

Ainsi, les conquêtes de la Tunisie et du Maroc ont été moins globales que celle de l'Algérie et ont duré beaucoup moins longtemps. Et contrairement à ce qui s'est passé en Algérie, la conquête coloniale de la Tunisie et du Maroc s'est largement appuyée sur les notables autochtones qui ont, eux aussi, profité de la colonisation. Une autre différence entre l'Algérie et les deux autres pays du Maghreb est que l'objectif colonial français en Tunisie et au Maroc était, avant tout, celui d'une stratégie militaire et économique, avec une colonisation d'**encadrement** tandis qu'en Algérie s'est développée, surtout après 1870, une colonisation de **peuplement**. A l'indépendance, la population européenne d'Algérie était de près d'un million pour près de neuf millions d'autochtones, tandis que les nombres correspondants pour le Maroc étaient d'environ 325 000 sur environ 8,2 millions et pour la Tunisie d'environ 250 000 sur 3,3 millions d'habitants. De tout le Maghreb, l'Algérie a donc été le plus profondément marquée par l'emprise coloniale, y compris sur le plan institutionnel et administratif. Ceci explique que dans les rapports étroits et parfois conflictuels qu'entretiennent les trois pays du Maghreb avec la France depuis les indépendances, l'Algérie a souvent pris une position différente de ses voisins. C'est le cas, notamment, en ce qui concerne la question de la Francophonie. Si ce n'est pas par hasard que c'est en Algérie que le géographe français Onesime Reclus, vers la fin du XIXe siècle, a forgé le terme de *francophonie* pour désigner des communautés reliées par l'usage d'une même langue, ce n'est pas par hasard, non plus, que le pays où il y a le plus de francophones en dehors de la France (d'après l'*Atlas de la langue française* environ 40% des Algériens de plus de 15 ans possèdent aujourd'hui une bonne maîtrise du français), ne figure pas parmi les pays membres de la Francophonie institutionnelle. La présence du président algérien, Abdelaziz Bouteflika, à l'ouverture du IXe Sommet de la Francophonie au Liban en 2002, annonce peut-être un changement de politique en ce domaine.

Dès le début de la colonisation, le français s'est imposé comme la seule langue officielle au Maghreb, remplaçant l'arabe ou le turc dans tous les domaines de l'administration militaire et civile. A cause de leur statut de protectorats, permettant une certaine autonomie interne en Tunisie et au Maroc, l'enseignement de la langue et culture arabes a pu se maintenir dans certaines institutions islamiques prestigieuses et dans des lycées bilingues. En Algérie, par contre, l'Etat français a confisqué toutes les fondations qui soutenaient économiquement les écoles musulmanes traditionnelles d'enseignement, de bas en haut du système éducatif. L'effondrement de cette structure, lieu de repère religieux et identitaire fondamental, a provoqué un processus de déculturation très profond. Ce n'est que vers la fin de la colonisation, dans les années 1930, qu'une certaine renaissance de l'enseignement de la langue arabe a eu lieu, avec l'essor du mouvement réformiste dirigé par Ben Badis, fondateur de l'*Association des oulémas réformistes d'Algérie*. En dehors de quelques rudiments d'arabe classique appris à l'école coranique – et l'enseignement donné dans trois collèges bilingues (français-arabe) créés pour former les agents musulmans du culte, de la justice, de l'interprétariat et de l'enseignement de l'arabe – dont l'administration française ne pouvait pas se passer dans ses rapports avec la population autochtone – toute scolarisation en Algérie se faisait donc à «l'école française». Une conséquence – parmi d'autres ! – de cette francisation radicale du système scolaire est que la grande majorité des écrivains algériens – arabes ou berbères - qui débutent dans les années 1950 à 1970 n'ont qu'une seule langue d'écriture, le français, tandis que leurs collègues marocains et tunisiens possèdent le plus souvent une double culture scripturale, arabe et française.

« L'arabe est ma langue, l'islam est ma religion »
A l'indépendance, l'arabe est déclaré seule langue officielle au Maghreb. Pour renouer avec leur passé arabo-islamique et contrer la francisation massive imposée pendant la colonisation, les gouvernements ont tous instauré une politique linguistique d'arabisation de grande envergure. La mise en application de cette politique, légitime et nécessaire, a pourtant varié d'un pays à l'autre. Il n'est pas étonnant que ce soit en Algérie que l'arabisation a été menée avec le plus de vigueur, d'autres diront acharnement, par les autorités. C'est que la question des langues est profondément imbriquée dans le champ des oppositions internes, des luttes idéologiques et des compétitions entre groupes sociaux. Il s'agit d'une lutte pour le pouvoir à tous les niveaux, depuis celui du simple emploi jusqu'à celui des stratégies de reproduction des élites. (Grandguillaume 1983 : 35) Dans une question tellement investie d'idéologie, les linguistes eux-mêmes ne sont pas toujours neutres, et s'orienter dans ce terrain « miné » pose de grands problèmes d'interprétation, tellement les analyses sont divergentes. Ce qui est incontestable, par contre, c'est l'effort de scolarisation fourni par les nouvelles nations ; jusqu'au 25–30% du budget national a été investi dans l'éducation

pendant les décennies qui ont suivi l'indépendance. Aussi, la démocratisation de l'enseignement a-t-elle conduit à des taux de scolarisation de près de 100% dans le primaire en Tunisie, de 90% en Algérie et de 60% au Maroc. Le secondaire accueille environ 50% des jeunes en Tunisie et Algérie et plus de 30% au Maroc. (*Atlas de la langue française* 1995 : 90).

Derrière cette belle statistique se cache pourtant une réalité scolaire tout autre, marquée par un analphabétisme de fait ; un « bilinguisme sauvage », des « analphabètes bilingues », des redoublements en série, bref, beaucoup de souffrance et de frustration humaines. Il y a plusieurs raisons à cela : le manque d'enseignants ; l'insuffisance et l'anachronisme du matériel pédagogique ; la difficulté inouïe inhérente au fait de ne pas être enseigné dans sa langue maternelle (l'arabe dialectal ou le berbère) ; la différence énorme – d'alphabet, de structure grammaticale, de références culturelles –, qui oppose la langue arabe à la langue française. (Voir Ahmed Moatassime 1992, *Arabisation et langue française au Maghreb*.) Le résultat est, bien évidemment, qu'un nombre très réduit des élèves qui commencent l'école arrivent à en grimper tous les échelons. En effet, seuls 20 à 25% en moyenne accèdent à l'enseignement secondaire et 1 à 2% aux études supérieures (Moatissime : 2002, 64). Malgré cela, dû à une démographie galopante, l'afflux d'étudiants aux universités est tel qu'on a pu parler d'« une quadruple crise » de l'Université au Maghreb : sur le plan identitaire et linguistique ; sur le plan financier ; sur le plan de son fonctionnement interne (manque d'encadrement des étudiants) ; sur le plan des débouchés (chômage des diplômés, problèmes d'insertion dans la sphère de la production), avec comme résultat des problèmes de société graves. (*L'Etat du Maghreb* 1992 : 402–403).

Or, en ce qui concerne la langue française, la démocratisation de l'enseignement et le fait que le français reste la « première langue étrangère » obligatoire dès l'école primaire, ont eu comme résultat que, malgré l'arabisation massive, la francophonie est paradoxalement beaucoup plus étendue au Maghreb aujourd'hui qu'au temps de la colonisation. Avec 15 ou 20 millions de francophones (le nombre varie selon la définition qu'on donne du terme « francophone ») le Maghreb représente plus de 10% de la francophonie mondiale. (*Atlas de la langue française* : 1995 : 91) Et depuis que le Maghreb, dans les années 1980–1990, est intégré dans le champ audiovisuel français, un nombre toujours grossissant de téléspectateurs maghrébins comprennent et parlent le français. Comme le dit à sa manière l'écrivain algérien, Rachid Boudjedra : « Pourquoi envoyer des troupes occuper un pays quand on peut envoyer un satellite » (Boudjedra 1992 : 23). Un autre fait qui contribue au développement de la francophonie au Maghreb, est l'émigration : plus d'un million et demi de Maghrébins vivent aujourd'hui de façon définitive en France sans pour autant avoir rompu les liens avec leurs familles restées de l'autre côté de la Méditerranée. (*Maghreb, peuples et civilisations* 2004 : 51).

Langue officielle, langue maternelle, langue d'usage

La langue arabe déclarée seule langue nationale et officielle à l'indépendance est une modernisation et simplification de l'arabe classique, c'est-à-dire l'arabe du Coran et de la grande culture islamique. Appelé *arabe classique moderne* ou *arabe standard* ou *interarabe*, c'est la langue écrite commune au monde arabe dans son ensemble. Et, surtout, c'est une langue qu'on apprend à l'école. La langue maternelle, celle qui est parlée en famille et dans la vie quotidienne au Maghreb, est toujours un dialecte, arabe ou berbère. Avec de rares exceptions, cette langue maternelle ne s'écrit pas. Le nombre de berbérophones varie d'un pays à l'autre : ils sont seulement environ 2% en Tunisie, environ 25% en Algérie et entre 40 et 50% au Maroc (là aussi les renseignements donnés varient considérablement, les chiffres « officiels » étant bien inférieurs à ceux donnés par des chercheurs comme Ahmed Moatissime et Salem Chaker). A côté de l'arabe dialectal et du berbère, le français est aussi pratiqué comme langue de communication orale au Maghreb, surtout dans les villes. Et, fait très significatif, on assiste au développement d'une langue arabe parlée très dynamique qui emprunte aussi bien à l'arabe officiel, qu'au berbère et au français. Ce « code-switching » permanent et aisé de la langue parlée est peut-être ce qui traduit le mieux la réalité linguistique au Maghreb aujourd'hui, ce qui donne « la couleur locale » spécifique de *l'arabe maghrébin*.

Face à cette langue dynamique mais non codifiée se dressent deux langues écrites de grand prestige, l'arabe et le français, où la première voudrait supplanter la langue « ennemie », dans tous les domaines de la société et le plus vite possible, mais où le français perdure et croît malgré toute législation qui depuis quarante ans vise à le marginaliser. Ce sont deux langues surchargées de symboliques et de valeurs souvent vécues comme contraires : tradition contre modernité ; islam contre laïcité ; monisme contre pluralisme. Ainsi, l'opposition entre arabophones et francophones au Maghreb s'explique aussi par des visions de société différentes, voire opposées. C'est pourquoi la question des langues dans ces pays, et surtout en Algérie, est une question à la fois politique et passionnelle. Pour étudier un peu plus en détail l'histoire de l'impact de la francophonie au Maghreb, nous allons désormais traiter chaque pays à part.

4.1   L'Algérie

Par sa superficie, 2,3 millions de km², quatre fois celle de la France, l'Algérie est de loin le plus grand pays du Maghreb. La majeure partie du pays est cependant constituée par le Sahara et la population très rapidement croissante (d'environ 9 millions en 1962 à 32,4 millions en 2005) est concentrée sur le littoral méditerranéen et dans les régions contiguës. Le taux élevé de natalité explique la jeunesse de la population (plus de la moitié des Algériens ont moins de 20 ans) et les problèmes graves posés aujourd'hui, notamment dans les domaines de l'éducation et de l'emploi.

Le nom de l'Algérie en arabe est *Al-Djazâ'ir*, c'est-à-dire « les îles », par allusion à quelques îlots que le corsaire turc, Barberousse, en chassant les Espagnols établis dans les ports, a rattachés à la ville d'Alger en 1518. Le nom français d'*Algérie* date de 1839, quand le ministre de la Guerre de l'époque, Antoine Schneider, a donné ce nom au «pays occupé par les Français dans le nord de l'Afrique». Quant aux habitants de ce pays, les Berbères (le groupe ethnique majoritaire et le plus ancien) et les Arabes (venus en Afrique du Nord au VIIe siècle), ils étaient pour les Français de la colonie « les indigènes », « les musulmans » ou tout simplement « les Arabes ». Le terme « Algérien », les Français d'Algérie se l'appliquaient souvent à eux-mêmes pour se distinguer des Français de France. Jusqu'à ce qu'ils se reconnaissent tous, en 1962, des *pieds-noirs*.

La spécificité de l'Algérie en tant qu'espace francophone tient à la forme et la durée de la colonisation – 130 ans de présence française. Une présence qui a laissé une marque indélébile sur la société algérienne. En substituant ses propres institutions, sa propre langue, ses propres fonctionnaires à celles et ceux qui se trouvaient sur place, la France a activement œuvré à une déculturation profonde de la population autochtone. Pour satisfaire la demande des colons et punir ceux qui se révoltaient, les autorités coloniales ont aussi dépossédé les Algériens de leur terre, déplaçant parfois des tribus entières. Le résultat en était une très grande déstructuration de la société précoloniale traditionnelle. Mais en même temps la colonisation a ouvert l'Algérie à l'Occident, à des sciences et techniques modernes, à une manière nouvelle de penser *la nation* aussi. L'élite autochtone qui à partir des années 1930 a créé et argumenté le nationalisme algérien, comme plus tard la plupart des leaders du FLN, étaient francophones. Les écrivains aussi. Qu'on le veuille ou non, la réalité de 130 ans d'histoire commune ne s'efface pas par décrets politiques, ni dans la langue, ni dans les mentalités.

4.1.1 Historique

Quand les Français ont débarqué à Alger en 1830, le territoire qui va être plus tard nommé Algérie, était une province de l'Empire ottoman, la *Régence d'Alger*, avec à sa tête un gouverneur turc, le *dey*. Celui-ci était responsable envers le Sultan à Istanbul et s'appuyait pour gouverner sur des tribus arabes ou berbères privilégiées et sur l'*Odjak*, le corps de militaires et fonctionnaires turcs. Un autre groupe influent, et qui rivalisait avec l'*Odjak*, était les *raïs*, des corsaires qui menaient une fructueuse guerre de course en Méditerranée. La réduction des profits de cette course, dont l'administration turque prenait la moitié, a conduit celle-ci à augmenter les impôts prélevés sur les tribus, ce qui a provoqué une insurrection presque générale contre les Turcs vers 1825 et facilité, dans un premier temps, l'expédition française.

La motivation de la France pour s'implanter à Alger a été surtout stratégique. Après 1815, qui marque la fin de l'ère napoléonienne, la carte de l'Europe est redessinée et la France doit trouver de nouvelles zones d'influence pour assurer son statut de grande puissance européenne. Comme le dit le philosophe et politicien Alexis de Tocqueville, un colonialiste convaincu : « Je ne doute pas que nous ne puissions élever sur la côte d'Afrique un grand monument à la gloire de notre patrie » et, encore : « Le principal mérite de nos colonies n'est pas dans leurs marchés mais dans la position qu'elles occupent sur le globe. » (Tocqueville 1988 : 16, 19).

De l'occupation restreinte à l'intégration complète : étapes d'une colonisation

Dans la perspective linguistique et francophone qui est la nôtre ici, nous ne pouvons pas aborder l'histoire de la colonisation de l'Algérie dans sa complexité et durée. Ceux qui voudraient suivre de plus près cette histoire, consulteront par exemple Charles-André Julien : *Histoire de l'Algérie contemporaine I–II*, un livre de référence dans la matière. Un petit volume de qualité sur ce sujet est écrit par Benjamin Stora : *Histoire de l'Algérie coloniale, 1830–1954*. Dans le bref aperçu que nous présenterons ci-dessous avant de venir plus explicitement aux questions de langues, de scolarité et d'enseignement dans la colonie, nous allons nous concentrer sur quelques dates et événements clés qui ont marqué l'histoire de l'Algérie coloniale.

1830–1847 : le règne des officiers, la figure d'Abd el-Kader

La première phase de la colonisation est marquée par la conquête progressive et l'administration militaire des territoires conquis. Si les militaires détiennent le pouvoir effectif, ils sont divisés sur la marche à suivre : occupation restreinte ou totale. La résistance de la population autochtone s'est révélée beaucoup plus forte que prévue, surtout après qu'un jeune chef de génie en a pris la direction en 1832 : l'émir Abd el-Kader, « le commandeur des croyants ». Issu d'une grande famille maraboutique (*marabout* : « homme-soldat », saint de l'islam), il prêche la guerre sainte et réussit à créer une armée régulière, forçant par des attaques rapides et dévastatrices les Français à lui faire d'importantes concessions. Ainsi le traité de Tafna (1843) accorde une souveraineté de fait à l'émir sur les deux tiers de l'Algérie. Ce traité est cependant jugé trop favorable à l'émir, et la France reprend et intensifie la guerre contre lui et les tribus qui lui sont loyales. Les années 1840 sont marquées par la guerre totale : la tactique de la terre brûlée, razzias, anéantissement de tribus entières par « enfumades ». Après avoir subi plusieurs défaites, Abd el-Kader se rend au général La Moricière en décembre 1847. Après, il y aura beaucoup d'autres révoltes contre les Français, la dernière étant celle des Kabyles en 1870, mais jamais de résistance coordonnée d'une telle envergure.

Napoléon III et le rêve d'un « royaume arabe »
Au début de son règne (1852–1870) l'empereur ne s'intéressait pas à l'Algérie qu'il considérait au contraire comme « un boulet attaché aux pieds de la France » dans la mesure où les forts contingents de soldats immobilisés en Afrique affaiblissaient ses moyens d'action en Europe. Pour lui, la colonie était une « terre de républicanisme et de socialisme, tout au plus bonne à recueillir les éléments dangereux de la métropole » (Julien, 1986 : 388). En effet, à cette époque les déportés politiques – républicains hostiles à Louis-Philippe puis à Napoléon III – constituaient une partie non négligeable des Français d'Algérie. L'empereur avait, par contre, une grande estime pour la culture arabe. Il a traité avec respect et admiration Abd el-Kader, tenu captif en France et qu'il a libéré en 1852 ; il a même envisagé de le nommer vice-roi d'Algérie. Napoléon III a effectué deux voyages en Algérie (en 1860 et 1865). Au grand mécontentement des colons il leur a dit dès son arrivée à Alger : « Traitez les Arabes, au milieu desquels vous devez vivre, comme des compatriotes ! » (Stora 1991 : 22). Après son retour en France, il lance des projets concrets pour créer une égalité politique et économique entre la métropole et l'Algérie : « L'Algérie n'est pas une colonie /.../ mais un royaume arabe /.../ et je suis aussi bien l'empereur des Arabes que celui des Français ! » (Stora : loc., cit.). Or, avec sa défaite en 1870 (la guerre franco-prussienne) le

« rêve arabe » se dissout avant d'être réalisé ; désormais ce sont les colons qui mèneront la politique en Algérie.

1870–1940/1945 : le régime colonial

C'est donc avec le changement de régime (la IIIe République) que commence la période proprement coloniale de l'Algérie française. Jusqu'en 1914, la colonisation lie son avenir économique presque uniquement à l'agriculture : colonisation et colonisation agricole deviennent des termes synonymes. La spoliation et la privatisation des terres par les Européens expliquent les dernières grandes insurrections en Algérie, notamment celle des frères Mokrani en Kabylie, dirigée contre des projets de confiscation des terres. Quand la Kabylie est enfin soumise, en septembre 1871, les tribus doivent céder 574 000 hectares de leurs terres aux colons. (Julien 1986 : 493–494).

Les dernières décennies du XIXe siècle sont marquées d'un côté par un rattachement toujours plus étroit de l'Algérie à la France, de l'autre par une division toujours plus nette entre les habitants en deux catégories : **citoyens** et **sujets**. Déjà la Constitution de 1848 proclame l'Algérie comme partie intégrante de la France. En 1881, le territoire algérien, divisé en trois départements – le département d'Alger, le département d'Oran, le département de Constantine – est rattaché directement au ministère de l'Intérieur à Paris. La même année est instauré le *Code de l'indigénat* qui fixe une série de peines exorbitantes de droit commun pour les Algériens musulmans. Quant aux Juifs d'Algérie, ils obtiennent le droit à la naturalisation française en 1870 (décrets Crémieux). En 1889, le même droit est accordé, de manière automatique, à tout enfant d'étrangers européens né en Algérie. Ainsi, le fossé entre la masse de la population arabo-berbère et Européens et Juifs s'institutionnalise.

La Première Guerre mondiale provoque le premier départ en masse d'Algériens musulmans pour la France : le recrutement indigène fournit 173 000 militaires dont 87 500 engagés ; 25 000 tombent sur les champs de bataille. Et dans le même temps, 119 000 Algériens musulmans sont réquisitionnés pour remplacer en métropole la main-d'œuvre française envoyée au front. Dans les usines ils découvrent la lutte syndicale de la classe ouvrière en France. Et c'est justement dans ce milieu, à Paris, que naîtra en 1926 *l'Etoile nord-africaine* (l'ENA), le premier parti à réclamer « l'indépendance de l'Afrique du Nord ».

En Algérie, alors que la population européenne vient de fêter en grande pompe le centenaire de la conquête française, les années 1930 marquent le début d'un nationalisme algérien qui ne tardera pas à se radicaliser. En 1931,

Ben Badis fonde l'*Association des oulémas réformistes d'Algérie*. Sa devise est devenue célèbre : « L'arabe est ma langue, l'Algérie est mon pays, l'islam est ma religion. » La même année, **Ferhat Abbas** publie *Le Jeune Algérien*. En 1937, après la dissolution par le gouvernement du *Front populaire* de l'ENA, **Messali Hadj** proclame le *Parti du peuple algérien* (PPA).

1945-1954/1962 : la fin de la colonisation

Le 8 mai 1945 s'est inscrite comme une date décisive dans l'histoire de l'Algérie. Pour marquer la fin de la Seconde Guerre mondiale, des cortèges d'Algériens musulmans ont défilé ce jour-là dans les villes d'Algérie avec des banderoles portant comme mot d'ordre : « A bas le fascisme et le colonialisme. » A Sétif, la police a tiré sur les manifestants, qui contre-attaquent. C'est le début d'un soulèvement spontané dans la région ; on relève 103 tués et 110 blessés parmi les Européens. Quant au bilan des morts musulmans dans la « guerre de représailles » qui a suivi, il reste très controversé, les chiffres proposés allant de 1 500 à 45 000 ! Ce qui est sûr, par contre, c'est que les événements de mai 1945 ont mis fin définitivement à l'espoir d'un dialogue possible entre les deux communautés en Algérie. A l'intérieur du camp nationaliste, ceux qui, comme Ferhat Abbas, étaient les protagonistes de l'assimilation ou d'une Algérie autonome fédérée à la France, se sont vus dépassés par des nationalistes pour qui l'indépendance par la lutte armée était posée comme principe absolu.

La révolte qui éclate le 1er novembre 1954, dirigée par le FLN (*Front de libération nationale*) sera le début d'une guerre qui va durer plus de 7 ans et se terminer par les *accords d'Evian* en mars 1962. Ce qui ne veut pas dire que la paix s'installe en Algérie : l'année 1962 est marquée par la révolte de l'OAS (*Organisation armée secrète*), protagoniste jusqu'au bout d'une Algérie française ; par les massacres d'Européens et de *harkis* (soldats algériens qui avaient servi comme supplétifs dans l'Armée française) ; par les conflits internes du FLN et par le départ en masse de la population européenne et juive de l'Algérie. (Pour en savoir plus sur la guerre d'Algérie, ses causes et conséquences, voir les livres cités de Camus, Pervillé, Stora dans la liste des « Références ».)

L'Algérie depuis l'indépendance

Si l'on essaie de regarder, à vol d'oiseau, l'histoire de l'Algérie depuis 1962, on est frappé par le nombre de chefs d'Etat qui ont gouverné le pays : **Ahmed Ben Bella** (1962-1965) ; **Houari Boumediène** (1965-1978) ; **Chadli Bendjedid** (1979-1991) ; **Mohamed Boudiaf** (1992) ; **Liamine Zeroual** (1994-1999) ;

Abdelaziz Bouteflika (1999 –). Six en tout, dont un (Ben Bella) a été destitué par un coup d'Etat de son successeur, deux ont été forcés de démissionner, un (Boudiaf) a été assassiné à la vue de tous, sans qu'on connaisse encore le commanditaire du meurtre. Une histoire mouvementée, donc, régie par des conflits internes, héritage trouble de la guerre de libération. Le vieil adage « la Révolution mange ses enfants » est confirmé en Algérie par des mises à l'écart, arrestations et assassinats en nombre des « chefs historiques » de la lutte nationaliste.

Politiquement, l'histoire de l'Algérie postcoloniale est caractérisée par l'instauration en 1963 d'un régime du parti unique (le FLN), soutenu par l'Armée et les généraux dont l'influence n'a cessé de peser sur la politique en Algérie. Suite au mécontentement social profond qui se traduit dans les émeutes d'octobre 1988, le pays s'engage pour la première fois dans un processus de démocratisation, légalisant le multipartisme et, notamment, le FIS (*Front islamique du salut*). Ce parti, qui a pour fondement l'islam et pour but prononcé l'instauration d'une « république islamique » basée sur la *charia* (le droit islamique), recrute surtout ses adhérents dans une jeunesse frustrée, en quête d'idéologie et de travail. A l'opposé s'érige un pôle démocratique, représenté par le FFS (*Front des Forces Socialistes*) d'Hocine Aït Ahmed (rentré de son exil forcé), le MDA (*Mouvement pour la démocratie en Algérie*) d'Ahmed Ben Bella (lui aussi rentré d'exil) et le RDC (*Rassemblement pour la culture et la démocratie*) de Saïd Sadi, parti qui pose le principe de la séparation des champs religieux et de la société. Les années 1989-1991 sont marquées par une effervescence culturelle sans précédent en Algérie, notamment dans le domaine de l'édition, avec la création de journaux et de maisons d'édition indépendants.

Or, aux élections municipales de 1990, c'est le raz de marée des islamistes et un rejet massif du FLN. Pour les législatives en décembre 1991, la tendance se confirme et le cours électoral est interrompu : le 11 janvier l'armée « démissionne » le président Chadli et un « Haut Comité d'Etat » déclare l'état d'urgence. Mohamed Boudiaf, rappelé en sauveur de son exil au Maroc, interdit le FIS et s'apprête à réformer en profondeur le système politique pour créer une « société solidaire et juste ». Il est assassiné quatre mois plus tard. Les années qui suivent sont marquées par un engrenage de la violence, par une terreur ciblée d'abord : contre des installations militaires, des intellectuels (journalistes, écrivains, universitaires, souvent francophones), des établissements scolaires et des femmes enseignantes ; par une terreur aveugle ensuite, frappant des civils de toutes catégories, parfois des villages entiers. A ce terrorisme intégriste répondra un terrorisme d'Etat : arrestations en masse, torture, assassinats, « disparition » sans traces de milliers d'Algériens... Ce qui caractérise paradoxalement cette guerre interne qui compte plus de 100 000 morts, c'est son invisibilité, l'opacité qu'elle oppose à quiconque essaie d'éclaircir les mobiles et les acteurs qui s'y confrontent. (Stora 2001, *La guerre invisible. Algérie, années 90*.) L'espoir d'une nouvelle donne s'annonce en 1999 : Après l'élection d'Abdelaziz Bouteflika comme président, l'Armée islamique du salut abandonne la lutte armée ; les Algériens adoptent par référendum un projet de loi sur la « concorde civile ». Reste le long et difficile travail de définir un modèle de société pour l'Algérie qui saura sauvegarder ses traditions arabo-musulmanes tout en l'ouvrant à une démocratie moderne. Reste aussi le travail pénible mais nécessaire de sortir de l'amnésie, de retrouver la mémoire de ce qui s'est réellement passé pendant les « deux guerres » d'Algérie. En ce qui concerne les conflits internes de la guerre de libération, jusqu'ici évacués du discours officiel, le travail a commencé, notamment par une première révision des manuels scolaires d'histoire.

Socialement et économiquement, l'Algérie indépendante a dû faire face à des problèmes énormes : une population pauvre et appauvrie par la guerre ; un pays profondément déstructuré par le départ en masse de la population européenne et la perte de la compétence qu'elle représentait ; une économie conçue par rapport à la métropole et en fonction des Européens d'Algérie. Sur le plan social aussi bien qu'économique, « l'autogestion » des entreprises industrielles et agraires proposée par Ben Bella et la « révolution agraire » (système de coopératives) proposée par Boumediène s'avèrent un échec. C'est le pétrole et le gaz qui vont nourrir l'économie algérienne ; en 1971, Boumediène nationalise les sociétés pétrolières françaises dans le Sahara. Grâce à ses revenus pétroliers, l'Algérie peut financer un plan d'industrialisation très ambitieux qui en quelques années change radicalement son paysage économique, social et culturel. L'Algérie dispose désormais de grands complexes industriels modernes ; d'agraire sa population devient rapidement citadine et salariée ; le fossé se creuse entre une nouvelle caste de privilégiés et le peuple. Or, la chute abrupte du prix du pétrole en 1983 et en 1986 montre la précarité d'une économie dont le financement dépend presque totalement de la valorisation internationale des hydrocarbures. Le manque de devises force le gouvernement à réduire drastiquement les dépenses sociales et les importations, et la crise économique et sociale profonde qui s'ensuit (chômage qui frappe surtout les jeunes, misère matérielle, manque de logements) aboutit aux émeutes d'octobre 1988.

Comme les autres pays du Maghreb, l'Algérie a fait d'immenses efforts pour scolariser sa population. En 1961, moins de 15% des enfants musulmans allaient à l'école – à peine 700 000. En 1970, ils sont déjà près de deux millions et en 1980 plus de quatre millions et demi. La rentrée scolaire de 1982 accueille 250 000 jeunes dans les lycées et 80 000 étudiants dans les universités (contre 2 800 en 1963). Le nombre d'instituteurs algériens passe de 700 en 1962 à 19 000 en 1982 ! Et, fait très significatif, la disparité entre la scolarisation des filles et des garçons diminue : en 1980, les filles représentent environ 40% des effectifs scolarisés dans le primaire et le secondaire (Stora 1994 : 47–48). La « révolution scolaire » va transformer aussi le rapport entre les sexes ; les jeunes Algériennes abandonnent le *haïk* (grand voile fin drapé autour du corps), s'habillent à l'occidentale et commencent à se présenter sur le marché du travail, surtout dans l'enseignement, mais aussi dans la magistrature et dans le domaine de la santé publique. Or, aux yeux de la loi, ces femmes sont considérées comme « mineures », vivant « sous tutelle » du père ou du mari, chef de famille. Une lutte pour les droits de la femme s'est donc engagée en Algérie où les jeunes étaient secondées par quelques héroïnes emblématiques de la guerre de l'indépendance, profondément déçues par le manquement des « frères » à créer une société égalitaire une fois au pouvoir. Quand un *Code de la famille* est enfin proclamé, en 1984, l'islamisation de la société a déjà fait son chemin et le statut légal de la femme défini dans le Code reste proche de celui prescrit par le droit islamique, la *charia*. C'est dire que la femme reste encore « mineure », qu'elle ne peut pas décider seule de se marier ; qu'elle peut être répudiée par son mari ; qu'en cas de divorce (si elle l'obtient), elle perd la garde des enfants ; qu'elle ne peut pas se marier avec un non-musulman, que ses droits à l'héritage ne sont pas les mêmes que pour les hommes...

Logiquement, donc, les femmes ont été en première ligne dans la lutte contre les islamistes, scandant leurs manifestations en 1991 par le cri « Laissons-nous vivre ! » Logiquement aussi, les femmes ont été en première ligne comme victimes de la « sale guerre » des années 90. Et vingt ans après 1984, les femmes algériennes attendent toujours un Code de la famille qui les définisse comme des citoyennes à part entière, égales aux hommes. A supposer que toutes les femmes veuillent se définir ainsi... Car l'islamisme a fait son chemin aussi parmi les femmes de l'intelligentsia. Et le clivage qui existe dans la société algérienne entre « traditionalistes » et « modernistes », entre arabophones et francophones se traduit aussi en termes de féminisme.

4.1.2 Les langues de l'Algérie

Dans les années qui ont précédé l'expédition d'Alger en 1830, il y avait très peu de francophones en Afrique du Nord. A part les consuls (à Tanger, Alger et Tunis) et agents consulaires, quelques commerçants ou agents commerciaux, il y avait des interprètes, souvent israélites et, enfin, beaucoup de captifs, esclaves tant qu'ils n'étaient pas rachetés. A cette époque, les Juifs ont joué un rôle d'intermédiaires nécessaires entre les Européens et les Maures (appellation collective des musulmans de la région) pour les transactions et négociations avec l'administration turque, les autorités locales et les corsaires. Pour faciliter les relations commerciales entre les deux rives de la Méditerranée, une langue de communication, limitée mais compréhensible par les deux parties, s'était constituée. Ce *sabir*, système linguistique mixte, était un jargon mêlé d'arabe, de français, de provençal, d'espagnol et d'italien. Si, tout au début de la colonisation, on s'est servi de ce jargon, les Français ont très vite préféré employer une version simplifiée – sommaire – de leur propre langue dans leurs contacts avec les autochtones.

Dès 1834, les premiers cours d'arabe ont été proposés aux militaires et fonctionnaires français en Algérie (Lanly 1970 : 39). Quelques-uns, surtout parmi les officiers, ont fait des efforts sérieux pour apprendre la langue et deviennent des arabophones compétents, d'autres ont appris juste ce qu'il fallait pour commander et encadrer les « indigènes ». Pour la plupart, c'était « sur le terrain », en contact direct avec la population, que les colons se faisaient comprendre par les colonisés – et vice versa – dans un français élémentaire, truffé de mots arabes. Parallèlement à l'enseignement de l'arabe pour les Français, les autorités coloniales proposaient à Alger des cours de français pour les autochtones. Ces cours étaient si peu fréquentés – sauf par les Juifs ! – qu'ils ont été annulés peu de temps après. En fait, si l'enseignement du français proposé à la population autochtone date des débuts de la colonisation, il se développe très lentement. Comme nous allons voir, ce n'est que vers la fin de la colonisation que le pourcentage de la population arabo-berbère qui fréquente l'école française augmente. Entretemps, la confiscation par les autorités coloniales des biens des fondations pieuses (*habous*) responsables de l'enseignement de l'islam et de la langue arabe, a entraîné l'effondrement dans tout le pays de cet enseignement et a généré un analphabétisme en arabe (*Les Langues de la Méditerranée* 2002 : 142-143). Ainsi, dans ce domaine, le premier effet de la colonisation en Algérie était une analphabétisation progressive de sa population. Alexis de Tocqueville note dans son *Rapport sur l'Algérie* qu'à la conquête de Constantine (1837), il y avait dans la ville des écoles d'instruction secondaire et supérieure où 600 à 700 élèves étudiaient non seulement les différents commentaires du Coran et toutes les traditions relatives au Prophète, mais aussi l'arithmétique, l'astronomie, la rhétorique et la philosophie. Il y avait aussi à Constantine 90 écoles primaires, fréquentées par 1 300 à 1 400 enfants. Dix ans après, le nombre des jeunes gens qui suivaient l'enseignement secondaire et supérieur était réduit à 60, le nombre d'écoles primaires à 30, et les enfants scolarisés à 350 (Tocqueville 1988 : 170, en note). Et Tocqueville, pourtant fervent défenseur du colonialisme, de conclure :

> Autour de nous les lumières se sont éteintes, le recrutement des hommes de religion et des hommes de loi a cessé ; c'est-à-dire que nous avons rendu la société musulmane beaucoup plus misérable, plus désordonnée, plus ignorante et plus barbare qu'elle n'était avant de nous connaître. *Rapport sur l'Algérie*, 1847

Caserne versus école

En 1845, le dixième de l'armée d'Afrique était constitué par des Arabo-berbères. Et plus tard, dans toutes les guerres menées par la France pendant la période de la colonisation, un contingent important d'autochtones s'est battu à ses côtés. « Du point de vue linguistique, l'armée joua en Algérie un rôle double : c'est là où des arabophones s'initièrent au français, c'est là aussi où des Français apprirent l'arabe. » (Didier 1998 : 50). Il y a, en effet, un contraste frappant entre la facilité avec laquelle les Arabo-berbères envoyaient leurs fils à l'armée et leur méfiance profonde à l'égard de l'école française, appelée par les musulmans « l'école des infidèles » si ce n'était « l'école du diable ». L'islam, solidement installé en Algérie depuis le VIIIe siècle, reste, après la conquête française, la seule « patrie » pour la masse des Algériens musulmans. Et leur suspicion à l'égard de l'école des « Chrétiens », même laïque, est profondément ancrée, au moins jusqu'au début du XXe siècle. L'armée française, par contre, qui depuis le début de la colonisation a fait une place véritable au culte musulman, semble avoir moins choqué la foi et les mœurs de la population indigène que l'école.

Or, la méfiance des musulmans à l'égard de l'école française trouvait son équivalent dans la méfiance des colons vis-à-vis de la scolarisation de cette même population. Leurs porte-parole à Paris, comme à Alger, ont souligné « le péril pour notre domination » que représentait l'école. Aussi, les plans d'études et programmes de l'époque étaient-ils imprégnés d'un utilitarisme restreint : « Le maître n'enseigne pas pour que les élèves sachent mais pour qu'ils fassent » (Ageron 1979 : 923 et suiv.). Ainsi s'est instituée en Algérie, à côté de l'école républicaine « mixte », ouverte à tous, une école « indigène », version B, supprimée seulement après 1945. Les lois Jules Ferry, appliquées en Algérie dès 1883, ont accentué l'importance accordée à l'école primaire, notamment avec une implantation relativement plus grande d'écoles en Kabylie berbérophone que dans des régions arabophones plus peuplées. A la même époque, Monseigneur Lavigerie, le fondateur des *Pères blancs*, a ouvert plusieurs écoles catholiques dans la même région. En conséquence, les Berbères ont été historiquement relativement plus francophones que les Arabes. Le fait que la première vague d'émigrants algériens en France (début du XXe siècle) venait en majorité de cette région berbérophone, a accentué cette tendance.

Paradoxalement, le refus de l'école française diminue avec l'essor du nationalisme ; c'est donc dans les dernières années de la colonisation, et sous la pression des Algériens eux-mêmes, que le chemin d'une école plus égalitaire s'ouvre à un nombre toujours grandissant d'élèves musulmans, surtout dans les villes. Entre 1945 et 1954, la proportion d'enfants scolarisés chez les Algériens musulmans passe de 11,5% à 18 %. Mais si un enfant algérien sur dix va en classe à la veille de l'indépendance, il y a de grandes différences entre garçons et filles, entre villes et campagnes. (Stora 1994 : 105).

Le français d'Afrique du Nord – le pataouète

L'origine sociale et géographique des Français qui venaient s'installer en Algérie au XIXe siècle était très variée : militaires (aristocrates et simples soldats), fournisseurs de l'armée, fonctionnaires, journalistes, artistes, agriculteurs, déportés politiques, émigrés alsaço-lorrains... L'apport de la Corse et des départements du sud de la France a été plus important que celui des départements du Nord (le département de la Seine mis à part). Une majorité des Français d'Algérie étaient donc originaires des régions de *langue d'oc*, ce qui ne sera pas sans conséquences pour le français parlé dans la colonie. A côté des Français, d'autres Européens sont venus tenter leur chance en Algérie : Espagnols, Italiens et Maltais. En fait, ils dépassaient longtemps en nombre les Français. En 1847, « la population européenne était de 109 204, dont 47 247 Français et 62 126 Etrangers... » (Lanly 1970 : 12). Par la suite, après la loi de 1889 donnant automatiquement la nationalité française à tout enfant étranger né en Algérie, la plupart des Européens ont été francisés.

La forme particulière du français populaire parlé en Algérie est donc née de ce frottement entre plusieurs langues romanes et comporte aussi beaucoup d'emprunts de mots arabes. C'est un langage forgé sur le terrain, par des gens de communautés différentes forcées, sinon de vivre ensemble, de travailler côte à côte. Pratiquée surtout dans les villes et les grands bourgs de la colonisation, c'est une langue orale de communication, mais dont on garde aussi des traces écrites grâce à Auguste Robinet, dit Musette, et ses récits picaresques centrés sur le personnage *Cagayous*, originaire du quartier Bab-el-Oued à Alger. Ecrits et publiés à Alger au tournant du XXe siècle, ses récits en *pataouète* nous permettent d'étudier « sur le vif un dialecte français en formation /où/ il est encore possible de retracer jusqu'à leurs sources espagnole, italienne, provençale, arabe, les variations de sa phonétique et de sa syntaxe. » (Lanly 1970 : 24). C'est avec ce français-là, plus qu'avec le français d'école que les Arabes, peu scolarisés avant la Seconde Guerre mondiale, se trouvaient en contact direct.

Le statut des langues dans l'Algérie indépendante

« Mais quand on parle au peuple dans sa langue, il ouvre grand les oreilles »
– *Kateb Yacine*

En Algérie, comme en Tunisie et au Maroc, l'indépendance politique avait pour corollaire le besoin et la volonté de retrouver – ou simplement trouver – une identité nationale propre. L'arabisation de l'enseignement a donc été la première priorité des nouveaux gouvernants : « pour recouvrer notre personnalité, notre patrimoine culturel et historique, nos sources arabo-islamiques, en un mot notre personnalité, notre patrimoine culturel et historique, en un mot pour être chaque jour un peu plus nous-mêmes ». Or, en Algérie, cette politique linguistique de principe était encore plus impossible à réaliser que dans les deux autres pays maghrébins, pour la simple raison qu'il y avait en 1962 très peu d'enseignants arabisants dans le pays. Il fallait donc opter pour un « bilinguisme de transition ».

Devant le vide à combler – le manque criant d'enseignants arabisants, plus de la moitié des enseignants français partis – et en attendant de former eux-mêmes le corps enseignant nécessaire pour une école « nationale et démocratique », le gouvernement a pris des mesures d'urgence : l'importation massive d'enseignants arabes (surtout égyptiens) et francophones (dans le cadre de la Coopération culturelle franco-maghrébine mise en place au moment des indépendances). Quant à la première catégorie, souvent de tendance islamiste, parlant une langue incompréhensible pour les enfants algériens, leur contribution « pédagogique » aura marqué de ses effets néfastes l'école en Algérie. Après une période de transition, c'est à partir de 1970 (sous le président Boumediène) que l'arabisation de tous les domaines de la gestion de l'Etat sera appliquée avec vigueur. Une trentaine de lois ayant trait à l'arabisation auraient été adoptées sans être, toutefois, intégralement respectées. La plus connue est celle du 16 janvier 1991, qui a généralisé l'utilisation de l'arabe dans tous les domaines de la société. Cette mesure sera reportée par Boudiaf (1992), mais est relancée en 1996, pour être mise en application en 1998. Avec la montée de l'intégrisme en Algérie, à partir des années 80, arabisation et islamisation vont de pair ; en 1988, le président Chadli va jusqu'à interdire aux élèves algériens la fréquentation des établissements de la mission culturelle française. (Grandguillaume 2002 : 157). Plus que jamais, la question des langues divise la société algérienne en deux camps opposés.

Cette haine de la francophonie et des francophones (appelés « amis de la France », le « parti de la France ») peut s'expliquer à la fois sociologiquement et idéologiquement. Encore plus qu'ailleurs au Maghreb, la rivalité entre Algériens francophones et arabophones peut être décrite comme une lutte pour occuper les lieux de pouvoir et de prestige dans la société, ces lieux étant pendant la colonisation – et dans une large mesure, après – la chasse gardée des francophones. Idéologiquement, nous avons vu que les deux langues véhiculent des visions de société souvent conflictuelles. La crise profonde qui mine la société algérienne depuis l'indépendance se nourrit de cette opposition tranchée entre les protagonistes de la *pluralité* – des langues, des cultures et des religions – et ceux qui défendent à tout prix *l'unicité* pour définir la nation.

Le président Bouteflika (élu en 1999, réélu en 2004) semble cependant prôner une politique linguistique moins idéologique et plus pragmatique que ses prédécesseurs. En 2000, il nomme une commission avec le mandat de réformer l'enseignement, du primaire au supérieur. La réforme, préconisant, entre autres, l'enseignement du français dès la seconde année du primaire, l'enseignement des sciences en français dans le secondaire et la refonte des programmes d'histoire, a reçu le soutien du président mais a dû être ajournée à cause de l'opposition massive qu'elle a rencontrée dans certains milieux religieux et politiques. N'empêche que des mesures concrètes expriment une réorientation de la politique culturelle et linguistique depuis quelques années : la réintroduction du français dans certains départements universitaires arabisés ; la permission d'ouvrir des écoles privées multilingues ; la réouverture, en 2002, du lycée français d'Alger, fermé en 1994 du fait de l'insécurité ; l'événement multiculturel qu'a été « L'Année de l'Algérie en France » en 2003...

Il ne fait pas de doute que la priorité exclusive – inscrite dans la Constitution – donnée à la langue arabe et aux sources arabo-islamiques comme seul fondement de la nation, a provoqué des clivages sérieux au sein de la société algérienne. Elle s'est exercée non seulement au détriment de la langue et culture françaises, mais aussi au détriment de la langue et culture berbères qui, historiquement, constituent le patrimoine le plus ancien du pays. La langue berbère – divisée en plusieurs dialectes distincts – appartient au même groupe de langues que l'arabe, le *chamito-sémitique*. Mais si l'écriture berbère est attestée au Maghreb dès l'Antiquité par les inscriptions dites «libyques» et a survécu dans l'alphabet *tifinagh* des Touaregs, le berbère reste encore surtout une *langue parlée*, avec une *littérature orale*. En Algérie, la population berbérophone habite surtout les régions montagneuses de la Kabylie (le *kabyle*) et de l'Aurès (le *chaouia*) et dans les grandes villes, en premier lieu Alger et, (par le fait de l'émigration), Paris. C'est en Kabylie que la lutte pour la reconnaissance du berbère a été menée avec le plus de force. Depuis 1980 (le «printemps berbère»), les manifestations, grèves et révoltes se sont succédé pour obtenir la reconnaissance du berbère comme langue nationale et le droit de 25% de la population à un enseignement dans leur langue. Ces revendications n'ont pas encore eu gain de cause et risqueraient, ajoutées à d'autres causes de mécontentement social et économique, de menacer l'unité nationale.

* * *

En conclusion, qu'en est-il aujourd'hui, plus de 40 ans après l'indépendance, de la francophonie en Algérie ? Dans le rapport 1997–1998 du Haut Conseil de la Francophonie, on estime le nombre de francophones à plus de 16 millions, répartis à égalité entre francophones et francophones partiels. Qu'en sera-t-il demain ? Toute prévision est risquée, et en Algérie le sort de la francophonie dépend de la politique linguistique menée par le régime en place. La vitalité actuelle de la littérature et de la presse francophones indique cependant qu'une politique plus ouverte à la pluralité linguistique va finir par s'imposer. La pression d'une élite francophone nombreuse de journalistes, d'écrivains et d'universitaires émigrée en France pendant les années de terreur intégriste mais qui garde sa nationalité algérienne et souhaite revenir travailler « au pays », œuvre sans doute aussi dans la même direction. Quant à l'attitude d'hostilité que l'Algérie a toujours montrée vis-à-vis de la Francophonie institutionnelle, taxée de néo-colonialiste, elle semble en train de changer après la venue au pouvoir du président Bouteflika. Les modifications apportées à la Charte de l'Organisation internationale de la francophonie (OIF) en 2000, prônant une conception plus explicitement respectueuse des langues et cultures des Etats membres, faciliteraient peut-être une adhésion future à cette organisation.

Pour terminer cette présentation de la situation linguistique en Algérie, nous laissons la parole à Gilbert Grandguillaume, anthropologue, arabophone et spécialiste des questions de langues, cultures et identités au Maghreb :

> L'Algérie se vit dans plusieurs langues /.../ Seuls se trompent ceux qui veulent imposer un choix : arabe ou berbère, arabe ou français, arabe parlé ou arabe classique. Eliminer un terme, c'est toujours nier une partie de l'être algérien. Le vécu des langues en témoigne, chacune d'elles emprunte aux autres, les langues parlées se rassurent dans les langues écrites tout en jouissant de la liberté que leur confère l'oralité. Tout être qui s'exprime le fait forcément à travers plusieurs registres. Parler et écrire algérien aujourd'hui, c'est, quel que soit le registre choisi, accepter de se sentir traversé par ces multiples courants /.../ (Colloque «L'Algérie, l'accès aux sources», au Centre Pompidou, Paris, 28.-29.11 2003).

4.1.3 Littérature

Avant de parler de la littérature francophone d'Algérie, il faut dire quelques mots sur l'impact de l'Algérie dans l'art et la littérature en France. Dès 1830, peintres, journalistes et écrivains ont suivi dans le sillage de l'armée à la découverte de cet Autre exotique et fascinant qui se dérobait. Paysages, hommes et femmes, vêtements, mœurs et coutumes, tout a été confié à la toile ou à l'écrit. Le romantisme français est inconcevable sans « *Femmes d'Alger dans leur appartement* » de Delacroix, sans les paysages à cavaliers de Fromentin (*La chasse au faucon en Algérie*) ; la liste des peintres venus en Algérie est longue : Chassériau, Guillaumet, Vernet, Hubert, Renoir... La liste est longue aussi d'officiers « historiens-géographes » qui par leurs descriptions des paysages et des peuples de la nouvelle colonie les ont fait connaître en France. Comme pendant la campagne d'Egypte de Napoléon Ier, il y avait chez ces officiers une volonté scientifique de connaître le milieu autochtone. Et puis, il y a les écrivains qui ont fait obligatoirement leur « voyage en Algérie » et ramené de la matière à romans, nouvelles ou articles : Flaubert, Gautier, Loti, Benoit... Quelques-uns ont contribué à l'« orientalisme » algérien, d'autres, comme Alphonse Daudet et Guy de Maupassant, se sont plus intéressés à la communauté européenne en Algérie, dans une perspective antimilitaire et anticoloniale. Parmi les plus connus, il y a, bien sûr, André Gide pour qui la rencontre avec le climat algérien va être vécue comme « une palpitante découverte de la vie », expérience qui se reflète concrètement dans *Les Nourritures terrestres* (1897) et *L'Immoraliste* (1902) et qui continue à nourrir sa réflexion dans toute son œuvre ultérieure. Il y a, surtout, Camus, « l'Algérien », qui n'a jamais cessé de dire l'amour pour sa patrie...

Cette fascination pour l'Algérie n'a cependant rien de spécifiquement française. Personne ne l'incarne mieux, sans doute, qu'**Isabelle Eberhardt** (1877-1904). Née à Genève de parents russes, elle grandit dans un milieu pluriculturel et polyglotte. Deux de ses frères rejoignent la Légion étrangère et à vingt ans – après avoir appris l'arabe et le kabyle ! – elle part elle-même pour l'Algérie. Là, déguisée en homme, elle parcourt le Sud algérien, adopte la religion musulmane et partage le quotidien des bédouins. Elle se marie avec un autochtone, soldat dans l'armée française, se nourrit comme journaliste et écrit. Morte à 27 ans dans une inondation de rivière à Aïn Sefra « cette nomade en quête d'absolu » laisse une œuvre assez mince – *Yasmina* (1902), *Nouvelles algériennes* (1905), *Dans l'ombre chaude de l'islam* (1906) – et une légende qui ne cesse de grandir.

Ecrivains francophones d'Algérie : problèmes d'être, problèmes d'appellation

Etre écrivain algérien francophone n'a jamais été une situation confortable. Ecrire dans la langue de l'Ennemi, pendant la guerre et après, se faire éditer et reconnaître dans la métropole, autant de raisons pour les nationalistes arabophones, avant et après 1962, de les taxer d'être du « Parti de la France » (*Hisb França*). Ils se sont défendus en disant que la langue française était leur « butin de guerre », employé comme arme contre le colonisateur. Et il est vrai que sans ces écrivains qui décrivaient de l'intérieur la situation coloniale, l'opinion en France aurait sans doute encore tardé à se mobiliser contre la guerre. N'empêche que pour la plupart d'entre eux le rapport à la « langue marâtre » a été difficile à vivre ; certains, comme **Malek Haddad**, se sont tus. Plus tard, la langue de Voltaire se montrera une arme efficace pour dénoncer les abus des régimes autoritaires qui ont suivi l'Indépendance. Ce qui n'a pas rendu plus populaires ces écrivains aux yeux du Pouvoir. Malgré les pressions psychologiques et politiques qui ont pesé sur les écrivains, la littérature algérienne francophone continue cependant à se développer et se diversifier quarante ans après que l'arabe a été déclaré seule langue nationale en Algérie.

La réponse à la question : *Qui sont les écrivains francophones d'Algérie ?* a beaucoup varié depuis l'Indépendance selon la perspective historique adoptée et l'attitude idéologique en cours. Une première distinction s'opère entre écrivains européens – « pieds-noirs » – et écrivains arabes ou berbères. Au lendemain de l'Indépendance seul le critère *ethnique* a compté. D'où le destin tragique de poètes comme **Anna Greki** (morte en 1966) et **Jean Sénac** (assassiné en 1973) qui, ayant opté pour la cause et nationalité algériennes, se sont vus rejetés par leur nouvelle patrie. Dans les années 1980, l'attitude a changé : les écrivains d'origine européenne qui ont fait cause commune avec les nationalistes, sont inclus : **Jean Pélégri, Emmanuel Roblès, Jules Roy**. Quant à l'écrivain « pied-noir » le plus connu de tous, **Albert Camus**, longtemps un nom tabou en Algérie à cause de sa position intermédiaire dans le conflit franco-algérien, il commence tout juste à être intégré dans le patrimoine littéraire algérien.

Faute de place, mais en soulignant qu'ils ont bien leur place parmi les écrivains francophones d'Algérie, nous laisserons de côté ici les écrivains français ou francisés de la colonie. Dans ce qui suit, nous adopterons le terme « écrivain algérien francophone » ou « de langue française » dans son sens communément admis au Maghreb : écrivain arabe ou berbère pour qui sa langue d'écriture n'est pas la langue maternelle. Appliquée avec rigueur, cette définition exclurait cependant à la fois des écrivains juifs et des écrivains de mariages mixtes dont la langue maternelle est le français, comme **Leïla Sebbar** et **Nina Bouraoui**. Vu la quantité et la qualité des écrivains algériens francophones, un petit nombre seulement parmi les plus importants seront présentés ici, choisis d'après leur représentativité à l'intérieur d'une génération ou d'un groupe. Chronologiquement, c'est à partir des années 1950 que surgissent des *voix* vraiment *autres* dans la littérature algérienne. Avec une seule exception, pour la famille Amrouche, il sera donc question ici d'écrivains algériens qui marquent la dernière moitié du XXe siècle. Pour une présentation plus ample et détaillée de cette littérature, voir, entre autres, Jacqueline Arnaud, *La littérature maghrébine de langue française* ; Charles Bonn, *Le roman algérien de langue française* ; Beïda Chikhi, *Littérature algérienne. Désir d'histoire et esthétique* ; Jean Déjeux, *La littérature maghrébine d'expression française*.

– Jean, Taos et Fadhma Amrouche – une famille à part

La famille Amrouche fait partie d'une minorité minime de Kabyles (donc Berbères) chrétiens. Leur histoire est emblématique de la complexité de la situation coloniale en Algérie. Fadhma (1882-1967), envoyée par sa mère à une des premières écoles pour filles en Kabylie, écrit *Histoire de ma vie* en 1946 mais défend que le livre soit publié avant sa mort. Ce livre autobiographique, où des photographies soulignent l'authenticité de l'écrit, nous renseigne de façon très concrète sur l'aventure de la scolarisation de la IIIe République en Kabylie et sur les tentatives de conversion religieuse menées par Monseigneur Lavigerie à la même époque. Mais il raconte surtout l'histoire d'une exclusion répétitive : parce que «bâtarde»(née hors mariage) ; parce que chrétienne dans un milieu musulman ; parce que berbère dans un milieu arabe. La famille passe 40 ans en exil à Tunis où Jean Amrouche (1906-1962) publie ses premiers recueils de poèmes, *Cendres* (1934) et *Etoile secrète* (1937) avant d'éditer *Chants berbères de Kabylie* (1939), donnant une forme écrite au patrimoine oral chanté par sa mère. Profondément imprégné de culture française, il invente à la fin des années 40 ce nouveau genre qu'est à l'époque l'entretien littéraire radiophonique. Taos Amrouche (1913-1976) écrit des romans à résonances autobiographiques, comme *Jacinthe noire* (1947) mais est surtout connue pour son interprétation des chants de sa mère à la radio française. Avec la famille Amrouche, le thème de l'exil, de l'hybridité culturelle et de la réalité berbère se présente pour la première fois avec force sur la scène littéraire algérienne et internationale.

– La génération de 1950 – une ethnographie faite de l'intérieur

Le premier roman de **Mouloud Feraoun** (1913-1962), *Le fils du pauvre, Menrad instituteur kabyle* (1950/1954) est représentatif de toute une série de romans publiés juste avant et pendant la guerre d'Algérie. Ils sont tous plus ou moins autobiographiques et décrivent – de l'intérieur – la vie d'une famille et d'une communauté (souvent située dans un village de montagne). Et toujours avec la pauvreté, si ce n'est la misère, comme toile de fond. Le taux de berbérophones parmi ces écrivains est élevé, ce qui témoigne de l'implantation relativement plus forte de l'école française en Kabylie qu'ailleurs en Algérie. Parmi les écrivains les plus connus, il y a, à côté de Feraoun, **Mouloud Mammeri** (1917-1989), *La colline oubliée* (1952), *L'opium et le bâton* (1965). Mammeri jouera un rôle important et controversé dans l'Algérie indépendante. Il publie la première grammaire de la langue berbère et fonde en 1985 le *Centre d'études et de recherches Amazigh* (CERAM) à Paris. L'interdiction par les autorités de sa conférence à l'Université de Tizi Ouzou en 1980 sur la poésie ancienne berbère, fait éclater « Le printemps berbère », la première grande manifestation pour la langue et culture berbères en Algérie.

Le plus ambitieux de cette première génération d'*écrivains-ethnographes* est **Mohammed Dib** (1921-2003). Sa « Trilogie algérienne » – *La grande maison* (1952), *L'incendie* (1954) et *Le métier à tisser* (1957) – offre une description en profondeur d'une époque historique bien limitée – de la veille de la Seconde Guerre mondiale à l'arrivée des Américains en Afrique du Nord en novembre 1942. C'est la description d'une ville (Tlemcen) au passé prestigieux, en pleine crise économique, avec la misère noire de sa population indigène ; la description d'une société au bord de la révolte et où des tensions internes musulmanes entre ceux qui sont encore propriétaires de leur terre et les *fellahs* sans terre qui travaillent pour les colons, aggravent encore la situation ; c'est, enfin et surtout, la description d'un garçon entre enfance et adolescence, dans son milieu familial et communautaire dans « La grande maison » et au village ancestral, avec sa prise de conscience progressive de sa condition de colonisé et son éveil politique. Dib marquera de son sceau toutes les époques et tous les genres de la littérature algérienne depuis 1950 jusqu'à sa mort. La qualité et le développement incessant de son œuvre font de lui le *Grand old man* de la littérature algérienne.

Sortis de leur milieu traditionnel par l'école, ces écrivains vivent douloureusement leur double appartenance, se sentant, comme Jean Amrouche, considérés comme trop algériens par les Français et comme trop français par les Algériens. Feraoun, assassiné par l'OAS en 1962, ne vivra pas la désillusion de voir quel sort l'Algérie indépendante réservera à ses intellectuels francophones ; Mammeri, mort dans un accident de voiture en 1989, a raconté son désenchantement dans *La traversée* (1982) ; Dib écrira toute son œuvre depuis l'Indépendance en exil à Paris.

Au contraire de ses collègues masculins, **Assia Djebar** (1936–) qui, comme Dib, va marquer toutes les époques de la littérature algérienne depuis les années 1950, écrit ses premiers romans en évitant toute référence à sa propre vie. L'écrivain très jeune qui entre avec fracas sur la scène littéraire française avec *La Soif* (1957), met en scène une jeune fille riche de mariage mixte dont la vie (voitures de sport, bains de mer, sorties en ville) se trouve aux antipodes de celle menée par l'auteur. Comme le choix d'écrire sous pseudonyme – pour protéger le nom et l'honneur du père dans un milieu où pour une femme, écrire égale « se mettre à nue » –, le fait d'établir une cloison étanche entre autobiographie et fiction donne la liberté d'explorer des possibilités différentes de vie et de langage. Quand, avec la publication des *Alouettes naïves* (1967), elle a l'impression d'avoir franchi la frontière qui sépare vie et fiction, Djebar arrête de publier pendant 13 ans pour exercer d'autres professions (d'historienne, de documentaliste, de cinéaste) tout en réfléchissant sur son rôle de femme écrivain en Algérie. Quand elle revient, avec le recueil de nouvelles *Femmes d'Alger dans leur appartement* (1980), c'est avec un projet de solidarité féminine, de « sororité » : faire entendre la voix et l'histoire de toutes celles, de génération en génération, qui ne sont jamais sorties du confinement du *harem*. Transmettre par l'écrit, dans une langue autre ce qui a été confié dans une langue orale arabe ou berbère, voilà le pari littéraire engagé par Djebar et qui informe toute son œuvre. Avec *L'amour,* *la fantasia* (1985) s'ouvre une grande fresque historique et autobiographique où l'histoire de la vie de l'écrivain alterne avec le récit de la conquête française de l'Algérie et des témoignages des femmes qui ont vécu la guerre de l'Indépendance. Dans *Ombre sultane* (1987) et *Vaste est la prison* (1995) Djebar continue l'exploration de sa propre histoire et celle de son pays. *Loin de Médine* (1991), écrit après la montée de l'intégrisme « comme une arme aux mains des femmes algériennes », nous ramène à la mort du Prophète et aux femmes qui l'entouraient, et propose une relecture de la tradition islamique. La guerre fratricide qui a déchiré dans les années 90 l'Algérie, où plusieurs de ses meilleurs amis ont été assassinés, a profondément marqué Assia Djebar. *Le blanc de l'Algérie* (1996) prend la forme d'un hommage et d'un dialogue poursuivi au-delà de la mort avec ses « chers disparus » et présente en même temps une critique en profondeur de la société issue de la guerre de l'Indépendance. Il est temps de lever les tabous, de déconstruire le mythe d'une résistance unie. Traduite et étudiée à travers le monde, Assia Djebar poursuit sa carrière d'écrivain et d'universitaire (depuis 2001 à New York University) loin de l'Algérie, mais comblée de prix et honneurs littéraires et académiques ; elle vient d'être élue membre de l'Académie française (juin 2005). Son œuvre est la seule au Maghreb qualifiée de « nobélisable ».

Au contraire de Dib et Djebar, **Kateb Yacine** (1929-1989) reste l'auteur d'un seul roman : *Nedjma* (1956), mais qui est considéré comme le *texte fondateur* de la nouvelle littérature algérienne. D'après Kateb lui-même, son projet était d'« atteindre une sorte d'accouchement de l'Algérie par un livre ». Le roman met en scène quatre jeunes hommes tous amoureux de la même femme, Nedjma (Etoile), et qui cherchent à la retrouver et se faire aimer d'elle. Le récit, pris en charge tour à tour par les quatre protagonistes, pose plus de questions qu'il n'en résout et l'histoire vécue par les camarades est constamment mise en perspectives par d'autres histoires, anciennes ou mythiques, réelles ou hypothétiques, où la figure de l'Ancêtre, si ce n'est de « faux père », n'est jamais loin. Par sa forme : structure cyclique, grande variation de niveaux de style et de ton, *Nedjma* s'est clairement démarqué du roman algérien écrit jusque-là dans une veine plus traditionnelle, prenant pour modèle plus le roman français du XIXe siècle que le roman contemporain. Or, *Nedjma* a été tout de suite classé aussi bien comme « Nouveau roman » que comme le premier roman véritablement « algérien ». Dans la carrière littéraire de Kateb Yacine, *Nedjma* est resté le centre d'une « œuvre en fragments » ; les thèmes et personnages de ce roman sont repris dans son théâtre, *Le Cadavre encerclé* (1955), *La Poudre d'intelligence* et *Les Ancêtres redoublent de férocité* (1959) et dans *Le Polygone étoilé* (1966), un livre qui brasse tous les genres.

Dans le tragique comme dans la farce, c'est la réalité du peuple algérien qui est exprimée, et toujours avec un souffle passionné et poétique. Libertaire et solidaire, Kateb se bat pour une Algérie plurilingue et ouverte à toutes les minorités. Ses pièces de théâtre jouées en arabe dialectal à travers l'Algérie et dans les milieux d'immigrés en France – *Mohammed, prends ta valise, La Voix des femmes, La Guerre de 2000 ans* – font de lui l'écrivain de loin le plus populaire de son temps.

– La seconde génération. L'espoir déçu : la dérive d'une Révolution

> Les romanciers ont produit une littérature de critique sociale puissante – lisez Rachid Mimouni, Rachid Boudjedra, Tahar Djaout, tous algériens – qui nous en dit plus long sur l'Algérie post-coloniale que bien des travaux de sciences sociales. (Lucette Valensi (1996: M.A.R.S.no 7, 17).

A partir de 1970, une nouvelle génération d'écrivains entre sur la scène littéraire en Algérie. Nés pour la plupart dans les années 40, ils ont vécu la guerre d'Indépendance comme adolescents ou enfants, certains ont fait l'expérience du maquis. Grandis dans l'espoir d'une Algérie nouvelle, ils seront vite déçus et vont employer toutes les ressources de la langue française – diatribes violentes, dérision, humour absurde, poésie tragique – pour dénoncer les abus de pouvoir, la corruption, la bureaucratie, l'incompétence, l'hypocrisie d'un régime patriarcal et autoritaire. **Rachid Boudjedra** (1941–) fait l'entrée la plus fracassante du groupe. *La répudiation* (1969), interdit en Algérie dès sa sortie, raconte les conséquences désastreuses dans la vie d'une femme, victime d'être renvoyée par son mari par une décision arbitraire et unilatérale, et la haine de ses fils pour leur père. Une haine qui n'est pas dirigée seulement contre le père biologique du narrateur, mais contre un système patriarcal et cruel qui sévit à tous les niveaux dans l'Algérie post-coloniale. En quelques années, Boudjedra écrit une série d'analyses critiques et bouleversantes de la société algérienne : *L'insolation* (1972) ; *L'escargot entêté* (1977) ; *Les 1001 années de la nostalgie* (1979). *Topographie idéale pour une agression caractérisée* (1975) est une odyssée moderne sur l'errance dans les méandres du métro parisien d'un immigré analphabète. La violence de ses propos et le souffle à la fois poétique et virulent de ses longues phrases ont fait de Boudjedra un des écrivains les plus marquants et novateurs de la littérature algérienne francophone. Parmi les rares écrivains algériens d'expression française à avoir reçu une formation en arabe, il décide à partir des années 80 d'écrire ses romans en arabe d'abord, pour ensuite les traduire lui-même ou les faire traduire en français. *Le désordre des choses* (1990/91) dénonce la cruauté de la répression qui a suivi la révolte de 1988, où les tortionnaires du régime répètent dans les mêmes villas les gestes de leurs prédécesseurs français.

Rachid Mimouni (1945-1995) a un style plus sobre que Boudjedra ; ses armes d'attaque sont l'humour, souvent caustique, l'ironie et une fausse naïveté. Ecrivain engagé et amer, il décrit la société algérienne post-coloniale dans des romans devenus des classiques modernes : *Le Fleuve détourné* (1982) ; *Tombeza* (1984) ; *L'honneur de la tribu* (1989).

Tous genres confondus, la littérature d'expression française algérienne des années 80 a été particulièrement féconde : « les anciens » s'imposent par la qualité de leur écriture, comme Djebar depuis *L'amour, la fantasia* et Dib avec sa « trilogie nordique », *Les Terrasses d'Orsol* (1985) ; *Le Sommeil d'Eve* (1989) ; *Neiges de marbre* (1990). Parmi les « nouveaux », il faut mentionner le poète et romancier **Rabah Belamri**, ainsi que les poètes **Youcef Sebti**, (assassiné par les islamistes en 1993), et **Malek Alloula**.

Les années 1980 marquent aussi l'entrée en force des écrivains femmes. Vivant souvent exilées de leur terre natale, en France, au Canada, leurs romans, dont le style va d'un réalisme traditionnel à l'imaginaire fantasmatique, mettent en scène la difficulté d'être femme dans un monde qui les oppresse. Parmi les voix les plus originales, celle de **Nadia Ghalem**, *Jardins de cristal* (1981) ; **Hawa Djabali**, *Agave* (1983) ; **Myriam Ben**, *Sabrina, ils t'ont volé ta vie* (1986). *La grotte éclatée* (1979) de **Yasmina Mechakra** reste peut-être le livre le plus émouvant, à la fois poétique et violent, écrit sur la guerre d'Indépendance. Dans les pièces de théâtre de **Fatima Gallaire**, *Princesses* (1989) ; *Les Co-épouses* (1990), le vécu des femmes algériennes prend des résonances de tragédie grecque. **Leïla Sebbar** (1941-) est sans doute, avec Djebar, la femme écrivain algérienne la plus connue. Comme celle de Djebar, son œuvre traverse les époques. Elle est centrée sur une même thématique : la mixité culturelle, l'hybridité douloureuse, l'exil. Devançant les écrits de la jeunesse issue de l'immigration, ses romans sur *Shérazade, Shérazade, 17 ans* (1982), *Le Chinois vert d'Afrique* (1984) ; *Les Carnets de Shérazade* (1984) présentent pour la première fois cette jeunesse à un public français. Parmi ses livres les plus récents, il faut mentionner *L'autre rive* (1991) et *Je ne parle pas la langue de mon père* (2003).

– Les écrivains des années 1990 :
témoins et victimes d'une société anthropophage

Menacés de mort, journalistes et écrivains francophones continuent leur travail, dénonçant une culture de violence, héritée de la guerre d'Indépendance et entretenue aussi bien par le terrorisme d'Etat que par le terrorisme intégriste. Boudjedra et Mimouni dénoncent violemment la barbarie et ses causes dans les essais *FIS de la haine* (1992) et *De la barbarie en général et de l'intégrisme en particulier* (1992). Sur le mode romanesque Boudjedra décrit le *vécu* de la situation dans *Timimoun* (1995) et *L'envers et l'endroit* (1999) ; Mimouni écrit *La malédiction* (1993) et *Le printemps n'en sera que plus beau* (1995) avant de mourir en exil au Maroc en 1995. L'écrivain emblématique de ces années noires reste cependant **Tahar Djaout** (1954-1993). Poète, journaliste et romancier, il décrit avec ironie et dérision ses compatriotes et le système dans lequel ils sont pris: *Les Chercheurs d'os* (1984) ; *L'invention du désert* (1987) ; *Les Vigiles* (1991). Assassiné par les islamistes en 1993, son dernier roman, publié après sa mort, *Le dernier été de la raison* (1999), décrit de façon prophétique ce que serait une société totalitaire islamiste et ce que sera son propre destin.

Paradoxalement, le climat meurtrier des années 90 n'empêche pas des écrivains toujours plus nombreux (la plupart en exil, il est vrai) de témoigner sur ce climat, ses conséquences et antécédents. Parmi les écrivains nouveaux, mentionnons **Abdelkader Djémaï** (1948-), avec *Un été des cendres* (1995) et *Sable rouge* (1996) et **Hafsa Zinaï-Koudil** (1951-), avec *Sans voix* (1997), un des rares romans algériens traduits en norvégien (*Stemmeløs*, Humanist Forlag, 1998). Tandis que Djémaï, enseignant, journaliste et dramaturge, vit depuis 1993 en exil en France, Hafsa Zinaï-Koudil, elle, a choisi de rentrer « au pays » exercer son métier d'écrivain et de cinéaste, malgré les menaces et la censure qui, à l'époque, pesaient sur elle. Parmi ces écrivains de l'horreur vécue, il y a beaucoup de femmes, auteurs d'un seul livre et dont l'intérêt réside plus dans le témoignage donné que dans la qualité littéraire. Quelques titres significatifs : *Une femme à Alger. Chronique d'un désastre* (1995) ; *Moi, Nadia, femme d'un émir du GIA* (1998) ; *Les années rouges* (2000). Mais les années 90, c'est aussi le début très remarqué de deux écrivains femmes qui vont s'imposer sur la scène littéraire française et internationale : **Malika Mokeddem** (1949-) et **Nina Bouraoui** (1967-). Tout les sépare : l'âge (et donc le contexte historique), le milieu social, le tempérament, l'écriture et, pourtant, elles ont la même façon obsédante de porter l'Algérie en elles. Malika Mokeddem, souvent présentée comme « la fille du désert », est née à Kenadsa, dans le Sahara algérien, dans une famille de bédouins récemment sédentarisés. Grâce à son désir d'indépendance et une volonté de fer, elle a su briser tous les tabous qui pesaient sur sa condition de fille pauvre, pour accéder aux études de médecine, commencées à Oran, terminées à Paris. Entre 1979 et 1985 elle a travaillé comme néphrologue à Montpellier, avant de se consacrer entièrement à l'écriture. Ses premiers romans, *Les hommes qui marchent* (1990) et *Le siècle des sauterelles* (1992), nourris de légendes, racontent la vie et l'histoire dramatiques de ses ancêtres nomades, les Touaregs. Dans ses romans ultérieurs, les thèmes sont plus ouvertement autobiographiques : son enfance et les rapports difficiles avec sa famille, son isolement (mais aussi le soutien sans faille de son institutrice française !), ses rêves et l'effort sans relâche d'une fille pour réussir malgré tous les obstacles. Parmi ses nombreux livres, mentionnons *L'interdite* (1993) et *La transe des insoumis* (2003). Ecrivain prolifique et « insoumise », Mokeddem s'est fortement engagée dans la guerre intestine qui a ravagé son pays. Depuis que la menace terroriste pèse moins sur l'Algérie, elle est aussi très présente sur la scène culturelle algérienne.

Nina Bouraoui est un écrivain d'une toute autre trempe. Née à Rennes d'une mère française et d'un père algérien, aucun écrivain n'a comme elle intégré dans son œuvre le conflit franco-algérien comme angoisse, culpabilité et amour désespéré. Bouraoui a passé son enfance et le début de sa puberté en Algérie, et l'atmosphère algérienne marque toute son œuvre par sa violence : violence de la beauté des paysages et des joies de la mer, violence de la peur, peur de la maladie, de la mort, peur de « cette oppressante forêt d'hommes ». Violence fantasmagorique de l'écriture aussi dans *La voyeuse interdite* (1991), son premier roman où une jeune fille, enfermée dans sa chambre et attendant d'être sacrifiée sur l'autel de la tradition, nous fait part de ses observations, de ses automutilations, de ses haines et cauchemars. Comme dans le premier roman de Djebar, la vie menée par l'héroïne de *La voyeuse interdite* se trouve aux antipodes de celle de Nina Bouraoui. Ce n'est qu'avec le très beau *Garçon manqué* (2000) que son écriture devient autobiographique, puisant dans une enfance algérienne perdue à jamais et les amours et drames de sa propre famille. Ici, le problème de l'identité se pose à fond : algérienne/française ; garçon/fille ? La joie et l'angoisse entremêlées, dans un style fébrile et poétique. Ce sont ces thèmes-là que Bouraoui explore désormais, chaque fois de façon différente mais reconnaissable, dans *La Vie heureuse* (2002) ; *Poupée Bella* (2004) ; *Mes mauvaises pensées* (2005). Pour cet écrivain véritablement *franco-algérien* dans sa chair comme dans son œuvre, « L'amour et l'écriture ont la même origine charnelle, ils viennent du même brasier » (entretien dans *L'Express*, 31.05.04).

Impossible de clore ce chapitre sans dire quelques mots sur **Yasmina Khadra**, (1955-), « l'homme masqué de la littérature algérienne » qui, avec ses romans policiers, a peint une image sombre d'une nation marquée à la fois par l'intégrisme religieux et la mafia politico-financière de ses dirigeants. Dans la trilogie *Morituri* (1997), *Double blanc* (1997) et *L'automne des chimères*

(1998), son inspecteur Llob essaye de démêler les fils secrets qui se nouent dans les corridors du pouvoir. L'analyse dérangeante se poursuit dans *Les agneaux du Seigneur* (1998) et *A quoi rêvent les loups* (1999). A la publication de *L'écrivain* (2001), l'auteur laisse tomber son masque : derrière le pseudonyme féminin se cache Mohamed Moulesshoul, officier de l'armée algérienne qui, dans ce roman, raconte sa propre enfance comme enfant soldat dans une école militaire où il est entré à 9 ans ! Moulessehoul, qui avait pris sa retraite de l'armée en 1999, vit désormais au Mexique et en France où il continue de publier des livres d'un grand intérêt psychologique et sociologique, entre autres, *Cousine K* (2003) et, portant son analyse hors de l'Algérie, *Les Hirondelles de Kaboul* (2002) et *L'attentat* (2005), situé en Israël.

4.2 La Tunisie

Située entre l'Algérie et la Libye, la Tunisie, avec une superficie de 163 610 km^2 et une population de 10,5 millions (2005) est le pays le plus petit du Maghreb, 14 fois moins grand que l'Algérie et 4 fois moins que le Maroc. Son peuplement, issu de la migration des populations libyques venues du Sud, probablement les ancêtres des Berbères, est très ancien, attesté au moins 4000 ans avant notre ère. Mais la première grande civilisation qu'a connue le pays est celle fondée par les Phéniciens. Ce peuple sémite, originaire de Syrie et du Liban, a dominé le commerce maritime en Méditerranée, établissant des comptoirs sur les côtes de l'Afrique du Nord. La colonisation phénicienne de la Tunisie ne débute cependant vraiment qu'avec la fondation de Carthage (814 avant J.-C.), près de l'actuel Tunis. Pendant plusieurs siècles, Carthage a constitué le centre d'un empire puissant qui a dominé la majeure partie de l'Afrique du Nord et qui a régné également sur le sud de la péninsule ibérique, la Sardaigne et une partie de la Sicile.

4.2.1 Historique

De l'Empire romain au Protectorat français : une succession de conquêtes

C'est l'Empire romain qui, au cours des trois guerres puniques, a mis fin au règne de Carthage, entièrement détruite par le feu en 146 avant notre ère. Depuis, les conquêtes et dominations se sont succédé : du IIe siècle avant J.-C. au Ve siècle après J.C., la Tunisie fait partie de la province romaine d'Afrique/*Ifriqiya*, Carthage en étant la capitale romaine et chrétienne ;

puis ont suivi l'invasion des Vandales (Ve siècle), la conquête byzantine (VIe siècle) et la conquête arabe (VIIe siècle). Fondé en 670 comme camp militaire d'où partaient les expéditions lancées contre le nord et l'ouest du Maghreb, Kairouan est devenu au IXe siècle la capitale du premier Etat musulman à se constituer au Maghreb (la dynastie *aghlabide*). Kairouan est resté une des villes les plus prestigieuses de la culture islamique en Afrique du Nord. L'islamisation du territoire a été assez rapide, se substituant à la culture chrétienne byzantine. La Tunisie est restée plus de huit siècles gouvernée par des dynasties différentes ; la dernière (les *Hafsides*), au pouvoir de 1236 à 1574, a particulièrement marqué le pays avant l'extension de l'Empire ottoman : ce sont les Hafsides qui ont fait de Tunis (fondé en 698) la capitale du pays. Au XVIe siècle, après une longue période de stabilité politique relative, Tunis est disputé par des corsaires turcs, des Espagnols et la dynastie des Hafsides. En 1574, les troupes de l'Empire ottoman chassent les Espagnols et établissent leur hégémonie sur la Tunisie, sous forme de la *Régence de Tunis*, gouvernée par un administrateur local, le *dey*, puis le *bey* de Tunis.

Comme en Algérie, la France a donc pris la relève en Tunisie d'un pouvoir sous dominance ottomane. Mais le *beylicat* (région soumise à l'autorité du *bey*) de Tunis était depuis 1705 un Etat pratiquement autonome avec, au pouvoir, la dynastie *hussaynite*, une monarchie qui est restée en place jusqu'en 1957 ! Au cours du XIXe siècle, les *beys* successifs ont mis en œuvre beaucoup de réformes pour moderniser le pays, proposant, entre autres, une constitution (1861) définissant la citoyenneté et l'Etat moderne et créant le collège Sadiki (1876) qui sera plus tard le creuset du nationalisme tunisien. Mais des crises économiques graves dues au capitalisme européen agressif ont affaibli l'Etat, et la Tunisie a fini par être mise « sous tutelle financière » par l'Angleterre, la France et l'Italie. Le sort du pays a été réglé au *Congrès de Berlin* (1878) en faveur de la France.

En mars 1881, un accrochage à la frontière tuniso-algérienne fournit le prétexte à une intervention militaire française en Tunisie. En mai, la France impose à la Tunisie le *protectorat* : l'Etat tunisien renonce à sa souveraineté sur les plans diplomatique, militaire et financier (*le traité du Bardo*). Un régime d'administration indirecte est installé où la gestion de la défense et des affaires étrangères est confiée à la France, mais qui laisse en place les institutions autochtones, dont la dynastie hussaynite. Dans la pratique, le personnel administratif tunisien était doublé par des fonctionnaires français exerçant le pouvoir effectif. Ainsi, en 1883, par la Convention de la Marsa le *bey* s'engage à apposer son sceau sur « toute réforme administrative, judiciaire et financière que le gouvernement métropolitain jugerait utile. » La présence française en Tunisie a contribué au développement économique du pays (agriculture, mines), notamment par le biais des banques et des compagnies et a accéléré le processus de modernisation sans que, pour cela, la Tunisie perde sa « personnalité ». Aussi, la revendication nationale y prend-elle très tôt une dimension politique : l'« Association des anciens élèves du collège Sadiki » (1905), le parti *Jeunes Tunisiens* (1907), enfin la création, en 1920, d'un parti libéral constitutionnel, *Destour* (« constitution »), exigeant le rétablissement de la Constitution de 1861. La radicalisation du mouvement nationaliste se fera cependant au sein d'un nouveau parti, *Néo-Destour* (1934), fondé par Habib Bourguiba. C'est lui qui va mener la lutte des Tunisiens pour l'Indépendance (1956).

La Tunisie depuis l'indépendance

L'histoire contemporaine de la Tunisie est profondément marquée par **Habib Bourguiba**, « le combattant suprême ». Ce juriste, qui avait fait ses études à Paris, est la figure de proue à la fois de la lutte pour l'indépendance et de la construction de la Tunisie postcoloniale. Avant même d'être élu Président de la République, proclamée en 1957 après l'abolition de la monarchie, il met en chantier une série de réformes, à commencer par un code de statut personnel (promulgué en 1956) qui donne aux femmes tunisiennes des droits inédits dans le monde arabe en supprimant la polygamie et la répudiation et en instituant le divorce par consentement mutuel. En même temps, il entreprend de laïciser l'Etat, en soumettant les autorités religieuses au pouvoir temporel ; de créer une administration moderne et de généraliser la scolarisation. En politique étrangère, il amarre solidement son pays à l'Occident, surtout dans les premières années après l'indépendance. En 1979, après le traité de paix israélo-égyptien, Tunis devient pourtant le siège de la Ligue arabe et en 1982, et après son expulsion du Liban, l'OLP (*Organisation de libération de la Palestine*) s'installe à Tunis.

Le règne de Bourguiba n'a cependant rien d'idyllique ; il est caractérisé par une répression sans merci de ses opposants, par l'autoritarisme et l'unipartisme, par l'échec de certains choix politiques aussi, comme l'étatisation de l'économie et la collectivisation des terres dans les années 1960. En 1987, le président vieillissant a été destitué par un coup d'Etat effectué par son propre premier ministre, **Zine el-Abidine Ben Ali**. Elu président en 1989, le début de son mandat était caractérisé par une certaine ouverture du paysage politique, mais devant la montée de l'islamisme, on a pu observer un durcissement très net du climat vis-à-vis des opposants politiques, aussi bien islamistes que « modernistes ». Malgré les entorses graves faites aux droits de l'homme en Tunisie et le fait que Ben Ali, comme Bourguiba, semble opter pour une « présidence à vie » – il vient de remporter de manière « écrasante » son quatrième mandat (2004) – la situation politique semble stable. C'est que l'opposition démocratique au régime, souvent exilée, est paralysée par des divisions internes quant à l'attitude à prendre vis-à-vis des islamistes, représentés par le parti (interdit) *Ennahda*. C'est aussi, sans doute, que la progression socio-économique de la population tunisienne continue sous Ben Ali à faire « exception » par rapport à ses pays voisins au Maghreb.

4.2.2 Arabisation, tunisification, bilinguisme : le statut des langues en Tunisie

Fiers de leur passé prestigieux, de leur « bâtardise » due au fait de s'être trouvés au carrefour de tant de langues et civilisations, les Tunisiens ont une attitude assez détendue vis-à-vis de leurs colonisateurs successifs, y compris les Français. Cette attitude détendue se manifeste aussi dans leur politique linguistique. En fait, la Tunisie a bénéficié, dès son indépendance, d'une élite bilingue de qualité, formée durant la colonisation au collège Sadiki. La question de l'arabisation ne s'y est donc pas posée avec la même passion qu'en Algérie. Et comme il n'existe pratiquement plus de population berbérophone en Tunisie, cette question n'a pas revêtu le même caractère conflictuel qu'en Algérie et au Maroc. Cette unification dialectale a pu permettre de poser le problème de la *tunisianité*, c'est-à-dire les problèmes concernant la spécificité tunisienne, l'intégration de la langue parlée dans une langue nationale tunisienne et le bilinguisme franco-arabe.

Avant l'indépendance, l'enseignement comprenait trois filières en Tunisie, un cycle purement arabe, allant des écoles coraniques à l'université Al-Zitouna ; un cycle bilingue, surtout représenté au niveau secondaire par le collège Sadiki ; et un cycle purement français comprenant des écoles primaires et des lycées qui suivaient les programmes français de la métropole. Dans ces lycées, l'arabe classique et l'arabe dialectal étaient enseignés à titre de langues étrangères.

Des trois Etats du Maghreb, la Tunisie est le pays le plus homogène sur le plan linguistique. En effet, 98 % de la population parle l'arabe tunisien, le reste utilisant le berbère et le français. A l'indépendance, la Tunisie devait cependant faire face aux mêmes problèmes que ses pays voisins concernant l'éducation de son peuple. 11 % seulement de la population musulmane était scolarisée en 1953. La Tunisie a été le premier pays maghrébin à élaborer un plan décennal de scolarisation et une réforme de l'enseignement appliquée dès 1959, trois années seulement après son indépendance. Selon ce plan on devait réaliser la scolarisation totale des enfants d'âge scolarisable (6 à 14 ans) au bout de 10 ans. Si, pour différentes raisons économiques et démographiques, le but n'a pas été entièrement atteint, 70% des enfants scolarisables dans le cycle primaire allaient à l'école en 1968 et les effectifs dans l'enseignement secondaire et professionnel étaient de 10%. Un bond énorme en 15 ans !

Comme en Algérie et au Maroc, l'arabe est la langue officielle de l'Etat. Son statut est inscrit dans la Constitution : « La Tunisie est un Etat libre, indépendant, souverain ; sa religion est l'islam, sa langue l'arabe et son régime, la République. » La politique d'arabisation a commencé en 1958. Au début, elle touchait exclusivement le domaine de l'enseignement ; ce n'est que pendant la décennie 1970-1980 qu'elle a touché les domaines de l'administration en général. A l'exception des ministères de l'Intérieur et de la Justice, entièrement arabisés, l'administration reste encore massivement bilingue, même si seul le texte en arabe est considéré comme texte officiel. Les formulaires administratifs sont tous imprimés en arabe classique et en français, mais les services à la population sont toujours assurés tant en arabe tunisien qu'en arabe classique et en français.

Ce qui singularise le débat linguistique en Tunisie par rapport aux débats algérien et marocain, c'est sa complexité. Le débat tourne autour de l'axe de la *tunisification* : est-ce que l'arabisation est une « nécessité absolue » pour sauvegarder la personnalité tunisienne ou est-ce qu'on peut « penser tunisien » indépendamment de la langue utilisée ? Beaucoup, politiques et linguistes disent oui au bilinguisme, non au biculturalisme. Certains, comme Hedi Balegh, défendent l'utilisation du tunisien dialectal à la place de ces « deux langues aristocratiques » que sont l'arabe littéraire et le français, affirmant que l'arabe tunisien est une véritable langue (voir Grandguillaume 1983 : 50-59). Si le président Bourguiba a toujours marqué son attachement à l'arabisation, ses propres discours se faisaient dans un registre intermédiaire : « Je ne leur parle pas l'arabe régulier, l'arabe des Anciens, mais l'arabe qu'ils parlent eux-mêmes, un peu plus châtié, mais que tous comprennent... » (Grandguillaume 1983 : 63).

Aujourd'hui, l'enseignement est totalement arabisé à la maternelle ainsi qu'aux trois premières années du primaire (premier cycle). D'après l'*Atlas de la langue française*, le français est cependant une langue enseignée dès la première année du primaire. Au second cycle du primaire et au secondaire, l'enseignement se fait moitié en arabe, moitié en français. Le français est la langue d'enseignement privilégiée des matières scientifiques dès la première année du secondaire. Au baccalauréat tunisien, le français est une matière obligatoire. Dans l'enseignement supérieur, à l'exception des études de droit, l'arabisation progresse encore lentement. Elle est partielle dans les sciences humaines, tandis que la langue d'enseignement des matières scientifiques et techniques reste essentiellement le français.

Si la Tunisie présente donc au monde un visage résolument bilingue (d'après l'*Atlas de la langue française*, 62% des Tunisiens sont des francophones ou francophones partiels), elle ne néglige pas pour autant les autres langues étrangères : l'anglais est obligatoire dès la huitième année ; l'espagnol, l'italien et l'allemand sont des matières optionnelles enseignées à partir de la deuxième année du secondaire. Et quant à la première langue, l'arabe, la Tunisie semble, de tous les pays du Maghreb, représenter le stade le plus avancé de ce qui pourrait être le sort futur des langues dans cette région, c'est-à-dire une langue nationale par pays. Une langue nationale qui, dans le cas de la Tunisie, serait calquée sur l'arabe moderne, mais qui aurait intégré dans son vocabulaire l'essentiel des apports du dialecte tunisien et sans doute aussi de nombreux termes français (Grandguillaume 1983 : 68).

4.2.3 La littérature

La vitalité de la francophonie en Tunisie est assurée par la presse locale et française, par une édition francophone de qualité, par la télévision par satellite, par des activités culturelles de toutes sortes, et par une littérature d'expression française. Par rapport à l'Algérie et au Maroc, il y a cependant moins d'écrivains francophones en Tunisie, surtout dans la « première génération », celle qui débute dans les années 1950. Mais il y en a un d'envergure : **Albert Memmi** (1920-) qui fournit peut-être l'analyse la plus systématique de l'être colonisé aliéné. Arabophone, de famille juive – une famille installée sur le sol tunisien bien avant l'arrivée des Arabes – et francisé, il incarne une triple culture. Comme il le dit, « On peut être à la fois juif, tunisien et français » (*Jeune Afrique No 1701-1702*, 1993). Cette triple identité, il l'a cependant vécue de façon conflictuelle, comme en témoignent ses romans *La Statue de sel* (1953) préfacé par Camus, et *Agar* (1955), ou nostalgique (depuis le départ forcé des Juifs de la Tunisie après 1956), dans *Le Scorpion* (1969) ; *Le Désert* (1977) ; *Le Pharaon* (1989). Parallèlement à son œuvre romanesque, Memmi a écrit des essais devenus des classiques : *Portrait du colonisé* (1957) ; *Portrait du Juif* (1962) ; *La Dépendance* (1979).

Historiquement, la Tunisie se trouve, on l'a vu, au carrefour de peuples et de civilisations, et ce fait se reflète aussi dans l'orientation de sa littérature francophone, puisant tour à tour dans la veine berbère, punique, romaine, arabe et musulmane, africaine. Dans le domaine de la poésie, **Hédi Bouraoui** (1932-) représente une voix nouvelle et innovatrice, avec *Musoktail* (1966), *Tremblé* (1969) et *Eclate module* (1972). Vivant aujourd'hui au Canada, Bouraoui va explorer l'interculturel dans *Vers et l'envers* et *Ignescent* (1982), puis dans *Echosmos* et *Reflet pluriel* (1987). Bouraoui est un écrivain « pluridisciplinaire » qui pratique tous les genres. Mentionnons, entre autres, son roman récent *La Femme d'entre les lignes* (2002). **Tahar Békri** (1951-), lui, écrit des poèmes enracinés dans le terroir tunisien mais en même temps ouverts aux résonances transculturelles : *Le Laboureur du soleil* (1983) ; *Le Chant du roi errant* (1985) ; *Le Cœur rompu aux océans* (1988). **Abdelwahab Meddeb** (1946-) est sans doute l'écrivain tunisien le plus savant. Né dans une vieille famille de théologiens de l'université de la Zitouna, il est également à l'aise dans les deux cultures. Professeur de littérature comparée à l'université de Nanterre, il proclame volontiers que l'islam et sa civilisation sont au fondement de l'Europe et constituent l'un de ses grands refoulés. S'inspirant aussi bien de la tradition classique arabe que de la tradition européenne, ses livres tissent des réseaux complexes où des références historiques et littéraires, anciennes et modernes s'entrecroisent. Ses livres les plus connus sont *Talismano* (1979) ; *Phantasia* (1986) ; *Tombeau d'Ibn Arabi* (1987) ; *La Gazelle et l'Enfant* (1992).

En contraste avec l'Algérie où des femmes écrivains sont très présentes sur la scène littéraire dès l'Indépendance, la Tunisie doit attendre « L'année de la Femme » pour voir la publication du premier roman d'expression française écrit par une femme, **Jalila Hafsia**, *Cendre à l'aube* (1975), taxé d' « exhibitionnisme ». D'autres femmes romancières ont suivi : **Hélé Béji** se signale par son écriture très personnelle dans *L'Œil du jour* (1985) où elle décrit ce qu'elle appelle « l'Occident intérieur ». En 1991, **Emma Bel Haj Yahia** présente *Chronique frontalière*, un roman qui met en scène deux femmes aux prises avec la modernité, et leurs désirs et difficultés de sortir des coutumes sclérosées. La femme écrivain tunisienne sans doute la plus lue, est **Souad Guellouz**. Elle écrit son premier livre, *La Vie simple*, à vingt ans, en 1957, publié en 1975. En 1982 paraît *Les Jardins du Nord* et, en 1997, le monumental *Myriam ou le Rendez-vous de Beyrouth*. Parmi les femmes poètes, il faut signaler **Amina Saïd** dont les recueils *Sables funambules* (1988), *Feu d'oiseaux* (1989) et *L'Une et l'Autre Nuit* (1993), s'inspirant de Borges et de Jabès, évoquent ce « lieu entre mer et désert » qu'est sa Tunisie natale.

4.3 Le Maroc

Le Maroc est le pays le plus occidental du *Maghreb*, situé à l'extrême nord-ouest de l'Afrique, juste en face de l'Europe dont il n'est séparé que par les 17 km du détroit de Gibraltar. Avec ses 706 550 km^2, le Maroc est le plus grand pays de la région après l'Algérie. Sa population – 29 millions en 2000 – grandit rapidement et, comme en Algérie, le chômage des jeunes représente un grave problème de société. Les berbérophones constituent encore aujourd'hui plus de 40% de la population ; leur langue comporte trois groupes dialectaux principaux : le *shleuh* dans le Sud (Haut-Atlas), le *tamazigt* dans le Moyen-Atlas et le *rifain* dans le Nord. 90% des habitants du Maroc vivent dans le nord du pays et on assiste à un développement disproportionné des grandes villes, comme Casablanca (3,2 millions) et Rabat (1,5 millions).

4.3.1 Historique

Avec quelques variations, le Maroc a connu les mêmes invasions successives que les autres pays du Maghreb : les Romains au premier siècle de notre ère, les Vandales au cinquième siècle, les Byzantins au sixième siècle, les Arabes au début du huitième siècle. L'implantation arabe a cependant été longue et difficile, car les Berbères ont fortement résisté autant à l'arabisation qu'à l'islamisation. C'est pourtant un chef berbère – Tariq Ibn Ziyad – qui, en 711, a franchi le détroit de Gibraltar et, remportant une victoire sur le roi wisigoth Rodrigue, a permis la conquête arabe de l'Espagne (Gibraltar est nommé d'après ce chef : *djabal al Tariq* = « la montagne de Tariq »). Et les premières grandes dynasties qui régnaient sur l'Espagne musulmane, étaient des dynasties berbères : les *Almoravides* et les *Almohades* (XIe et XIIe siècles).

Si, au contraire de l'Algérie et la Tunisie, le Maroc a su résister à la domination turque, le pays a subi des attaques répétées par les Espagnols et les Portugais qui ont mené la *Reconquista* (la reconquête par les chrétiens de la péninsule ibérique) jusque sur le territoire marocain. Une nouvelle dynastie fondée par les Beni Saad, la dynastie *chérifienne* (*chérif* = « descendant du Prophète »), se réclamant de la lignée du Prophète, a cependant su se rendre maître du pays en 1554. Entre-temps, le Maroc a bénéficié de l'immigration de près d'un million de Maures et de Juifs, expulsés de l'Espagne après 1492. Cette population allait marquer la culture artistique et artisanale du Maroc et contribuer à son développement économique. Une autre dynastie chérifienne, la dynastie *alaouite* (fondée en 1650), règne encore aujourd'hui au Maroc dans la personne de Mohamed VI !

Le protectorat français

Les événements qui ont précédé la reconnaissance par le sultan du protectorat français, peuvent être qualifiés de *marchandage politique* à tous les niveaux entre les pays européens intéressés à se partager le « gâteau » : l'Espagne, l'Angleterre, la France et l'Allemagne. Ainsi, par le *traité de Fès* de 1912, le Maroc est divisé en trois zones : française, espagnole (au nord – le Rif – et au sud) et internationale. Le maréchal Lyautey est nommé « résident général », « dépositaire de tous les pouvoirs de la République dans l'Empire chérifien ». Son programme consiste à maintenir en place les cadres traditionnels du Maroc, consolider les institutions autochtones et encourager le développement économique du pays.

Cependant, des révoltes contre la domination étrangère ne tardent pas d'éclater, d'abord dans les montagnes du Rif où le chef **Abdelkrim el-Khettabi** inflige une défaite sanglante à l'armée espagnole et engage une véritable guerre de libération (« la guerre du Rif », 1921–1926). Il a fallu une alliance franco-espagnole et une armée de 160 000 hommes (dirigée par le maréchal Pétain) pour mater les Rifains. Peu après, le *dahir berbère* de 1930, un décret par lequel l'administration coloniale reconnaissait la spécificité de la langue et culture berbères, a cristallisé les résistances arabo-islamiques de la société marocaine et nourri le nationalisme.

A la demande du sultan Sidi Mohamed, les différents mouvements nationalistes fusionnent en signant, en janvier 1944, le *Manifeste du parti de l'Istiqlal* (« Indépendance »). Lors d'une visite officielle en France en 1950, le sultan réclame « une révision générale des rapports franco-marocains ». Destitué et exilé par les autorités du protectorat en 1953, le sultan va désormais incarner le nationalisme marocain. Sa destitution ouvre une période de violences et de grèves au Maroc et, confronté à l'aggravation de la situation algérienne à la même époque, le gouvernement français décide d'opter pour une solution politique. Le retour triomphant du sultan à Rabat en novembre 1955 précède de quelques mois l'abrogation du traité du Protectorat de 1912. En 1957, Sidi Mohamed est proclamé roi du Maroc, sous le nom de **Mohamed V**.

Le Maroc depuis 1956

La domination française du Maroc n'a donc duré que quarante-quatre ans et, par conséquent, le pays a été relativement peu touché par la colonisation du point de vue culturel et idéologique. Et, au contraire de ce qui s'est passé en Algérie, Lyautey, le premier « résident général » du Maroc, a consolidé les institutions autochtones, respecté et encouragé les coutumes et l'artisanat traditionnels et associé les grands *caïds*, (fonctionnaires musulmans en

Afrique du Nord) du pays au développement industriel et économique de celui-ci. D'après l'historien Benjamin Stora, l'Algérie et le Maroc – « les faux frères » du Maghreb – vivent ainsi de façon opposée le rapport au passé. Alors que l'Algérie a voulu construire une identité nationale après avoir fait table rase de tout ce qui a précédé, le Maroc a fêté son indépendance comme des retrouvailles avec un long passé. (Stora 2002, *Algérie Maroc. Histoires parallèles, destins croisés*). La transition d'un régime à l'autre s'est aussi passée différemment dans les trois pays du Maghreb. Au Maroc, le sultan s'est trouvé au centre du nationalisme, qu'il a en fait canalisé jusqu'à en devenir le symbole. C'est fort de cette légitimité, renforcée par 300 ans d'histoire familiale à la tête du pouvoir, que le sultan chérifien devient le roi du Maroc. En Tunisie, le *bey* s'est tenu à l'écart de l'exigence d'indépendance réclamée par les nationalistes. Aussi en a-t-il payé le prix : l'abolition de la monarchie et la proclamation de la République avec, comme président, le leader des nationalistes, Bourguiba. En Algérie, seule la lutte armée contre la France a investi de légitimité les leaders du FLN, ce qui explique en partie le besoin de mythification de la guerre qui a longtemps caractérisé le discours officiel algérien.

Malgré cette légitimité de la monarchie chérifienne, garant de la cohésion de la société marocaine, l'histoire contemporaine du Maroc, marquée par le règne de **Hassan II** (1961–1999), est traversée de crises aussi bien sur le plan de politique extérieure que sur le plan intérieur. Au centre du conflit qui va longtemps opposer le Maroc à l'Algérie : le Sahara occidental (anciennement espagnol), revendiqué par le Maroc, mais aussi par la Mauritanie et le *Front Polisario* (soutenu par l'Algérie). Dans cette affaire, les deux pays, cherchant chacun à étendre sa domination sur cette partie du Sahara, s'accusent mutuellement d'« expansionnisme » et après des incidents de frontière entre l'armée marocaine et des forces algériennes (février 1976), Rabat rompt ses relations diplomatiques avec Alger, relations qui ne seront rétablies qu'en 1988. L'année suivante, une nouvelle étape des relations inter-maghrébines est marquée, à Marrakech, par la constitution de *l'Union du Maghreb arabe* (UMA), signée par l'Algérie, le Maroc, la Mauritanie, la Libye et la Tunisie. Le but de l'union : associer leurs activités économiques et culturelles.

Sur le plan intérieur, le règne de Hassan II est caractérisé par le rapport conflictuel entre une monarchie constitutionnelle mais autoritaire, peu disposée à partager le pouvoir, et une classe politique issue de la lutte nationaliste et qui exige de prendre part dans la formation du pays. Marquée par la répression brutale de toute opposition aussi bien démocratique, populaire (les émeutes de Casablanca en 1965) qu'armée (Hassan a survécu à plusieurs attentats), cette période (1965-1975) a été surnommée « les années de plomb ». Pendant les dernières années de son règne, le roi s'est cependant montré plus « coopérant » à la fois sur la scène internationale que vis-à-vis de l'opposition politique interne.

La monarchie marocaine est une institution lourde de traditions, une machine difficile à manœuvrer. Le jeune roi, **Mohamed VI**, a pourtant montré sa volonté de moderniser et de démocratiser la société marocaine : Par un programme très ambitieux d'alphabétisation ; par une nouvelle loi réglant le statut des femmes ; en admettant le retour au Maroc d'anciens opposants politiques au régime de son père ; en permettant la liberté – encore relative, il est vrai – de la presse, et par la création, en 2000 de l'association « Forum Vérité et Justice » dont le but explicite est « d'établir un Etat de droit ». Pour « tourner la page des années sombres », il faut cependant connaître ce qui s'est passé. Ce « décryptage rétrospectif de l'autoritarisme étatique » (Stora 2002 : 77, 87), semble déjà bien entamé au Maroc. Si le roi Mohamed réussit dans ses projets, le Maroc pourrait bien devenir le moteur d'un Maghreb plus unifié et solidaire dans son dialogue avec l'autre rive de la Méditerranée.

4.3.2 Le statut des langues au Maroc

Le contexte culturel et linguistique du Maroc est marqué par l'importance de la population berbère, qui entraîne un pluralisme linguistique de fait. L'institution monarchique, liée à l'islam (le roi, descendant du Prophète, est le « commandeur des croyants »), représente un pôle d'unité dans ce pluralisme à la fois linguistique, ethnique et politique. Aussi, la politique d'arabisation n'a-t-elle jamais été menée avec la même rigueur qu'en Algérie. Après l'indépendance, Mohamed V et son fils, Hassan II, se sont cependant clairement prononcés en faveur de l'arabisation de l'enseignement : « en arabisant nous ressuscitons notre culture et nos gloires ». Hassan II déclare aussi que la prière sera obligatoire dans tous les établissements scolaires. En 1968, le roi prend position contre l'adhésion du Maroc à l'organisation des Etats francophones (à laquelle avait déjà adhéré la Tunisie) : « Nous parlons le français par double culture. Mais notre langue est l'arabe » (Grandguillaume 1983 : 88).

Le système éducatif au Maroc se caractérise par sa complexité ; il comporte quatre types d'enseignement : *l'enseignement officiel*, qui dépend directement du ministère de l'Education nationale et qui est dérivé du système d'enseignement mis en place du temps du Protectorat, avec ses trois niveaux, primaire, secondaire et supérieur ; *l'enseignement islamique*, issu des structures traditionnelles du Maroc, avec à sa base les écoles coraniques, puis un certain nombre d'écoles primaires d'enseignement religieux, au niveau secondaire, des collèges entièrement arabisés « à teinture islamique » et, au sommet, la vieille Université Qarawiyine de Fès ; *l'enseignement privé*, qui est légal au Maroc et en pleine expansion. Les écoles privées existent à tous les niveaux : maternel, primaire, secondaire et technico-commercial. Leur succès s'explique, entre autres, par le manque d'établissements officiels et par le manque de confiance dans le niveau de ces établissements ; *l'enseignement de la MUCF*, c'est-à-dire des écoles ouvertes par la Mission Universitaire et Culturelle Française. Ces écoles, destinées à assurer l'enseignement des enfants des personnels français séjournant au Maroc, suivent les programmes de la métropole (Grandguillaume 1983 : 75-76).

Après une première phase d'arabisation intense, on peut aujourd'hui qualifier la politique linguistique du Maroc de *pragmatique*. Le souci d'efficacité s'oppose à une arabisation totale et rapide qui, en plus, risquerait d'éloigner les Berbères de la monarchie. Quant à la langue française, elle occupe encore une place importante dans la société marocaine, aussi bien dans l'enseignement que dans l'administration et la vie économique. En fait, le nombre grandissant de lycées privés français offrent aux enfants des classes aisées marocaines un enseignement uniquement en français, les préparant à pouvoir poursuivre leurs études en France. C'est le cas aussi de l'enseignement de la MUCF qui, s'il est destiné en priorité à des enfants français, admet un certain nombre d'enfants marocains. La francophonie se développe aussi grâce au tourisme : le Maroc figure parmi les pays qui accueillent le plus de touristes français et, depuis une dizaine d'années, un nombre toujours grandissant de Français y achètent des maisons secondaires. Les contacts étroits qui existent entre la communauté marocaine en France et ses familles « au pays » contribuent aussi à une connaissance linguistique et culturelle plus grande de la France au Maroc. S'ajoute à cela, comme ailleurs au Maghreb, l'impact de la télévision francophone par satellite.

Depuis une dizaine d'années et surtout après l'avènement au trône de Mohamed VI, les revendications des associations berbères pour un enseignement de la langue berbère gagnent du terrain. En 2003, l'*Institut royal de la culture amazighe* (IRCAM) et le ministre de l'Education nationale se sont mis d'accord pour commencer l'enseignement de la langue berbère dès la première année de l'enseignement primaire, au sein d'un échantillon d'écoles (354 établissements et environ 25 000 élèves pour commencer) ; de préparer un plan de formation des maîtres et des outils pédagogiques. La même année, Sa Majesté a approuvé l'adoption de la graphie *tifinaghe* (l'ancien alphabet berbère, utilisé par les Touaregs) pour l'enseignement de la langue. Dans un entretien avec le journal *Aujourd'hui Le Maroc*, en février 2004, le recteur de l'IRCAM, Ahmed Boukous, annonce comme « révolutionnaire » la parution du « premier manuel d'apprentissage de la lecture et de l'écriture en amazigh ». Un cap est enfin franchi !

Il reste pourtant beaucoup à faire. Le Maroc est le pays le moins alphabétisé du Maghreb avec 52% d'élèves scolarisés, contre 72% en Algérie et 74% en Tunisie (*Rapport mondial sur le développement humain*, Pnud, 2002). Quant au nombre de francophones, le pays se place aussi derrière la Tunisie et l'Algérie : d'après l'*Atlas de la langue française*, 22% de la population marocaine de 15 ans et plus sont des francophones partiels en 2003 et 16% ont une bonne maîtrise de la langue. Les chiffres correspondants pour la Tunisie et l'Algérie sont respectivement 40% // 22% et 26% // 41%. Le taux assez faible de francophones dans la population dans son ensemble ne doit pas, cependant, cacher la vitalité de la francophonie dans les classes urbaines aisées au Maroc et dans les milieux intellectuels et artistiques, souvent parfaitement bilingues. Le français est aussi très présent dans les médias, surtout dans la presse écrite, que ce soit dans la presse politique, culturelle, sportive, féminine ou publicitaire. Quant à la télévision marocaine, elle diffuse en arabe et partiellement en français.

L'enseignement officiel aujourd'hui en cours au Maroc repose sur quatre orientations principales : renforcement et perfectionnement de la langue arabe ; diversification des langues d'enseignement des sciences et technologies ; ouverture sur la langue et culture berbères ; maîtrise des langues étrangères. Comme dans les autres pays du Maghreb, l'arabe est la langue d'enseignement dans l'école primaire et secondaire sauf dans des matières scientifiques, techniques et médicales. Au niveau universitaire, l'enseignement est « à titre transitoire » donné en arabe *ou* en français, sauf dans les disciplines de droit musulman. Le français est enseigné à partir de la troisième année du primaire, à partir de 2003, dès la deuxième année. Une deuxième langue étrangère, l'espagnol ou l'anglais, est introduite à partir de la cinquième année.

4.3.3 La littérature

La littérature francophone du Maroc est dès les années 1950 caractérisée par son aspect contestataire, voire iconoclaste, ce qui se traduit aussi par une violence d'écriture qui bouleverse les formes traditionnelles du réalisme littéraire. **Driss Chraïbi** (1926–) qui, comme Mohammed Dib en Algérie et

Albert Memmi en Tunisie, aura marqué pendant 50 ans la littérature francophone au Maghreb, est l'écrivain emblématique de cette tendance. Son premier roman, *Le passé simple* (1954), a fait scandale au Maroc. Au moment où les nationalistes luttaient pour l'indépendance du pays au nom de l'identité arabe et musulmane, Chraïbi condamne violemment la société patriarcale traditionnelle et un certain islam sclérosé. Exilé, Chraïbi ne reviendra au Maroc qu'après 25 ans d'absence. *Les Boucs* (1955) décrit sans ménagement les travailleurs immigrés en France et leur mal de vivre. Comme Assia Djebar, Chraïbi fait aussi une relecture de l'histoire : Dans *Enquête au pays* (1981), *La mère du printemps* (1982) et *Naissance à l'aube* (1986) il décrit l'histoire de l'arrivée des Arabes et de l'islam au Maroc : c'est un hymne haut en couleur à la vie et l'identité berbères occultées. Rentré au Maroc, Driss Chraïbi continue de témoigner sur l'époque et son pays, mais sur un ton moins acerbe, préférant utiliser l'humour et les situations burlesques, comme dans *Une place au soleil* (1992).

La dynamique du renouveau littéraire au Maroc s'exprime le plus clairement à travers l'équipe de la revue *Souffles* (1966), lancée par l'écrivain **Abdellatif Laâbi** (1942–). La revue engage le combat pour une authentique culture nationale, arguant que « la littérature d'hier ne répond plus aux problématiques nouvelles ». La revue, qui aura aussi une édition en arabe, est interdite en 1972 ; Laâbi est arrêté et ne sortira de prison qu'en 1980. Ses recueils de poésie, *L'arbre de fer fleurit* (1974) et *Le règne de Barbarie* (1976) témoignent de cette expérience. Mentionnons aussi son roman autobiographique récent, *Le fond de la jarre* (2002). La voix la plus forte et la plus dérangeante du groupe est sans conteste celle de **Mohammed Khaïr-Eddine** (1941–1996) qui, pratiquant une « guerilla linguistique », s'attaque directement à la personne royale, dans *Agadir* (1967), *Le Déterreur* (1973) *Une Odeur de mantèque* (1976). Son écriture romanesque mêle prose, théâtre et poèmes, et Khaïr-Eddine reste fondamentalement un poète. En 1964 il publie le Manifeste « Poésie toute » ; parmi ses recueils les plus connus : *Nausée noire* (1964) et *Ce Maroc* (1975). A sa mort, Tahar Ben Jelloun dit de lui que c'est celui qui, avec Kateb Yacine et Aimé Césaire, a le plus bouleversé et enrichi la langue française. (« Khaïr-Eddine ou la fureur de dire », *Jeune Afrique*, No 1826, 1996).

L'écrivain marocain le plus connu sur la scène internationale est sans doute, justement, **Tahar Ben Jelloun** (1944–) Même si sa renommée internationale n'a été définitivement consacrée qu'avec le prix Goncourt, attribué pour *La nuit sacrée* (1987), son œuvre prolifique commence par *Harrouda* (1973) qui nous plonge d'emblée dans la réalité et l'imaginaire touffus d'un garçon marocain avide de voir et de connaître. Si l'écriture poétique domine, chez lui, l'engagement politique, *La plus haute des solitudes* (1976), basé sur sa thèse en psychiatrie sociale soutenue à Paris, est une étude approfondie des conditions de vie affective des immigrés maghrébins à Paris, qui décrit mieux qu'aucun témoignage la détresse profonde de ces hommes. Le thème du manque caractérise d'ailleurs toute l'œuvre de Ben Jelloun. *Moha le fou, Moha le sage* (1978), *La Prière de l'absent* (1978) et *L'Enfant de sable* (1985) mettent en scène des personnages à destins étranges, à la sexualité ambiguë, où l'écrivain puise dans l'histoire et les mythes de sa culture, souvent transmis par la figure du *conteur itinérant*. Egalement à l'aise dans tous les genres, Ben Jelloun excelle aussi dans la poésie. Mentionnons le très beau *Les amandiers sont morts de leurs blessures* (1976). L'essai *Le racisme expliqué à ma fille* (1998) a connu un très vif succès et a été traduit dans une vingtaine de langues.

La littérature marocaine compte aussi des écrivains remarquables par leur double culture et dont les textes mettent en scène la rencontre des cultures et des références croisées, historiques et linguistiques. C'est le cas d'**Abdelkebir Khatibi** (1938–), auteur, entre autres, de *La mémoire tatouée* (1971), « autobiographie d'un décolonisé », où il parodie le Coran et dialogue avec Nietzsche. Le *Livre du sang* (1979) se présente comme un parcours initiatique du désir de l'androgyne. Comme écrivain, Khatibi se nourrit dans la *bi-langue*, comme dans l'*Amour bilingue* (1983), où l'Etrangère-femme et l'Etrangère-langue se confondent, également belles et désirables, également « maléfiques ».

Parmi les femmes écrivains, encore peu nombreuses, on peut mentionner **Leïla Houari** (1958–), avec *Zeïda de nulle part* (1985) et *Quand tu verras la mer* (1988) et le recueil de poèmes *Femme, je suis* (1981) de **Rachida Madani** (1951–) Et il faut surtout signaler **Fatima Mernissi** (1940–), sociologue, féministe et écrivain prolifique, une personnalité marquante dans la société marocaine et dans le milieu universitaire international. Parmi ses livres les plus connus : *Sexe, idéologie, islam* (1983) ; *Le harem politique, le prophète et les femmes* (1987) et son roman autobiographique, *Dreams of Trespass. Tales of a Harem Girlhood* (1994)

4.4 La Mauritanie

La Mauritanie est un vaste territoire, 1 030 700 km^2, situé au sud-ouest du Maghreb, entre l'océan Atlantique, le Sahara occidental, l'Algérie, le Mali et le Sénégal. C'est un pays relativement très peu peuplé – 2,7 millions (2000) – ; les deux tiers nord du pays sont désertiques, sans aucun cours d'eau permanent ;

la zone sahélienne (*Sahel* : zone de transition entre les zones désertiques et celles où règne le climat tropical humide soudanien) se limite au tiers sud-ouest du pays. C'est ici qu'on trouve le seul cours d'eau permanent de la région, le fleuve du Sénégal, mais dont le débit pendant la saison sèche est très faible. C'est dans la vallée du Sénégal que se concentre une importante partie de la population. La zone désertique, en expansion vers le sud, est le domaine des Maures, traditionnellement nomades et éleveurs. Ils sont issus du métissage des tribus berbères, très anciennement installées dans la région, avec des tribus arabes, arrivées à partir du XVIIe siècle. La zone sahélienne, de plus en plus réduite, est celle des Négro-Africains cultivateurs sédentaires, les *Halpoularen* (les *Toucouleurs* et les *Peuls*), les *Soninké* et les *Wolofs*. Historiquement, ce grand espace a été autrefois entièrement peuplé de Négro-Africains, puis de Berbères, venant du nord et puis, bien après l'islam, d'Arabes. L'Est a fait partie du royaume berbère d'*Aoudaghost*, puis du royaume négro-africain du *Ghana*, le pays de l'or ; de l'Ouest est partie la conquête almoravide qui, au XIe siècle, à travers le Maroc a gagné l'Espagne et l'Algérie.

4.4.1 Historique

Dès le XIVe siècle, la côte atlantique et l'embouchure du fleuve du Sénégal ont été le lieu de rivalités entre les expéditions coloniales du Portugal, de l'Espagne, de la Grande-Bretagne et de la France. Dans la course aux colonies qui a marqué le XIXe siècle, la France a fini par l'emporter dans cette région de l'Afrique : le colonel Louis Faidherbe, en élargissant sa colonisation du Sénégal (1854–1865) a créé une position privilégiée pour permettre la conquête, au début du XXe siècle, d'une partie importante de l'actuel territoire mauritanien. La conquête de la Mauritanie a été achevée en 1934, avec les dernières soumissions des Nomades du Nord ; le pays devient « territoire d'outre-mer » en 1946 et obtiendra en 1957 son autonomie interne, transformée en 1960 en indépendance, avec la proclamation de la « République islamique de Mauritanie ». **Ould Daddah** est nommé président et en 1965 le PPM (*Parti du peuple mauritanien*) est décrété seul parti constitutionnel. En 1966, l'opposition des Négro-Africains à la politique d'arabisation menée par l'Etat déclenche les premiers affrontements sanglants interethniques de la nouvelle république.

Figurant dans le découpage de l'Afrique coloniale comme faisant partie de l'« Afrique occidentale française », la Mauritanie, située à plus de 2000 kilomètres de la Méditerranée, a longtemps été considérée comme relevant de l'Afrique noire. A partir de 1974, cependant, les dirigeants mauritaniens se sont trouvés impliqués dans l'affaire du Sahara occidental aux côtés du Maroc, et ont progressivement renforcé leurs liens avec le monde arabe au détriment des populations négro-africaines. Ce rapprochement du monde arabe a été scellé en 1989 par l'adhésion de la Mauritanie à l'*Union du Maghreb arabe* (UMA). La même année, des incidents frontaliers entre pasteurs mauritaniens et agriculteurs sénégalais ont dégénéré en affrontements interethniques en Mauritanie et au Sénégal, avec comme résultat des expulsions massives réciproques des ressortissants des deux pays et avec rectification des frontières réclamée par le Sénégal. Grâce à la médiation diplomatique de l'Egypte, la guerre entre les deux Etats voisins a été évitée. L'idée d'un ensemble géopolitique nommé depuis 1989 le Grand Maghreb, allant de la Libye à la Mauritanie, ne fait cependant que reprendre l'héritage des importantes relations d'échanges commerciaux et culturels qui, depuis le Moyen Age, ont existé entre ces pays et où les caravanes à travers le désert reliaient l'Atlantique et la Méditerranée. (*L'Etat du Maghreb* 1992 : « Mauritanie »)

4.4.2 Le statut des langues en Mauritanie

Comme dans les autres pays du Maghreb, l'arabe est la langue officielle de la Mauritanie, langue parlée par 66% de la population. Comme le Maroc et la Tunisie, le pays fait partie des pays membres de la Francophonie. D'après *La Francophonie dans le monde, 2002–2003*, 5,42% de la population sont des francophones, 4,17% sont des francophones partiels. Après une vingtaine d'années d'arabisation, le statut de la langue française a cependant été transformé par la réforme du système éducatif mise en place par l'Etat mauritanien depuis 1999. Cette réforme consiste, d'une part, à réunir les deux filières (arabe et bilingue) et, d'autre part, à instaurer le français comme langue d'enseignement des disciplines scientifiques (mathématiques, sciences physiques, sciences de la vie et de la Terre), dès la deuxième année de l'enseignement fondamental jusqu'au baccalauréat. La langue arabe reste la langue d'enseignement des disciplines identitaires. Un projet éducatif intitulé « formation des professeurs de sciences au français, langue d'enseignement des sciences », dans le cadre de l'AIF et de l'UNESCO, est directement lié à la mise en œuvre de la réforme de 1999. Son objectif est de former en langue française les professeurs de sciences (arabophones ou insuffisamment francophones).

L'un des objectifs de la réforme est aussi d'améliorer l'éducation des filles. Un Fonds pour la scolarisation des filles et un Secrétariat pour l'Alphabétisation ont été créés. D'autres programmes visent à intégrer des femmes dans le corps enseignant et à construire des écoles près des domiciles. (*La Francophonie dans le monde* 2003 : 30, 139)

Références

Atlas de la langue française (dir. Roussillon, Ph.) (1995), Paris, Bordas.

AGERON, Charles Robert (1979) : *Histoire de l'Algérie contemporaine I–II*, Paris, Presses Universitaires de France.

AGERON, Charles-Robert (1968) : *Les Algériens Musulmans et la France: (1871-1919)*, I–II, Paris, thèse.

ARNAUD, Jacqueline (1986) : *La littérature maghrébine de langue française I–II*, Paris, Publisud.

BESSIS, Juliette (1997) : *Maghreb. La traversée du siècle*, Paris, L'Harmattan.

BONN, Charles (1985) : *Le roman algérien de langue française*, Paris, L'Harmattan.

BOUDJEDRA, Rachid (1992) : *FIS de la haine*, Paris, Denoël.

CAMUS, Albert (1958) : *Actuelles III « Chroniques algériennes»*, Paris, Gallimard.

CAMUS, Albert (1994) : *Le premier homme*, Paris, Gallimard.

CHAKER, Salem (1998) : *Berbères aujourd'hui*, Paris, L'Harmattan.

CHAKER, Salem (2002) : « Kabylie : de la revendication linguistique à l'autonomie régionale », dans *Les langues de la Méditerranée* (dir. Bistolfi, Robert), Paris, L'Harmattan.

CHIKHI, Beïda (1997) : *Littérature algérienne. Désir d'histoire et esthétique*, Paris, L'Harmattan.

COLONNA, Fanny (1975) : *Instituteurs algériens, 1883-1939*, Paris, Presses de la Fondation nationale des Sciences Politiques.

DEJEUX, Jean (1992) : *La littérature maghrébine d'expression française*, Paris, Presses Universitaires de France, « Que sais-je ? ».

DIDIER, Hugues (1998) : « L'Algérie dans ses langues », dans *2000 ans d'Algérie 2*, Paris, Séguier.

L'Etat du Maghreb (1992) (dir. Lacoste, Camille et Yves), Paris, La Découverte.

La Francophonie dans le monde 2002-2003 (2003), (Organisation internationale de la Francophonie, Conseil consultatif), Paris, Larousse.

GRANDGUILLAUME, Gilbert (1983) : *Arabisation et politique linguistique au Maghreb*, Paris, Maisonneuve et Larose.

GRANDGUILLAUME, Gilbert (1998) : « Langues et représentations identitaires en Algérie », dans *2000 ans d'Algérie 1*, Paris, Séguier.

GRANDGUILLAUME, Gilbert (2002) : « Les enjeux de la question des langues en Algérie.», dans *Les langues de la Méditerranée* (dir. Bistolfi, Robert), Paris, L'Harmattan.

La Guerre d'Algérie. 1954-2004 la fin de l'amnésie (2004) (dir. Harbi, Mohammed, et Stora, Benjamin), Paris, Robert Laffont.

HARBI, Mohammed (1998) : « Naissance d'une nationalité », dans *2000 ans d'Algérie 1*, Paris, Séguier.

JULIEN, Charles-André (1979) : *Histoire de l'Algérie contemporaine I-II*, Paris, Presses Universitaires de France.

JULIEN, Charles-André (2002) : *L'Afrique du Nord en marche. Algérie – Tunisie – Maroc 1880-1952*, Paris, Omnibus.

Maghreb, peuples et civilisations (2004) (dir. Lacoste, Camille et Yves), Paris, La Découverte « Poche ».

LANLY, André (1970) : *Le français de l'Afrique du Nord : étude linguistique*, Paris-Montreal, Bordas.

MOATASSIME, Ahmed (1992) : *Arabisation et langue française au Maghreb*, Paris, Presses Universitaires de France.

MOATASSIME, Ahmed (2002) : « Langues, géopolitique et éducation », dans *Les langues de la Méditerranée* (dir. Bistolfi, Robert), Paris, L'Harmattan.

PERVILLÉ, Guy (2002) : *Pour une histoire de la guerre d'Algérie*, Paris, Picard.

RIVET, Daniel (2002) : *Le Maghreb à l'épreuve de la colonisation*, Paris, Hachette Littératures.

STORA, Benjamin (1991) : *Histoire de l'Algérie coloniale 1830-1854*, Paris, La Découverte « Repères ».

STORA, Benjamin (1993) : *Histoire de la guerre d'Algérie (1954-1962)*, Paris, La Découverte « Repères ».

STORA, Benjamin (1994) : *Histoire de l'Algérie depuis l'indépendance*, Paris, La Découverte, « Repères ».

STORA, Benjamin (2001) : *LA GUERRE INVISIBLE. Algérie, années 90*, Paris, Presses de Sciences Po.

STORA, Benjamin (2002) : *Algérie Maroc. Histoires parallèles, destins croisés*, Paris, Maisonneuve et Larose, Zellige.

TOCQUEVILLE, Alexis de. Présentation de Tzvetan Todorov (1988) : *De la colonie en Algérie*, Bruxelles, Complexe.

TURIN, Yvonne (1971) : *Affrontements culturels dans l'Algérie coloniale*, Paris, Maspero.

VALENSI, Lucette (1996/1997) : « Entretien avec Lucette Valensi », dans *M.A.R.S.* no 7, Paris, Institut du Monde Arabe.

5 La francophonie subsaharienne : Afrique de l'Ouest, Afrique centrale, Djibouti

L'Afrique francophone au sud du Sahara couvre dix millions de km^2, soit 40% de la superficie au sud du Sahara ou 35% de celle du continent. Il s'agit de trois régions, comprenant dix-sept pays : huit pays en Afrique de l'Ouest (Bénin, Burkina Faso, Côte d'Ivoire, Guinée, Mali, Niger, Sénégal et Togo), et huit pays en Afrique Centrale (Burundi, Cameroun, Congo (aussi dit Congo-Brazzaville, d'après la capitale), Gabon, République centrafricaine (Centrafrique), République démocratique du Congo (RD Congo, aussi dite Congo-Kinshasa ou ex-Zaïre), Rwanda et Tchad), ainsi que l'îlot francophone dans la Corne de l'Afrique, Djibouti. En 1995, la population de ces dix-sept pays était de plus de 100 millions, soit 20% des habitants du continent et près du double de celles de la France et de la Belgique mises ensemble. Il s'agit donc d'une partie importante de l'Afrique et du monde francophone. A titre de comparaison, l'Afrique anglophone comptait, en 1995, 40% de la population du continent, alors que 20% vivait dans des pays de langue officielle arabe, et 4% dans des pays de langue officielle portugaise (dits *lusophones*) (Manning 1998 : 1).

La culture française a laissé son empreinte sur les cultures locales ; de cette « fusion » est née une culture qui se distingue de celle des pays sous influence anglaise, portugaise, arabe ou autres (comme l'Ethiopie, jamais colonisée, et la Guinée Equatoriale, de langue officielle espagnole). Cette différence est notable entre autres dans la gestion de l'Etat, la vie politique, la juridiction, l'éducation, la politique linguistique et la littérature. La France et la Belgique se distinguent cependant entre elles sur certains points, notamment en ce qui concerne la politique linguistique et éducative.

La présence de la langue française en Afrique est liée aussi bien à l'esclavage qu'à la colonisation (française et belge) – deux périodes sombres de l'histoire dont les séquelles se font encore sentir. Ainsi, les attitudes envers cette langue sont-elles ambiguës : alors que certains voient la (F)francophonie comme une néo-colonisation, d'autres considèrent la langue française comme un moyen d'ascension sociale et aspirent à l'apprendre.

Le français ainsi importé s'est superposé aux langues africaines. L'Afrique est le continent qui compte le plus grand nombre de langues, environ 2000. (Le nombre est approximatif, d'une part parce que toutes les langues ne sont pas encore répertoriées et, de l'autre, parce que la frontière entre langue et dialecte est souvent floue.) Ce nombre élevé de langues est l'une des raisons pour lesquelles les langues européennes continuent à se maintenir comme langues officielles.

Sur le plan sociolinguistique, certaines caractéristiques sont communes à tous les pays francophones au sud du Sahara, alors que par d'autres côtés, les situations sociolinguistiques diffèrent. Tous les pays africains « d'expression française » appartiennent au deuxième type de pays francophones : langue officielle et **langue seconde** (voir chap. 1). Le terme de langue seconde est utilisé ici dans le sens de langue étrangère ayant un statut particulier et non dans le sens de deuxième langue apprise (voir Cuq 1992). C'est une langue importée, **exogène**. Les habitants de ces pays ont tous une ou plusieurs autres langues maternelles (dans le sens de langues acquises dès l'enfance, de manière naturelle). Ce sont des langues du terroir, **endogènes**. Le français est donc rarement langue maternelle, il n'est pas souvent langue véhiculaire, c'est-à-dire moyen de communication entre groupes ayant des langues premières différentes, et son statut est peu remis en question. Ce statut est, dans les dix-sept pays concernés, celui de **langue officielle** – en général seule, dans certains cas avec une autre langue. Les dix-sept pays ont en commun aussi le français comme **langue d'enseignement**. Si plusieurs pays ont mené des campagnes d'alphabétisation pour les adultes en langues nationales et que certains les ont introduites à côté du français à l'école primaire, ces efforts restent encore marginaux.

L'exportation de la langue française en Afrique subsaharienne sera présentée conjointement avec l'histoire de la pénétration française et belge (chap. 5.1). La situation actuelle du français sera décrite de manière globale (chap. 5.2), car le cadre ne nous permet pas d'entrer dans les situations sociolinguistiques particulières de chacun des 17 pays. Nous renvoyons ceux qui souhaiteraient plus d'informations aux deux tomes de l'ouvrage dirigé par Didier de Robillard et Michel Beniamino : *Le français dans l'espace francophone* (1993–1996), à Albert Valdman (éd.) : *Le français hors de France* (1979) et à la collection « Langues et développement » dirigée par Robert

Chaudenson. La bibliographie de ce chapitre comprend en outre des références particulières aux différents pays.

5.1 Historique

La présentation historique sera divisée en trois parties. Nous commencerons par un bref aperçu du passé précolonial des Africains, indispensable pour comprendre certains faits politiques et culturels contemporains, et un sujet important pour la littérature. Les contacts des Européens avec l'Afrique subsaharienne constituera la seconde partie. Les régions actuelles de l'Afrique de l'Ouest, l'Afrique centrale et Djibouti ont été définies à partir de la période coloniale. La situation postcoloniale fera l'objet de la troisième partie. Ici, mention sera faite des différents pays, pour rendre compte de l'évolution politique des nations indépendantes et des événements marquants comme le génocide au Rwanda et la crise actuelle en Côte d'Ivoire. Nous ferons, tout au long, référence aussi aux ethnies, composante identitaire, langagière et politique plus ancienne – et peut-être plus importante – que celle de la nationalité, créée par les pouvoirs coloniaux et cimentée par les frontières nationales à l'indépendance. (L'orthographe des noms et adjectifs ethniques est tantôt variable – accord au pluriel et au féminin – tantôt invariable. Nous opterons ici pour leur invariabilité.)

5.1.1 Le passé héroïque

Le passé précolonial a joué un rôle important dans la lutte anticoloniale en permettant la valorisation des cultures africaines vis-à-vis de l'Occident. Il a aussi servi dans la constitution de l'identité nationale des pays issus de la colonisation. Nous nous inspirons pour la présentation de ce chapitre de l'*Histoire de l'Afrique noire* (1978) de Joseph Ki-Zerbo, qui se base sur des sources tant orales qu'écrites et qui présente un point de vue africain sur cette histoire.

Ce passé comprend en premier lieu «Les Grands siècles » ou « L'Age d'or » de l'Afrique noire, c'est-à-dire les grands empires qui se sont succédé du XIIIe au XVIe siècles. Pendant les siècles qui suivent (XVIIe et XVIIIe siècles), famines et épidémies réduisent la population de 30 à 50% et des luttes intestines atomisent l'espace socio-politique. Les royaumes plus restreints, moins durables et souvent à base ethnique continuent à se faire la guerre au 19e siècle et facilitent ainsi la colonisation. La résistance est cependant souvent héroïque et les héros de la résistance jouent un rôle important dans la constitution identitaire des nouvelles nations.

Les Grands siècles (XIIIe–XVIe siècles)

De la fin du XIIe à la fin du XVIe siècle, on observe, à travers le continent, mais tout particulièrement en Afrique de l'Ouest, un essor économique et culturel qui aboutit à des empires de grande envergure.

L'**Empire du Ghana** (Ve–XIe siècles) est né avant les Grands siècles. C'est « le premier empire noir connu avec assez de précision » (Ki-Zerbo 1978 : 106). Fondé par le clan des Cissé, de l'ethnie soninké, il était situé à cheval sur les pays actuels de la Mauritanie et du Mali, avec pour capitale Ouagadou. (L'actuel Ghana, situé plus à l'est, a emprunté le nom pour son prestige historique.) L'Empire du Ghana tirait sa richesse du commerce transsaharien (surtout le sel du nord et l'or du sud) et a pris les proportions d'un véritable empire au 10e siècle, ayant sous sa domination des royaumes noirs comme le Tékrour (dans l'actuel Sénégal) et le Sosso (l'actuel Mali) ainsi que des principautés berbères. Selon les chroniqueurs arabes, le Ghana était fabuleusement riche à son apogée au 11e siècle. L'empereur et la majorité de ses sujets étaient animistes et le culte principal était celui du dieu-serpent de Ouagadou (Ouagadou-Bida). Ce serpent est l'ancêtre fondateur du clan Cissé, et en tant que tel il est leur **totem**, c'est-à-dire l'animal protecteur qu'il est défendu de tuer ou de manger. Le serpent exigeait tous les ans le sacrifice de la plus belle vierge du pays. La légende veut que lorsqu'il a réclamé Sia, la fiancée du roi, celui-ci l'a tué malgré l'interdit. Comme le python était le dieu de la fécondité, c'est sa disparition qui aurait déclenché la désertification du pays (Ki-Zerbo 1978 : 110). Cette légende constitue un sujet récurrent dans la littérature tant traditionnelle que moderne.

Bien que vivant en bonne entente avec les musulmans, le Ghana a été détruit en 1076 par les Almoravides, Berbères musulmans venus du Maroc.

La grande époque est inaugurée avec l'**Empire du Mali** (1235–1450 environ). Le fondateur en est **Soundiata**, Malinké du clan Kéita (malinké veut dire « homme du Mandé »). Le Mandé est situé à cheval sur le nord de la Guinée et le sud du Mali. Soundiata vainc le roi du Sosso, Soumangourou, à Kirina en 1235. A Kouroukan-Fouga (deux lieux situés non loin de l'actuelle capitale Bamako), il définit le rôle des différents clans et les droits et devoirs de chacune des ethnies associées (distribution des professions et définition de leur statut hiérarchique). Cette organisation sociale dure des siècles et se fait encore ressentir de nos jours. Il établit sa capitale à Niani, dans l'actuelle Guinée, et annexe des territoires notamment vers l'ouest. L'empire va s'étendre de la côte atlantique (Sénégal, Gambie) à la boucle du Niger à l'est, et du Sahara aux forêts tropicales au sud. Soundiata est magnifié dans l'une des épopées les plus célèbres de toute l'Afrique noire, récitée à l'oral et écrite dans de nombreuses versions en français, anglais et allemand (la version classique est celle de D.T. Niane de 1960).

Le commerce transsaharien constitue la richesse de cet empire, comme au Ghana. Tombouctou, ville islamique située à la frontière du désert, était aussi un centre commercial : elle recevait tous les ans 12 000 chameaux chargés de sel qui venaient du nord et qui repartaient avec de l'or, des noix de kola et des esclaves. Le contrôle des mines d'or, qui se trouvaient à l'intérieur de cet empire (alors qu'elles étaient situées en dehors du Ghana), lui donnait des ressources stables et importantes. L'empéreur **Kankou Moussa** (1312-1332) a fait un pèlerinage célèbre à La Mecque en 1324. On dit qu'avec une suite de 60 000 serviteurs, il y a transporté près de deux tonnes d'or et qu'il en a dépensé tant que le cours de l'or s'est effondré pour plusieurs années. Il a encore élargi l'empire, qui comprenait plusieurs peuples, dont des groupes berbères du Sud saharien, et qui s'étendait au sud jusqu'à la forêt guinéenne et à l'est au pays haoussa. Il a aussi fait construire la célèbre mosquée de Djinguerber à Tombouctou.

L'Islam avait en effet été introduit dans la région à partir du XIe siècle environ, et des centres d'études coraniques avaient été établis, dont les plus importants étaient Djenné et Tombouctou (pour une présentation de Tombouctou, voir Benjaminsen et Berge 2000, 2004).

A la fin du XVe siècle, la puissance du Mali s'affaiblit peu à peu, et l'**Empire de Gao (l'Empire songhay)** voit le jour. Le fondateur en est **Sonni Ali Ber** (*ber*, 'le Grand', 1464-1492), conquérant comparable à Soundiata. En 1468, il conquiert la ville de Tombouctou. En 1473 il prend Djenné, et ensuite la région du Macina (dans l'actuel Mali), et le pays des Mossi (dans l'actuel Burkina Faso). A sa mort en 1492, son fils et successeur renonce à l'Islam. Il est renversé après un an par un fervent musulman qui prend le titre dynastique d'**Askia Mohammed** (1492-1528) et qui instaure un régime puritain en exigeant la conversion des sujets. Il agrandit encore l'empire qui, à sa mort, s'étend de l'Atlantique à l'Aïr (dans l'actuel Niger) et aux cités haoussa de Kano et Katsina (dans l'actuel Nigéria). De véritables universités sont créées à Djenné et à Tombouctou et vers la fin du 16e siecle, la capitale Gao est la plus grande ville de l'Afrique occidentale, avec 80 000 à 100 000 habitants. Des dissensions familiales de succession affaiblissent cependant à son tour cet empire, qui prend fin en 1591 avec la conquête des villes de Djenné et Tombouctou par les Marocains.

A l'est, autour du lac Tchad, à cheval sur le Nigéria et le Tchad actuels, s'établit un empire comparable à ceux du Mali et de Gao, le **Kanem-Bornou**, fondé par le peuple haoussa. Ses origines remontent au IXe siècle. L'Islam est introduit au Kanem dès le règne d'Oumé (1085-1097), et son fils **Dounama Ier** (1097-1150) fait deux fois le pèlerinage à La Mecque durant son long règne, mourant lors d'un troisième pèlerinage. Ses successeurs, dont **Dounama II** (1221-1259), étendent leur empire surtout vers le nord et scellent une alliance avec Tunis. Le Kanem-Bornou est, comme les autres empires ouest-africains, une monarchie féodale décentralisée. Son armée est l'une des plus grandes de l'époque. A son apogée, sous **Ali Ibn Dounama**, dit Ali-Ghazi ('le conquérant') (1472-1504), l'empire s'étend de l'Egypte jusqu'au nord du Cameroun actuel et du Nil au Niger.

Royaumes africains, luttes intestines et résistance aux Français

La chute des empires met fin à quatre siècles de grandeur en Afrique occidentale et centrale. Parallèlement, mais surtout après ces grands empires, se développent des royaumes de moindre envergure.

En Afrique centrale, l'ensemble politique le mieux connu, du fait des contacts précoces avec les Portugais, est le **Royaume du Congo**. Il s'établit dès le XIVe siècle sur le cours inférieur du fleuve Congo (dit Nzaïdi en langue locale, nom qui sera transformé en Zaïre par les Européens), atteignant sa plus grande envergure aux XVe et XVIe siècles. Le navigateur portugais Diego Cao y arrive en 1482 et y retourne ensuite plusieurs fois, emmenant des missionnaires portugais au Congo et des Congolais à Lisbonne, où ils sont reçus à la cour du roi. Les bonnes relations se gâtent cependant quand le roi congolais, le *Mani Kongo*, baptisé, retourne à ses fétiches. Son fils chrétien doit lutter contre les traditionalistes, mais en dépit de sa victoire, après une bataille féroce (1509), les relations du royaume avec les Portugais demeurent difficiles.

Les Etats côtiers profitent tout particulièrement de la traite des esclaves. Le **royaume du Dahomey** (dans l'actuel Bénin), avec sa capitale Abomey, est le plus connu. Il est fondé vers 1625 par les Fon. L'un des rois, Agadja (1708-1732), crée des troupes féminines, les célèbres **amazones**, pour alimenter son armée. C'étaient des vierges ou femmes contraintes au célibat, bien armées, ayant leur propre commandante. Le Dahomey est en lutte perpétuelle avec les Etats voisins et continue sa chasse aux esclaves à l'intérieur du pays jusqu'au 19e siècle. Les Dahoméens adoraient des dieux appelés **vodouns**. Des vestiges de cette religion ont survécu parmi les esclaves transportés aux Antilles et en Amérique (le vaudou est un culte où se mêlent animisme, sorcellerie et rituel catholique). La période la plus prospère est le long règne du roi **Ghézo** (1818-1858). Il fonde la ville de Cotonou (l'actuelle capitale) en 1830, lieu d'où sont exportés les esclaves. Lorsque la traite est abolie en 1848, il s'efforce de la remplacer par le commerce de l'huile de palme et encourage la culture de différentes plantes. Il organise les amazones en différents corps spécialisés et sort vainqueur de plusieurs campagnes, mais perd en 1851 une bataille contre ses voisins Egba. La même année, il signe un traité d'amitié avec les Français. Mais c'est son fils **Glélé** (1858-1889) qui subit les interventions militaires des Français, et le fils de celui-ci, **Béhanzin** (1889-1903), figure parmi les héros de la résistance.

En Afrique de l'Ouest, on assiste, après la chute des empires, au « retour à l'état sauvage de cette zone sahélienne si civilisée au temps du Mali » (Ki-Zerbo 1978 : 201). Les royaumes qui prennent la relève ont une base plus étroite, ethnique.

Le plus illustre en est le royaume **Bambara de Ségou** (dans l'actuel Mali). C'est un Etat guerrier fondé vers 1710 par **Mamari Biton Koulibali** (mort en 1755). Le roi base son pouvoir sur une association d'hommes qui lui sont fidèles, les *tondjons,* qui vivent de butins de guerre. La guerre est aussi leur plus noble occupation. Animistes, ils fabriquent – et boivent ! – la bière de mil (hydromel ou *dolo*). Les récits de voyage de Mungo Park et d'autres dépeignent les ravages de ces guerres, ainsi résumés par Gérard Dumestre dans *La Geste de Ségou* (1979 : 17) : « Vaincus rapidement, exécutés ou vendus, villes et villages rasés, récoltes brûlées, biens pillés, l'image qui apparaît est celle d'une région dévastée par des guerres incessantes. L'homme est une marchandise, sinon la plus chère, du moins la plus abondante et surtout la seule qui peut servir de monnaie d'échange contre les fusils et autres produits européens vendus sur la côte. » Un des tondjons de Biton, un esclave affranchi, **Ngolo Diarra** (environ 1766-1790), agrandit le royaume qui, à sa mort, s'étend du Mandé à Tombouctou, le long du Niger. Il met fin aux guerres civiles dans le pays de Ségou et asseoit son autorité sur les régions au nord : le Macina, Djenné et Tombouctou. Son fils **Monzon** conquiert encore d'autres territoires (le Kaarta bambara et les pays des Mossi et des Dogon) et c'est sous ces deux rois, vers le début du XIXe siècle, que se situe l'apogée de Ségou. Curieusement, c'est son fils **Da** (qui accède au trône en 1808) qui est le plus chanté dans *La Geste de Ségou*. On lui attribue plusieurs hauts faits qui sont ceux de ses prédécesseurs ou successeurs, alors qu'avec lui commence un lent déclin.

Le **Macina**, situé au nord de Ségou et peuplé majoritairement de Peul, était donc gouverné par les rois bambara. Le Peul Amadou (né vers la fin du XVIIIe siècle-1844), est un musulman fervent. Il attaque les païens, dont

Da, remporte une victoire et prend le titre musulman de **Cheikou Amadou.** Il s'empare de Djenné et construit en 1819 sa nouvelle capitale Hamdallay (*hamdallahi*, 'louange à Dieu'). En 1825 il conquiert aussi Tombouctou. Son royaume est bien administré, bien que d'une grande austérité (le roi adhère à la confrérie musulmane Kadiriya). Les différents peuples de son royaume se convertissent en masse à l'Islam.

Le Toucouleur **Ousman dan Fodio** (1754-1817) (en haoussa, 'Ousman, fils de chef religieux') lance une *djihad* contre les non-musulmans et aussi contre les musulmans encore animistes dans leurs pratiques. Il fonde en 1809 la ville de Sokoto (dans l'actuel Nigéria) où il se consacre à l'enseignement, tandis que son fils Bello conquiert l'empire de Bornou en 1808 et que ses chefs de guerre continuent la guerre sainte. L'un d'eux, Adama, conquiert les terres qui portent encore son nom, Adamawa, dans l'actuel Cameroun.

Au cours du 19e siècle arrivent les Français. Les rois africains sont trop divisés et trop faibles pour arrêter leur conquête, malgré une résistance souvent farouche. Parmi les héros de cette résistance, citons El Hadj Omar Tall, Lat Dior et l'Almami Samori Touré.

Le Toucouleur **El Hadj Omar Tall** (né vers 1797-1864), venu du Sénégal, commence lui aussi une guerre sainte, attaquant non seulement les Bambara de Ségou (non-musulmans) mais aussi les Peul du Macina (musulmans mais d'une autre obédience que la sienne, qui est la Tidjaniya, une confrérie plus libérale). Bien que les Peul et les Toucouleur soient des ethnies apparentées, il prend Ségou et Hamdallay en 1862, fondant un important Etat théocratique sur les rives du fleuve Niger. Mais il se heurte par la suite aux troupes du général Faidherbe et ne réussit pas à prendre Médine (dans l'actuel Mali), qui tombe aux mains des Français. Il meurt en 1864, sans avoir pu stabiliser son Etat, vaste et dispersé.

Au Sénégal, **Lat Dior** (né vers 1842-1886), devient roi (*damel*) de Cayor en 1862. C'est le royaume le plus puissant du pays, situé entre Dakar et Saint-Louis. Le roi se convertit à l'Islam pour avoir la protection des musulmans, mais les Français l'éliminent en 1886, après plusieurs traités qui alternent avec des rébellions.

La plus remarquable des résistances est celle de l'**Almami Samori Touré** (1830-1900). Chef de guerre et grand stratège, il soumet des chefferies qui se font la guerre entre elles et les réunit dans un grand empire de la savane, dans les parties nord de la Guinée et de la Côte Ivoire. Dès 1881, il rencontre les Français à l'ouest du Niger (sur la « rive gauche »). Les Français le repoussent vers l'est et il est contraint d'abandonner son empire. Fait extraordinaire : il réussit à établir un second empire. A cet exploit s'ajoute sa résistance à la colonisation pendant dix-sept ans, avec celle de l'émir Abd el-Kader en Algérie, (voir chap. 4), la plus longue dans l'histoire de la colonisation de l'Afrique. Il est toutefois capturé en 1898 et exilé au Gabon, où il meurt en 1900. Samori est vu par les Africains tantôt comme un héros grâce à cette résistance, tantôt comme un tyran sanguinaire à cause des souffrances qu'il infligeait aux peuples soumis. Car il se servait de la tactique de la terre brûlée comme défense contre les Français et se montrait par ailleurs sans pitié envers ses adversaires. Un épisode en particulier a marqué les esprits : lorsque son fils lui a conseillé de se rendre aux Français, supérieurs en armes, Samori l'a fait emmurer dans une case où il est mort de faim et de soif, en « traître ». Plusieurs écrivains africains traitent de cet épisode et de la cruauté de Samori en général. Les historiens africains mettent quant à eux surtout en avant son courage et son génie militaire.

Ces résistances vaincues, la France procède à l'organisation de son empire colonial.

5.1.2 Des premiers contacts avec les Européens à l'indépendance

Les premiers contacts (15e au 17e siècles)

L'Afrique est terre inconnue pour les Européens jusqu'au XVe siècle, quand les premiers contacts ont lieu. La côte de l'Afrique et les îles de l'Océan indien sont des escales pour les navires partant pour l'Inde. Les Portugais arrivent les premiers – au Sénégal en 1445 et au Congo en 1485. Jusqu'au 18e siècle, les Etats européens (Portugal, Espagne, Hollande, Angleterre et France) rivalisent entre eux dans le domaine commercial. En 1659, Louis Caullier installe un comptoir à l'embouchure du fleuve Sénégal, pour le commerce transatlantique. Ce centre de commerce va devenir la ville de Saint-Louis, premier endroit de la côte ouest-africaine où les Français s'établissent et se mélangent à la population locale. Les compagnies commerciales françaises, qui succèdent aux compagnies portugaises et qui sont en concurrence notamment avec les Anglais, sont surtout actives au Sénégal et sur la Côte des Esclaves (l'actuel Bénin), où ils s'installent à Ouidah, en 1704. Ils établissent aussi un comptoir en Côte d'Ivoire, à Assinie, déjà en 1686.

Les commerçants sont peu nombreux par rapport à la population locale et contractent des « mariages à la mode du pays ». Les métis nés de ces mariages accèdent à un statut économique et politique important, et pratiquent le français.

La traite des esclaves (XVIIᵉ au XIXᵉ siècle)

La découverte française des Amériques commence dans la première moitié du 16ᵉ siècle, mais ce n'est que sous la main de Richelieu que la présence de la France se manifeste aux Antilles : la France prend Saint-Christophe en 1626 et la Martinique et la Guadeloupe seront occupées à partir de 1635.

Les bases sont ainsi jetées pour un **commerce triangulaire** : du fer, des étoffes, des armes et de l'alcool d'Europe sont échangés contre des esclaves d'Afrique que l'on vend aux Amériques (y compris les Antilles) en échange de sucre, de café, de cacao et de tabac revendus en Europe. Le travail de la production du tabac aux Antilles est assuré par un petit nombre d'esclaves et par des « engagés » : des Français travaillant sur un contrat de 36 mois. Le remplacement de cette production par la culture de canne au sucre, qui demande une main-d'œuvre beaucoup plus importante, amène une intensification de la traite des esclaves. Haïti, colonie française depuis 1697, connaît, au 18ᵉ siècle, une arrivée massive d'esclaves et une prospérité énorme. En 1791, ces esclaves se révoltent pourtant sous la direction de Toussaint Louverture et réussissent à chasser les Français. Haïti devient ainsi, en 1804, le premier Etat noir indépendant. Toussaint Louverture est une figure héroïque qui a inspiré des écrivains noirs à travers le monde. Les îles dans l'Océan indien constituent une autre destination des esclaves africains (voir chap. 6).

En 1685, l'esclavage est institutionnalisé par la France dans la loi dite *Code noir*. La Constitution française de 1794 abolit l'esclavage, mais il est rétabli sur l'ordre de Napoléon en 1802. Au XIXᵉ siècle, l'esclavage est progressivement aboli par les différentes nations esclavagistes, d'abord l'Angleterre (1835), puis la France (1848), alors que les Arabes continuent encore des décennies la traite des esclaves en Afrique orientale.

L'exploration systématique (XVIIIᵉ et XIXᵉ siècles)

L'exploration systématique de l'Afrique ne commence qu'avec l'établissement de l'*African Association of London* (1788). La source et le cours des grands fleuves du continent sont au centre des préoccupations (notamment le Nil, le Congo (aussi appelé le Zaïre) et le Niger). L'explorateur britannique Mungo Park pénètre jusqu'à Ségou, sur le Niger (1795-1797), d'autres Anglais le suivent. Le Français **René Caillié** (1799-1838), déguisé en Arabe, arrive seul, à pied, jusqu'à Tombouctou (1828). Il est le premier Européen à sortir vivant de ce centre islamique mythique à l'entrée du Sahara. Son passionnant récit de voyage (1830, rééd. 1989) décrit le paysage, la vie des peuples et le danger mortel qu'il encourait s'il était découvert comme imposteur. L'Allemand Heinrich Barth voyage en Afrique du Nord, l'Afrique centrale et au Sahara

(1850-1855). Les deux explorateurs britanniques David Livingstone (à l'origine missionnaire protestant) et Henry Morton Stanley (journaliste envoyé pour retrouver Livingstone) effectuent des séries de voyages en Afrique centrale et australe. Au cours de son deuxième voyage, Stanley sera le premier Européen à descendre le fleuve Congo jusqu'à l'Océan Atlantique (1877). Les récits de voyage de tous ces explorateurs dépeignent la géographie et les peuples des régions parcourues, tout en nous informant sur la perception européenne de la civilisation africaine à cette époque.

Les débuts de la colonisation française (1850–1870)

Au XIXe siècle, les établissements commerciaux français se développent en colonies. La conquête s'opère selon deux stratégies : des conquêtes militaires et des alliances.

L'armée qui soumet l'Afrique française est, paradoxalement, en grande partie constituée de soldats africains, venant d'abord du Sénégal et par conséquent souvent appelés **tirailleurs sénégalais** bien que d'origines diverses. Les tirailleurs apprennent le français, seule langue commune, qui se développe en un « pidgin militaire » qu'on a qualifié de **petit-nègre** ou **français-tirailleur**.

La France commence la conquête en 1854, sous le capitaine **Louis Faidherbe** (1818–1889). Il sera par la suite général et gouverneur du Sénégal de 1854 à 1861 et ensuite de 1863 à 1865. En 1857, Faidherbe fonde Dakar, future capitale de l'Afrique Occidentale Française, et cherche à étendre l'influence de la France tant au Sénégal que vers le Soudan (l'actuel Mali). Au Sénégal, il pénètre à l'intérieur et au sud du pays malgré une forte résistance, surtout de la part de Lat Dior. Faidherbe avance vers l'est et réussit à établir des forts le long du fleuve Sénégal jusqu'à Médine au Soudan. Ici, il se heurte à l'influence d'El Hadj Omar Tall, mais organise la « mission Mage » (1863–1866) vers le Soudan. Eugène Mage atteint Ségou et réussit, en 1866, à faire signer au roi Ahmadou, fils d'El Hadj Omar Tall, un traité régissant les relations entre Français et Toucouleurs. Ce traité prépare la conquête française.

Les Français établissent par ailleurs plusieurs comptoirs sur la côte de la Mauritanie, de la Guinée, de la Côte d'Ivoire et du Gabon. Avec le puissant roi Ghézo du Dahomey un traité est signé en 1851. Ce traité n'est pas interprété de la même façon par l'une et l'autre partie, et a des conséquences que le roi n'avait pas prévues.

En 1859, les possessions s'étendant de la Guinée au Gabon sont constituées en une entité administrative appelée « Etablissements Français de la Côte d'Or et du Gabon ».

La France conclut aussi une convention avec les sultans sur la côte de la mer Rouge, dans l'actuel Djibouti, et acquiert Obock en 1862.

La colonisation française et belge (1870-1940)

C'est l'avènement de la IIIe République en 1870 qui favorise vraiment la conquête française : on souhaite à la fois diffuser les idéaux républicains et accéder à de nouveaux marchés. A partir de 1880, la colonisation se poursuit à un rythme accéléré.

Ainsi, en Afrique occidentale, le Soudan français (l'actuel Mali) est conquis entre 1880 et 1895 et le Niger est occupé en 1891. En 1893, la Guinée française (l'actuelle Guinée) est détachée du Sénégal et la Côte d'Ivoire et le Dahomey (l'actuel Bénin) sont créés, avant la conquête de la Haute Volta (l'actuel Burkina Faso) en 1899.

En Afrique centrale, l'explorateur **Pierre Savorgnan de Brazza** (1852-1905) est l'initiateur principal de la colonisation française. Il conquiert les vallées de l'Ogooué et du Congo lors de sa première expédition (1875-1878), grâce à la protection officielle de la France. A sa deuxième expédition, il signe avec Makoko, roi des Batéké, un traité de protectorat français (1880). Brazzaville, la future capitale des possessions françaises en Afrique centrale, est fondée en 1881. Le Gabon, protectorat français depuis 1862, est exploré par Brazza en même temps que le Congo, et colonisé en 1883. En 1886, le Congo devient également colonie française, et les deux colonies sont administrées ensemble, avec Brazza comme gouverneur. En 1884, l'Oubangui est détaché du Congo et en 1904 établi comme colonie sous le nom d'Oubangui-Chari (l'actuelle Centrafrique). La capitale Bangui est fondée en 1889. Le Tchad est conquis entre 1897 et 1912. Malgré de fortes résistances, notamment de la part du Soudanais (de l'actuel Soudan) Rabah, le Tchad fait partie du Congo français à partir de 1900. Celui-ci consiste en 4 territoires : Moyen-Congo (l'actuel Congo), Gabon, Tchad et Oubangui-Chari.

L'occupation de la Corne de l'Afrique a lieu en 1884 et Djibouti est créé en 1888. En 1896, ce territoire devient colonie sous le nom de la **Côte française des Somalis**.

La France n'est cependant pas seule à vouloir exploiter les ressources de l'Afrique : autour de 1880 a lieu une véritable course des puissances européennes pour prendre possession des terres africaines. A la **Conférence de Berlin en 1884-1885**, les Etats colonisateurs se mettent d'accord sur la

« répartition » de l'Afrique. Les territoires confiés à la France seront organisés dans deux gouvernements généraux. L'**Afrique Occidentale Française (AOF)**, fondée en 1895 et définitivement organisée en 1904, comprend huit colonies : Côte d'Ivoire, Dahomey, Guinée française, Haute Volta, Mauritanie, Niger, Sénégal et Soudan. La capitale en est Dakar. **L'Afrique Equatoriale Française (AEF)**, fondée en 1910, comprend quatre colonies : Gabon, Moyen-Congo, Oubangi-Chari et Tchad. Elle a pour capitale Brazzaville.

Suite à la Grande Guerre (1914-1918), les colonies allemandes du Togo et du Cameroun sont transférées par la Société des Nations à la France et à l'Angleterre en 1919, comme territoires sous mandat. Ces transferts ne vont pas perturber les entités administratives françaises, qui resteront pratiquement inchangées jusqu'aux indépendances. A ces deux grandes entités s'ajoute la petite colonie de Djibouti dans la Corne de l'Afrique.

La colonisation belge est plus récente et plus accidentelle. L'explorateur britannique (devenu citoyen américain) **Henry Morton Stanley** (1841-1904) (voir ci-dessus) signe des accords avec des chefs locaux au Congo et ensuite, en 1878, avec le roi belge **Léopold II** (1835-1909), qui devient président du *Comité d'études du Haut-Congo* en 1883. La conférence de Berlin reconnaît en 1884 ce Comité comme l'*Etat indépendant du Congo* et Léopold II est nommé roi à titre personnel. Mais la gestion qu'en fait le roi est caractérisée par des pratiques particulièrement cruelles, critiquées tant par une commission internationale que par les parlementaires belges. Le scandale fait qu'en 1908, le Congo (l'actuelle RD Congo) est transféré à l'Etat belge. La Belgique est un petit pays qui, à cause des coûts élevés, hésite à prendre en charge ce territoire immense, mais qui, néanmoins, reçoit comme territoire sous mandat l'ancienne colonie allemande du Rwanda-Urundi (les actuels Rwanda et Burundi) en 1919.

La colonisation est basée sur l'idée de la supériorité de la civilisation européenne et de l'infériorité du colonisé, qui pourtant est considéré comme capable de progresser. A travers la colonisation les Africains doivent évoluer matériellement et moralement, être libérés de la tyrannie de la nature et des superstitions. C'est ce qu'on appelle la **mission civilisatrice** de la France et la **pacification** de l'Afrique – expressions qu'on trouve encore aujourd'hui dans plusieurs encyclopédies et ouvrages didactiques français et qui reviennent de manière satirique dans bien des œuvres littéraires africaines.

Ce complexe de supériorité amène la France à pratiquer une politique d'**assimilation** des colonisés à la civilisation française et, partant, à la langue française. Sur ce point, elle se distingue à la fois de la Belgique et de l'Angleterre. Celles-ci donnent plus de place aux langues africaines, qui servent de médium d'instruction dans les premières années de la scolarité. Mais les moyens de l'assimilation française ont leurs limites : d'une part, l'enseignement est insuffisant par rapport au nombre d'enfants scolarisables, d'autre part, les colonisés ne sont pas nécessairement prêts à se laisser assimiler. Cela vaut surtout pour les populations islamisées disposant déjà de leurs écoles coraniques. L'administration coloniale doit souvent contraindre les parents à envoyer leurs enfants à l'école française (d'où l'appellation « l'école des otages »). Car la France voit l'école comme la meilleure voie pour arriver à l'assimilation et à la maîtrise du français. Le gouverneur général de l'AOF écrit ainsi en 1897 : « L'école est en effet le moyen le plus sûr qu'une nation civilisatrice ait d'acquérir à ses idées les populations encore primitives et de les élever graduellement jusqu'à elle. L'école est, en un mot, l'élément de progrès par excellence. C'est aussi l'élément de progaganda de la cause et de la langue française le plus certain dont le Gouvernement puisse disposer » (cité par Queffélec 1995 : 836). La politique d'assimilation, irréaliste, sera remplacée plus tard par celle d'**association**, plus respectueuse des structures traditionnelles, mais la politique linguistique ne sera pas pour autant sensiblement modifiée.

Que la politique vise l'assimilation ou l'association, les « indigènes » de ces colonies ne sont pas pour autant **citoyens**, mais **sujets** français. En tant que tels, ils sont sans droits électoraux, et soumis à un régime spécial, l'**Indigénat en Afrique noire**, qui implique des sanctions administratives sans intervention judiciaire. Ils peuvent donc être punis d'amendes, de prison, d'internement et d'assignation à résidence par les administrateurs français. Cette loi fonctionne de 1840 jusqu'en 1945 (*Quid 2003* : 901).

Les **travaux forcés** constituent l'un des aspects les plus détestés de la colonisation, décriés par de nombreux écrivains africains – mais à peine mentionnés dans un ouvrage comme Xavier Yacono : *Histoire de la colonisation française* – et alors sous le terme moins offensant de « travail obligatoire » (1988 : 86). A l'origine motivés par le besoin de main-d'œuvre (portage, culture) après l'abolition de l'esclavage en 1848, les travaux forcés ont été étendus aux grands travaux d'« utilité publique » : ponts, routes, chemins de fer, construits au prix des souffrances et des décès du « bois d'ébène ». L'abolition de ces travaux n'a lieu qu'en 1946 dans les colonies françaises et ils durent jusqu'à la fin de l'époque coloniale dans les colonies belges (Manning 1998 : 116).

L'entre-deux-guerres est l'« âge d'or » de la colonisation. D'une part, l'Europe tire des bénéfices importants des matières premières : cacao, café, coton et minérais ; d'autre part, elle investit dans l'infrastructure : ponts, routes et chemins de fer. Selon Patrick Manning (1998), ces investissements sont en réalité payés par les colonies elles-mêmes à travers les travaux forcés et les impôts collectés. En même temps, les forces de dissociation se font peu à peu jour. A partir de 1930 environ, les contradictions internes de la colonisation sont reconnues : la nécessité de donner aux colonisés des droits démocratiques, surtout le droit de vote. Or, les Français pouvaient-ils admettre que la majorité au Parlement soit faite de colonisés ? Le fardeau économique commençait à peser aussi : comment soutenir les colonisés toujours plus nombreux ? La scolarisation, même restreinte, avait aiguisé l'esprit critique des colonisés – esprit qui souvent se tournait contre les colonisateurs. Les ethnologues européens avaient rappelé aux colonisés les grands moments de leur histoire et leur culture ; ceux-ci deviennent source de fierté. Enfin, la participation à l'armée coloniale dévoile aux soldats africains les secrets des armes et les points faibles de leurs frères blancs (Yacono 1971 : 94–95).

La Seconde Guerre mondiale

Lorsqu'éclate la Seconde Guerre mondiale, la France fait appel à l'Empire, dont l'Afrique noire, qui mobilise environ 80 000 hommes (Yacono 1988 : 106). Ils constituent près de 10% des troupes françaises en 1940 (Manning 1998 : 135) et sont emprisonnés, comme les Français, dans les camps allemands après la défaite de juin 1940. La majeure partie des territoires d'outre-mer opte pour le maréchal Pétain et le **gouvernement de Vichy**, mais quelques colonies se rallient à la **France libre** du général Charles de Gaulle (1890–1970). Le premier soutien vient de l'Afrique : c'est le **Tchad**, menacé au nord par la Libye (colonisée par l'Italie, alliée à l'Allemagne). En août 1940, le gouverneur Félix Eboué du Tchad proclame le ralliement à de Gaulle. Rapidement toute l'AEF fait de même. Elle donnera sa consistance à la France libre. C'est du Congo, de **Brazzaville, le 27 octobre 1940**, que de Gaulle proclame ce qu'il appelle la « Charte de mon action ». Les colonnes venues du Tchad sous la direction du colonel Leclerc arrivent en Libye en 1941 et conquièrent Konfra et le Fezzan, réalisant ainsi les premières conquêtes vraiment française. Pendant la période où elle servait de base aux forces du général de Gaulle, Brazzaville fut déclarée capitale de la France libre. C'est encore de **Brazzaville, le 18 juin 1943,** que de Gaulle affirme le rôle essentiel de l'Empire dans la guerre, tout en soulignant la nécessité de réformer cet Empire. L'AOF, restée loyale à Pétain, souffre de son isolement, et se joint à la France libre en 1942.

Quant au Congo belge, il déclare vite sa loyauté envers le gouvernement belge en exil.

La **Conférence de Brazzaville en 1944** définit les réformes sociales politiques, et économiques à entreprendre dans l'Empire français. Les délégués (les gouverneurs) recommandent entre autres de supprimer le travail forcé et les peines de l'indigénat, de développer l'instruction et l'industrie, d'autoriser les syndicats et de décentraliser l'administration. La Conférence promet même de permettre aux « indigènes » de participer à la gestion de leurs propres affaires ! Les délégués recommandent aussi que les colonies envoient des députés à l'Assemblée constituante qui doit préparer la IVe République. Mais ils insistent encore sur l'unité de l'Empire et l'autorité de la France et, pour les Français, « l'idéal demeurait toujours qu'un Africain français devînt un jour un Français africain » (Yacono 1971 : 59).

La décolonisation (1945–1960)

Or, les colonisés réclament maintenant plus d'autonomie politique, sinon l'indépendance totale. De plus, le climat international est devenu anti-colonialiste, particulièrement aux Etats-Unis et en URSS. A ceci s'ajoute la reconnaissance des Français envers les colonisés pour leur contribution à la guerre. Ces facteurs expliquent que la France remplace l'Empire par l'Union française.

Les changements politiques de l'après-guerre en Belgique sont moins importants et ses colonies restent assez isolées. Paradoxalement, cela a pour conséquence que le courant indépendantiste est étouffé jusqu'en 1956. Quand enfin il s'exprime, c'est avec une force explosive.

– L'Union française (1946–1958)

En France, deux Assemblees constituantes se réunissent en 1945–1946, avant l'adoption de la nouvelle Constitution de la IVe République. Elle affirme que « la France forme, avec les peuples d'outre-mer, une union fondée sur l'égalité des droits et des devoirs sans distinction de race ni de religion » (cité par Yacono 1971 : 67). L'Union française accorde la citoyenneté française à tous les habitants des colonies, qui envoient des députés à l'Assemblée nationale à Paris et ont le droit de vote. Mais ce droit est accordé selon des règles qui sauvegardent la majorité métropolitaine et le président de l'Union française est par définition le Président de la République française.

Des 586 élus à la première Assemblée constituante en 1945, 64 viennent des colonies, dont 22 de l'Afrique subsaharienne. Parmi ces derniers se trouvent les deux futurs présidents **Léopold Sédar Senghor du Sénégal** et **Félix Houphouët-Boigny de la Côte d'Ivoire**. Les Africains rejettent cependant cette Constitution à cause du système de vote et organisent une réunion à Bamako en

1946, où est créé le **RDA (Rassemblement Démocratique Africain**), mouvement politique dominant en Afrique dans la décennie qui suit. Houphouët-Boigny en sera la figure de proue, Senghor son opposant. Ainsi s'instaure un clivage dans la vie politique de l'Afrique francophone. Ils seront cependant tous deux membres des gouvernements français : Senghor de 1955 à 1956, Houphouët-Boigny dans plusieurs gouvernements entre 1956 et 1959.

La colonie de la Côte française des Somalis change de statut, devenant territoire d'outre-mer (TOM) en 1946.

La montée des syndicats aboutit à la création de partis politiques. En **Guinée**, le leader syndicaliste **Ahmed Sékou Touré** (1922–1984) crée le Parti Démocratique de Guinée (PDG) et s'installe dans une opposition systématique à l'administration coloniale, à l'instar de son compatriote du 19e siècle, l'Almami Samori Touré. Mais en confondant le syndicat et le parti, il renforce son pouvoir personnel, qui se transformera après l'indépendance en une dictature sanguinaire.

Les territoires sous mandat essayent par le biais des Nations Unies (qui depuis 1948 effectuent des visites d'inspection tous les trois ans) d'obtenir de meilleures conditions. Au **Cameroun**, l'Union des Populations du Cameroun ne s'accommode pas de l'administration française. L'impossibilité de changer leur statut fait qu'ils se révoltent en 1956. Au **Togo** se crée un mouvement basé sur l'ethnie dominante ewe.

La **loi-cadre de 1956**, proposée par **Gaston Deferre**, ministre de la France d'outre-mer, est le résultat de cette agitation indépendantiste et du climat anticolonialiste. La loi constitue un point tournant dans l'histoire de la colonisation. Elle donne plus de pouvoir à chacune des colonies mais affaiblit les grandes unités AOF et AEF. Cette solution est approuvée par Houphoët-Boigny, alors que Senghor craint la balkanisation des colonies africaines, qui auront moins de poids face à la France que les unités sous-régionales. (Aujourd'hui, beaucoup estiment que Senghor avait raison et que, pour pouvoir peser sur la scène internationale, il aurait fallu – et qu'il faudra encore – créer une ou plusieurs fédérations africaines.)

Quand, en 1958, le général de Gaulle est de nouveau appelé au pouvoir pour résoudre la crise en Algérie, il propose une nouvelle Constitution qui donnera plus de pouvoir au président, tout en définissant une nouvelle alliance entre la France et ses colonies et territoires, appelée la Communauté (sans l'adjectif « française »). La Constitution, qui sera celle de la Ve République, doit être approuvée par référendum.

– La Communauté (1958–1960)

En 1958, le général effectue un voyage mémorable en Afrique noire pour inciter les colonies à intégrer la Communauté. Seule la Guinée dit non et obtient donc son indépendance en 1958. Les autres colonies, territoires et mandats français en Afrique, plus Madagascar, votent oui au référendum. Les habitants des différents territoires ont le choix entre trois types de statut au sein de cette Communauté : Etat, territoire ou département d'outre-mer. En Afrique, tous deviennent des Etats, sauf la Côte française des Somalis, qui vote pour le maintien du statut de TOM, à l'instar de plusieurs petites possessions en dehors de l'Afrique. La Martinique, la Guadeloupe, la Guyane et l'île de la Réunion étaient depuis 1946, des DOM (départements français d'outre-mer). Ensemble, ils forment les **DOM-TOM,** statut que la plupart ont gardé jusqu'à présent. La Communauté est pourtant éphémère. En 1960, toutes les possessions françaises en Afrique subsaharienne deviennent indépendantes, sauf la Côte française des Somalis.

– La zone franc

Pour faciliter les circuits commerciaux que la guerre avait perturbés, une monnaie commune à la plupart des colonies africaines, le **franc CFA (Communauté française africaine)** a vu le jour en 1945. Elle était – et reste – justifiée par la coopération particulière entre la France et ses colonies. La zone franc repose sur la mise en commun des réserves de change, la garantie de convertibilité et la parité fixe (Gharbi 2004 : 56). Cette communauté est accompagnée d'une préférence douanière. La métropole contrôle cependant les budgets et les crédits.

En 1959, à la veille de l'indépendance, l'unité financière est divisée en deux : l'Afrique de l'Ouest et l'Afrique centrale, toujours avec le même nom et la même parité fixe vis-à-vis du franc français, mais sans que la monnaie puisse s'utiliser indifféremment dans les deux régions.

Avec l'indépendance, le sigle prend deux nouvelles significations : *Coopération financière en Afrique centrale* et *Communauté financière africaine* (pour l'Afrique de l'Ouest). La zone comprend aujourd'hui quatorze pays, huit dans l'Ouest (Bénin, Burkina Faso, Côte d'Ivoire, Guinée-Bissau, Mali, Niger, Sénégal et Togo) et six au Centre (Cameroun, Centrafrique, Congo, Gabon, Guinée équatoriale et Tchad). Pour des raisons politiques, la Guinée a choisi de quitter la zone franc à l'indépendance, alors que le Mali l'a quittée en 1962 et réintégrée en 1984. Deux petits pays non francophones profitent de leur environnement francophone pour y participer : la Guinée-Bissau, de langue officielle portugaise et la Guinée équatoriale, de langue officielle espagnole.

– Les colonies belges
Les colonies belges sont en retard par rapport aux colonies françaises dans leur évolution politique et leur voie vers l'indépendance.

L'isolement de la colonie du Rwanda-Urundi est rompue lorsque les premières élections ont lieu en 1953 et 1956. L'administration coloniale belge prend maintenant ses distances avec les monarchies du Rwanda et de l'Urundi et avec les Tutsi pastoralistes, qui sont minoritaires mais dominants, et se rapproche des Hutu agriculteurs, qui sont majoritaires. Des conflits sang-lants s'ensuivent, les deux monarchies tombent et, au Rwanda, les Tutsi perdent leur position dominante (Manning 1998 : 144).

Le Congo belge n'a ses premières élections qu'en 1957, douze ans après les colonies françaises. Ce sont des élections locales et les premières organisations politiques se forment au niveau local, souvent sur une base ethnique. Les premières élections nationales ont lieu en 1959. **Patrice Lumumba** (1925-1961) milite pour l'indépendance. Il est le seul leader à avoir un soutien dans toutes les régions du pays, alors que deux autres leaders ont des assises plus régionales : Joseph Kasavubu à Léopoldville et Moïse Tschombé au Katanga. En 1959, une rébellion éclate à Léopoldville et les Belges, choqués, organisent une table ronde à Bruxelles. Après deux semaines de négociations, ils acceptent la demande congolaise d'indépendance immédiate, qui est fixée au 30 juin 1960. Kasavubu sera président et Lumumba premier ministre. La tension inhérente à cet arrangement, le manque de préparation et d'expérience politique des Congolais et le manque de cadres formés sous la colonisation expliquent l'explosion qui va suivre l'indépendance (Manning 1998 : 147-151).

Religion, enseignement et politique linguistique sous la colonisation
Les deux sous-chapitres qui suivent s'inspirent de deux articles d'Ambroise Queffélec (1995, 2003) portant sur la langue française dans les anciennes possessions françaises et belges.

– La politique linguistique des Eglises
Les Eglises avaient commencé leur évangélisation bien avant la colonisation : au XVe siècle elles avaient déjà établi des missions sur la côte. On a souvent dit que les missionnaires ont préparé la colonisation en contribuant à la faire accepter, et qu'inversement, la colonisation a favorisé l'évangélisation. C'est vrai à un certain degré seulement. On ne peut pas dire que l'Eglise avait une volonté délibérée de conquête. Certes, elle a profité de la colonisation puisque celle-ci a permis aux missionnaires d'entrer en contact

avec des populations auparavant inaccessibles et qu'elle leur a donné privilèges, terrains et subventions. Mais à la fin du XVIIIe siècle, ce sont les idées humanitaristes pour l'abolition de l'esclavage qui ont surtout motivé l'action chrétienne (catholique et protestante) en Afrique.

Dans les colonies françaises, les relations entre l'administration et l'Eglise étaient souvent conflictuelles, surtout dans les années 1900. La raison en était, entre autres, les lois vcotées en 1905 en France sur la séparation de l'Eglise et de l'Etat. Sur ce point, la France se distinguait fortement de la Belgique, qui encourageait et soutenait les missions. L'administration française souhaitait par ailleurs garder de bonnes relations avec les populations musulmanes dans les régions où cette religion dominait. L'évangélisation était plus forte et facilitait sans doute la conquête dans les régions pratiquant l'**animisme**. (C'est l'appellation des religions africaines traditionnelles qui attribuent une âme aux phénomènes naturels, et qui cherchent à les rendre favorables par des pratiques magiques.) Entre les deux guerres, les relations entre l'Etat français et l'Eglise se sont d'ailleurs améliorées.

Les missionnaires, soucieux avant tout de transmettre la bonne parole, avaient une attitude positive envers les langues africaines, estimant qu'elles leur permettaient de communiquer avec les populations non francophones. Le principal promoteur de l'évangélisation catholique en Afrique est le cardinal Lavigerie, fondateur, en 1868, des Pères Blancs. Il ordonne aux missionnaires d'étudier, de décrire, de parler et d'écrire les langues locales et, plus tard, de traduire les Saints Evangiles. Les ouvrages des missionnaires : dictionnaires, grammaires, catéchismes, traductions de la Bible, sont souvent les premières travaux sur et dans les langues africaines.

Les missions protestantes étaient encore plus engagées dans la description et l'utilisation des langues africaines, d'abord parce que la lecture de la Bible est centrale dans leur religion et ensuite parce qu'elles étaient pour la plupart anglo-saxonnes, allemandes ou scandinaves, donc moins liées à la langue française. Dans les colonies françaises, leur œuvre éducative est restée limitée parce que l'administration les soupçonnait d'anticolonialisme, et que le clergé catholique, plus anciennement installé, s'opposait à leur implantation. Tous les projets d'enseignement en langues africaines étaient par conséquent refusés et les missions protestantes faiblement représentées dans les colonies françaises, exception faite des pays sous mandat, le Togo et le Cameroun, où les protestants (allemands ou autres), étaient déjà implantés.

– Enseignement et politique linguistique dans les colonies françaises

La première école coloniale française non religieuse est fondée par Jean Dard en 1817 à Saint-Louis au Sénégal. Dard se sert de la langue véhiculaire au Sénégal, le wolof, pour faciliter l'apprentissage du français. Cette pratique est condamnée, Dard perd son poste et par la suite on restreint au minimum l'usage des langues africaines dans toutes les écoles coloniales françaises non religieuses. La France rappelle encore dans les années 1940 qu'il est interdit pour les maîtres de se servir des langues locales avec les élèves, et pour les élèves de les parler entre eux. Les écrivains africains vont faire de la punition de cette infraction, le fameux « symbole » remis à celui qui avait parlé sa langue maternelle à l'école, une accusation récurrente.

En 1903, le Ministère des Colonies ordonne la laïcisation de l'enseignement. Celle-ci sera plus suivie en AOF qu'en AEF et les autres territoires. Ainsi, la même année est instaurée l'instruction publique, d'abord au Sénégal. Elle est organisée en pyramide : école de village, école régionale et école primaire supérieure. L'Ecole normale d'instituteurs, créée elle aussi en 1903, à Dakar, sera baptisée l'**Ecole William Ponty** en 1915, en honneur du gouverneur général. C'est le fleuron du système éducatif colonial français, préparant plus tard aussi au baccalauréat et formant les instituteurs, fonctionnaires et médecins africains. Ce sera la pépinière de l'élite de l'Afrique francophone. En 1945, elle a déjà formé 2 800 diplômés qui sont en poste dans toutes les colonies françaises en Afrique noire. Au moment de l'indépendance, la majorité des leaders africains en sont issus.

L'AEF a du retard par rapport à l'AOF. L'instruction publique n'est instaurée qu'en 1911 et la première école secondaire voit le jour en 1935. Avec moins de moyens que l'AOF, la qualité des enseignants est plus faible. Aussi le rendement est-il médiocre.

Dans les Etats sous mandat, les missions sont déjà bien implantées au moment du transfert en 1919, et l'essentiel de l'enseignement leur est confié. La puissance mandataire a dû accepter cette pratique, mais favorise les missions catholiques et impose la langue française.

– Enseignement et politique linguistique dans les colonies belges

La politique de la Belgique était tout autre. Le *Concordat de 1906* recommandait « l'harmonie la plus parfaite à tous les échelons entre missionnaires et représentants du pouvoir colonial » (Bruls 1967, cité par Queffélec 1995 : 826). C'est que l'Etat belge se libérait de la tâche éducative en la confiant aux missions, tout en profitant de leur œuvre « civilisatrice ». Une circulaire de 1930 le rappelle : « Les agents du gouvernement ne travaillent pas seuls à l'œuvre de la civilisation. Les œuvres religieuses y participent dans une mesure au moins égale (...) les agents du gouvernement, quelles que puissent être leurs opinions, ont l'obligation stricte d'aider les missionnaires chrétiens. » (M'Bokolo 1992, cité par Queffélec 1995 : 832). A la fin des années 30, il y avait plus de 700 000 élèves dans l'enseignement privé contre 4 368 dans les écoles publiques. On appelle « trinité coloniale » cette collaboration entre l'administration, les missions et les compagnies concessionnaires belges (compagnies privées qui s'occupaient des mines et d'autres activités commerciales).

Ayant confié l'éducation aux missions, la Belgique avait une attitude autrement positive envers les langues africaines que la France. Un arrêté royal de 1922 stipulait ainsi que l'enseignement devait être donné en langue « indigène », et que le français ne serait enseigné qu'à ceux qui avaient des contacts avec les Blancs. Deux camps s'opposaient cependant parmi les Belges : les « indigénistes » et les « européanistes ». Parmi les « indigénistes », les motivations divergeaient : alors que certains voulaient sauvegarder les valeurs culturelles des colonisés, d'autres trouvaient les moyens de la Belgique insuffisants pour apprendre aux populations africaines les langues européennes. Les « européanistes » soutenaient la supériorité des langues européennes et invoquaient aussi la multiplicité des langues africaines comme obstacles au système scolaire. A ces points de vue s'ajoutait le conflit entre français et néerlandais (flamand). Les néerlandophones étaient nombreux en Afrique. Cela a empêché la Belgique d'opter officiellement pour le français. Mais dans les faits, seul le français était utilisé dans les domaines juridique et scolaire au Congo et au Rwanda-Urundi. Le français cohabitait, par conséquent, non pas avec le neerlandais, mais avec les langues africaines. Les missionnaires étudiaient en effet souvent une langue véhiculaire, qui servait aussi de moyen de communication aux élèves qui étudiaient dans les séminaires pour catéchistes et qui étaient d'origines et de langues différentes. A partir des années 1930–1940 surtout, les missionnaires contribuaient ainsi à la codification, la diffusion et la standardisation des grandes langues de communication interethnique au Congo (lingala, kikongo, ciluba, swahili) et en Centrafrique (sango). Au Rwanda-Urundi, ils développaient les langues nationales kinyarwanda et kirundi.

Ce système a cependant produit une inégalité qui leur sera reprochée dans les années 50 : seule une petite partie de la population (0,3% de la population totale, Queffélec 1995 : 834) avait appris le français. Elle constitue l'élite et s'oppose à ceux qui ont eu leur instruction dans une langue africaine et qui se trouvent exclus des positions de prestige et de pouvoir.

Le Congo belge n'aura d'ailleurs une école secondaire laïque que dans les années 1930. Celle-ci était destinée aux Européens, mais admettait un certain nombre de Congolais.

On ne trouve, dans tous les territoires – qu'ils soient sous domination française ou belge –, qu'un petit nombre de scolarisés par rapport aux populations. L'influence de la scolarisation est cependant révolutionnaire : à l'école, les Africains sont introduits à l'Europe, à sa manière de penser et à la langue française, présentées comme supérieures.

– Enseignement et politique linguistique sous la décolonisation

Les changements politiques après la Seconde Guerre mondiale libèrent, dans les colonies françaises, des efforts et des moyens importants pour augmenter la population scolaire. Mais les disparités régionales, locales et sexuelles sont grandes.

Les taux de scolarisation sont ainsi plus élevés dans les colonies côtières ayant bénéficié à la fois des écoles missionnaires et publiques. Il s'agit des territoires sous mandat et de deux colonies de l'AEF. En 1957, les taux de scolarisation étaient ainsi, au Gabon de 66%, au Moyen-Congo (l'actuel Congo) de 63%, au Cameroun de 59% et au Togo de 42% (Queffélec 2003 : 945).

Les pays enclavés, où la population est majoritairement musulmane et parfois nomade, donc plus difficile à scolariser, sont loin de ces taux : Soudan (l'actuel Mali) 7,9%, Tchad 7,2%, Haute Volta (l'actuel Burkina Faso) 6,7% et Niger 4%.

S'y ajoute l'inégalité sexuelle : en 1958, le taux de filles scolarisées par rapport aux garçons était de 24,77% en AOF.

Notons enfin que la scolarisation touchait surtout l'enseignement primaire. Entre 1951 et 1958, le nombre d'élèves dans le secondaire sera doublé en AOF et AEF et presque quintuplé au Cameroun. Les territoires assez bien pourvus déjà se démarquent toujours des territoires plus défavorisés : en 1958, le Cameroun a 5 600 collégiens et le Sénégal 4 560, alors que le Tchad n'en a que 500 (tous les chiffres ci-dessus sont tirés de Queffélec 2003 : 945).

La scolarisation provoque, à son tour, des changements sociaux. Ainsi, elle favorise l'exode rural. Les scolarisés s'installent en ville où ils trouvent du travail dans la fonction publique, le commerce ou l'industrie. Le besoin de communication entre personnes d'origines diverses amène le développement des langues véhiculaires africaines : le sango en Oubangui-Chari (Centrafrique), le lingala et le munukutuba au Moyen-Congo (Congo), le dioula en Côte d'Ivoire, le wolof au Sénégal et le bambara au Soudan (Mali). Les langues véhiculaires se répandent, et elles évoluent : on observe des processus de simplification et des emprunts au français pour les référents « modernes ». A cette époque, le français ne fonctionne pas encore comme langue véhiculaire orale, mais domine à l'écrit. L'arabe écrit s'utilise essentiellement pour les textes religieux.

Les Belges refusent toujours le principe d'assimilation cher aux Français. Ils distinguent l'enseignement de masse en langues africaines et l'éducation de l'élite en français. Sous la pression de certains Congolais, ils développent cependant, à partir de 1954, un enseignement non confessionnel, où le français est enseigné dès la première année du primaire, devenant par la suite la langue exclusive d'instruction. Cette politique tardive ne pallie pas le manque de cadres francophones (dits *évolués*). Au moment de l'indépendance, ce manque est beaucoup plus sensible dans les colonies belges que dans les possessions françaises. La francisation était plus faible aussi à cause du nombre réduit de colonisateurs belges et le nombre relativement important de néerlandophones (plus de la moitié), et donc de l'absence d'un environnement francophone. Dans l'armée, c'est d'ailleurs le lingala et non le « petit-nègre » qui sert de langue de communication.

– L'enseignement supérieur sous la colonisation
Ce n'est qu'après la Seconde Guerre mondiale qu'on voit apparaître, au Sénégal, en Côte d'Ivoire et au Gabon, des institutions de recherche et d'enseignement supérieur : en droit, en médecine et en lettres. Au Sénégal, elles sont réunies dans l'Université de Dakar, créée en 1957 (devenue l'Université Cheikh Anta Diop de Dakar). L'Université de Côte d'Ivoire suit en 1958. Les Belges essayent de rattraper le retard pris dans la formation de cadres francophones avec la création de l'Université Officielle Laïque à Elisabethville (future Lubumbashi) en 1956 et, en 1957, l'Université Lovanium à Léopoldville (future Kinshasa).

5.1.3 Les indépendances

Ce chapitre s'inspire notamment de Patrick Manning : *Francophone Sub-Saharan Africa : 1880–1995* (1998), Jean-Paul Ngoupandé : *L'Afrique sans la France* (2002) et Lilyan Kesteloot : *Histoire de la littérature négro-africaine* (2004) (elle donne, pour chaque période littéraire, des introductions sur le contexte sociopolitique et culturel de l'Afrique indépendante). Pour les informations factuelles, nous nous sommes surtout appuyés sur *Quid 2003* et sur les présentations annuelles de Jeune Afrique/L'Intelligent : *L'état de l'Afrique 2004* et *2005*.

De l'euphorie à la désillusion : la vie politique 1960–1990

La plupart des colonies, territoires et mandats français au sud du Sahara ont obtenu leur indépendance en 1960 (les exceptions étant la Guinée, qui a voté non à la Communauté en 1958, et Djibouti, qui l'obtient en 1977 seulement). Les colonies belges sont devenus indépendantes en 1960 (République Démocratique du Congo) et en 1962 (Rwanda et Burundi). Les anciennes possessions françaises ont mieux réussi leur passage à l'indépendance – qui a eu lieu sans effusion de sang – que les colonies belges, britanniques et portugaises (les dernières n'ont eu leur indépendance qu'en 1974–1975). Les déchirements qui, par la suite, ont frappé aussi les ex-colonies françaises n'ont jamais pris l'ampleur des guerres de la RD Congo, du Rwanda, du Burundi, du Nigéria (la guerre de Biafra), du Soudan, de la Mozambique et de l'Angola (Ngoupandé 2002 : 112–115, Manning 1998 : 147).

La relative stabilité du début des années 60 (par rapport aux autres parties de l'Afrique) a plusieurs raisons : 1) l'éducation d'une classe politique africaine par leur participation, après 1945, à la vie politique en France ; 2) la faible présence de colons blancs, qui a empêché le type de conflits raciaux qu'ont connu l'Algérie et certains pays anglophones ; 2) la présence physique de nombreux assistants techniques, souvent haut placés ; 3) la zone franc, qui assurait la sécurité monétaire ; 4) la « Françafrique », c'est-à-dire les relations particulièrement fortes que la France entretenait avec ses ex-colonies (beaucoup plus fortes que celles de la Belgique, de la Grande-Bretagne ou du Portugal).

La **Françafrique**, qui a duré plus de quatre décennies, est née dans le sillage de la Seconde Guerre mondiale : l'appel du général de Gaulle à la résistance à partir de Brazzaville a séduit les Africains, qui voyaient en lui un chef de guerre proche de leurs héros épiques. Beaucoup se battaient pour lui plus que pour la France. Sous le régime gaulliste et jusqu'en 1981, les relations étroites étaient entretenues par des anciens d'Afrique : d'abord des gouverneurs, hauts-commissaires et camarades de guerre et, ensuite, des spécialistes du renseignement, des dirigeants d'entreprises et des assistants techniques. Au coeur de la Françafrique se trouvait Jacques Foccart, le « monsieur Afrique » du général de Gaulle et de ses successeurs. Leur politique consistait en un soutien sans réserve aux chefs africains en place, tant qu'ils garantissaient les intérêts de la France sur le continent. Le Ministère de la Coopération envoyait par ailleurs des enseignants et coopérants techniques en Afrique et recevait en France, pour leur formation, des étudiants et fonctionnaires africains (Ngoupandé 2002 : 49, 51, 125).

Avec l'accession au pouvoir en 1981 de François Mitterrand, les liens et surtout les relations personnelles se distendent, sans être rompus. Les socialistes expriment des inquiétudes par rapport à certains dictateurs, mais la guerre froide, l'austérité économique intérieure de la France et ce que Jean-Paul Ngoupandé, ancien premier ministre de la Centrafrique, nomme des « fautes de pilotage » de la part des « progressistes » (marxistes) africains, versant dans l'extrémisme, font revenir le « réalisme » (2002 : 58-60). La guerre froide a d'ailleurs laissé en Afrique une ligne idéologique qui départageait les pays « progressistes » comme le Congo et le Dahomey (Bénin), des pays « alignés » (majoritaires) comme le Sénégal et la Côte d'Ivoire.

Jean-Paul Ngoupandé pose cependant la question de savoir si la France a tenu la main des colonies trop longtemps, avec pour résultat leur « infantilisation » (p. 19).

Les colonies françaises en Afrique subsaharienne accèdent à l'indépendance presque sans exception comme des régimes parlementaires pratiquant le multipartisme. Mais à partir de 1963 une série de coups d'Etat et d'assassinats politiques mettent fin à ce type de régime (ainsi qu'à d'autres types) : en 1963, au Togo et au Congo ; en 1966, en Haute Volta (Burkina Faso) et en Centrafrique ; en 1968, au Mali ; en 1972, au Dahomey (Bénin) ; en 1974, au Niger et de nouveau en Haute Volta ; en 1975, au Tchad. Au cours des années 60 et 70, le pouvoir kaki vient ainsi à dominer. Dans plusieurs de ces pays, le premier assassinat ou coup d'Etat est suivi d'autres, et cela continue dans les années 80. L'un des problèmes est que les partis politiques se basent sur des électorats ethniques ou régionaux, comme au Dahomey (Bénin), où trois partis régionaux se disputent le pouvoir jusqu'au coup d'Etat du capitaine Mathieu Kérékou en 1972.

Dans d'autres pays, le régime parlementaire continue mais avec un seul parti légal (Sénégal, Côte d'Ivoire, Guinée et Cameroun). Certains présidents élus deviennent des dictateurs répressifs, comme **Ahmed Sékou Touré** (1922-1984) en **Guinée**. De 1958 à 1971, par exemple, sur 71 ministres et secrétaires d'Etat, 9 sont pendus ou fusillés, 8 morts en détention, 18 condamnés aux travaux forcés à perpétuité et 5 réfugiés à l'étranger. Des purges périodiques terrorisent la population. Plusieurs milliers de l'ethnie peul sont, par exemple, tués après avoir été torturés (*Quid 2003*). A la mort de Sékou Touré en 1984, le successeur désigné est immédiatement renversé par le général **Lansana Conté** (1934-), qui continue dictature et emprisonnements. Il est encore (2006) au pouvoir. Grâce au culte de la personnalité dans leurs pays et à la guerre froide sur la scène internationale, ces dictateurs peuvent tout se permettre.

La **République centrafricaine** est peut-être la plus connue des dictatures, à cause de **Jean-Bedel Bokassa** (1921-1996), cruel et ridicule à la fois. Il renverse le président élu David Dacko en 1966, se proclame président à vie en 1972, maréchal en 1974 et empereur en 1976. Son couronnement coûte 1/5 du budget de l'Etat. Ses histoires de femmes et les meurtres dont on l'accuse défraient la chronique. David Dacko reprend le pouvoir en 1979 avec l'aide de la France et Bokassa part en exil, d'abord en Côte d'Ivoire, ensuite en France. Il retourne dans son pays de son propre gré en 1986, est jugé lors d'un procès correct, où il est condamné à mort, entre autres pour le meurtre d'une centaine d'enfants. Grâcié en 1993, il meurt en 1996. David Dacko est renversé à son tour en 1981 par le général André Kolingba, qui reste au pouvoir jusqu'aux élections en 1993.

Cependant, les rivalités internes demandent parfois parfois un « homme fort », comme le président **Ahmadou Ahidjo** du **Cameroun** (1924-1989). Il a le mérite de réunir les parties française et anglaise du Cameroun en une fédération en 1961 et en un pays en 1972, tout en assurant le développement économique de son pays. En 1984, il se retire et, lui-même musulman du Nord, transmet le pouvoir à un chrétien du Sud, **Paul Biya**. (Cependant, quelques mois plus tard, il participe à un complot avorté pour le renverser.) Biya est encore aujourd'hui au pouvoir.

Le **Tchad** est le seul pays issu de la colonisation française où les tensions ethniques ont viré à la guerre civile durant la période 1960-1990. Il faut dire que la cohabitation entre les nomades musulmans au nord, traditionnellement propriétaires d'esclaves noirs, et les agriculteurs sédentaires au sud, libérés de la chasse aux esclaves par la conquête française et christianisés, était artificielle. En donnant des privilèges à son ethnie, les Sara du Sud, **François Tombalbaye** (1918-1975) provoque des émeutes au Nord et, en 1968, fait appel aux troupes françaises. Son régime est de moins en moins populaire et, en 1975, il est assassiné par des sous-officiers de sa propre ethnie. Félix Malloum prend le pouvoir, tandis que le Nord musulman s'organise dans le Frolinat, sous la direction de **Goukouni Oueddeye** (1944-) et **Hissène Habré** (1936-). En 1978, ils prennent ensemble la capitale N'Djamena, mais rivalisent pour le pouvoir. Aidé par la Libye, Goukouni sort vainqueur et devient président en 1979, tandis que Habré fuit au Soudan, où il met sur pied une armée. L'ONU établit sa première force de la paix pour empêcher la guerre civile de reprendre. Les Etats-Unis, qui s'opposent à la Libye, aident Habré à renverser Oueddeye en 1982, mettant ainsi fin à l'effort de l'ONU. La France intervient en 1984 pour contrer la rébellion soutenue par la Libye, mais retire ses troupes la même année après un accord avec la Libye, qui cependant continue à occuper une partie du territoire nord du Tchad. En 1987, Habré remporte une victoire sur les troupes libyennes et, en 1988, le Tchad et la Libye reprennent les relations diplomatiques, instaurant une paix fragile. Dès 1989, **Idriss Déby Itno** (1952-) tente de prendre le pouvoir, soutenu par le Soudan, où il a formé une armée. En 1990, il entre dans la capitale N'Djamena et chasse Habré, qui trouve asile au Sénégal. Le Tchad accuse Habré de crimes contre l'humanité (40 000 victimes), mais le procès n'a toujours pas eu lieu. (L'impunité des anciens dictateurs est un problème dont la communauté africaine discute, mais qu'elle n'a pas encore résolu). La France et ses troupes, restées sur place, déplacent leur soutien de Habré à Déby.

La **Haute Volta** est le théâtre d'une série de coups d'Etat (1966, 1974, 1980, 1982, 1983, 1987). Le capitaine **Thomas Sankara** (1949-1987) est le plus remarquable des putschistes. Prenant le pouvoir en 1983, ce révolutionnaire prône l'autosuffisance, déclare la guerre à la corruption et au gaspillage public et baptise le pays **Burkina Faso** (*burkina* veut dire « homme intègre » en langue mooré et *faso*, « patrie » en langue mandingue). Le nom, emprunté à deux grandes langues du pays, contient en soi tout un programme. Assassiné en 1987, Sankara est encore considéré comme un héros par beaucoup de Burkinabé (le suffixe *-bé* est emprunté au pluriel d'une autre langue importante, le peul). A la mort de Sankara, le capitaine **Blaise Compaoré** (1951-) prend le pouvoir, qu'il garde encore.

Le **Sénégal** est le pays qui a le mieux su gérer sa vie politique indépendante, d'abord sous le président **Léopold Sédar Senghor** (1906-2001). Même si un coup d'Etat avorté en 1962 provoque l'interdiction des partis d'opposition en 1963, un système de trois partis politiques est instauré en 1974 et le multipartisme légalisé en 1981, dix ans avant la vague de démocratisation qui soufflera sur l'Afrique. La presse est plus diversifiée et la liberté d'expression plus grande qu'ailleurs. La coexistence ethnique et religieuse est harmonieuse : majoritairement musulman et wolof, le pays élit en 1960 un président catholique de l'ethnie minoritaire sérère. Senghor a d'ailleurs établi une collaboration étroite avec les confréries musulmanes et les marabouts, ce qui a garanti la paix sociale. Il s'est retiré de son propre gré en 1980 – fait rare en Afrique subsaharienne – et a choisi son successeur, le premier ministre depuis 1970, **Abdou Diouf** (1935-), qui devient président en 1981. Il est élu en 1983 et réélu en 1988 et 1993, continuant sur la voie tracée par Senghor. Cependant, à partir de 1980, le mouvement séparatiste des Diola en **Casamance,** dans le sud du pays, rompt l'harmonie. L'accord de paix avec le MFDC (Mouvement des forces démocratiques de la Casamance) ne sera signé qu'en 2004. S'il est vrai que certains incidents sont venus troubler cette paix sociale, le Sénégal n'a jamais connu les répressions de nombreux autres pays africains et a pu offrir l'asile à bien des Africains en exil. On explique ce succès par la plus longue expérience démocratique (l'ancienneté de leur représentation parlementaire en France et le statut exceptionnel de citoyens français obtenu pour les habitants de quatre communes sous la colonisation), ainsi que par la modération du président Senghor et de son successeur.

La **Côte d'Ivoire** devient durant cette période la locomotive économique de toute l'Afrique de l'Ouest, et Abidjan prend la place de Dakar comme capitale de la sous-région. La Côte d'Ivoire est particulièrement importante pour les pays enclavés au nord (Mali, Burkina Faso) qui dépendent du port d'Abidjan pour leur commerce extérieur. Le « miracle ivoirien » est certes dû à la bonne conjoncture économique et aux conditions géographiques et climatiques favorables, mais ce sont des conditions que la Côte d'Ivoire partage avec d'autres pays côtiers. Il faut reconnaître que la politique du président **Félix Houphouët-Boigny** (1905-1993) a porté des fruits : il opte pour une collaboration étroite avec la France et pour une diversification des cultures de rente : café, cacao, bananes, ananas, hévéa. Il ouvre les frontières aux travailleurs immigrés, leur accordant le droit de vote. Cette ouverture assure la main-d'oeuvre, notamment des plantations. Ce sera cependant l'une des raisons de la xénophobie interafricaine qui se fait jour lorsque l'économie décline, surtout à cause de la chute des prix des matières premières dans les années 80. Les étrangers ont alors atteint environ 30% de la population. Deux (faux ?) complots en 1963 et 1973 et des manifestations d'étudiants dans les années 80 troublent la paix politique, mais Houphouët-Boigny joue habilement sur les alliances et se fait réélire sept fois. C'est l'un des plus grands leaders politiques africains, traditionnel dans son maniement du pouvoir et moderne dans sa conception de la société. Il abolit, entre autres, la polygamie en 1964 et prône le dialogue plutôt que le conflit armé.

On remarque une certaine différence entre les anciennes AEF et AOF. L'AEF était la partie la plus délaissée de toute l'Afrique coloniale, et le manque de moyens humains et économiques sous la colonisation a eu des conséquences après l'indépendance. L'AEF a aussi connu le système concessionnaire comme au Congo belge, système cruel d'exploitation de la main-d'oeuvre noire. Même s'il a été supprimé en 1930 par la France, ce système semble avoir provoqué une plus grande haine envers le colonialisme chez les ex-colonisés de l'Afrique centrale que chez ceux de l'Afrique de l'Ouest. Ce sentiment peut expliquer le retour à un passé précolonial mythifié chez les présidents Tombalbaye au Tchad et Bokassa en Centrafrique dans les années 70, et surtout l'« authenticité » décrétée par le président Mobutu au cours de ses trente ans de règne absolu sur le Zaïre (ex-Congo belge) (Ngoupandé 2002 : 28-29, Manning 1995 : 70, 76). Comme on le verra plus loin, la littérature de l'Afrique centrale est également imprégnée d'une plus grande violence que celle de l'Afrique de l'Ouest.

La petite **Côte française des Somalis** (23 200 km² seulement) dans la Corne de l'Afrique, qui avait voté pour le maintien du statut de territoire d'outre-mer en 1958, a obtenu un statut plus autonome en 1967, avec un gouvernement local et une chambre des députés, assorti d'un changement de nom : **Territoire français des Afars et des Issas**. Cette autonomie n'a pas suffi, les mouvements indépendantistes ont provoqué un nouveau référendum, aboutissant à la création, en 1977, de la **République de Djibouti**. La vie politique depuis l'indépendance est marquée par les rivalités entre les Issa et les Afar. Le président élu en 1977 est un Issa, Hassan Gouled Aptidon, qui reste au pouvoir jusqu'en 1999.

La Belgique, contrairement à la France, n'avait pas formé une élite prête à prendre les rênes d'un Etat moderne : pas de cadres (cinq diplômés d'université en tout et pour tout au Congo belge en 1960) et aucune représentation des colonies au parlement belge. Les ex-colonies belges n'ont pas non plus bénéficié de l'appui de leur métropole qui, devant tous les problèmes, a laissé à l'ONU le soin de les résoudre. Ses ex-colonies se sont retrouvées avec des hommes politiques inexpérimentés tant en politique qu'en gestion des affaires de l'Etat. La **RD Congo** illustre de manière tragique cette politique manquée. Le président nommé, Joseph Kasavubu (1910-1969), était un ancien séminariste, le premier ministre **Patrice Lumumba** (1925-1961) agent des PTT (postes, télégraphes et téléphones) et **Joseph Désiré Mobutu** (1930-1997) un journaliste formé sur le tas qui avait rejoint l'armée et qui, colonel, a été nommé chef d'état-major de l'armée, elle-même en train de se constituer. La RD Congo a accédé à l'indépendance le 30 juin 1960 et déjà le 11 juillet, Moïse Tschombé (1919-1969) a proclamé la sécession de la riche province minière du Katanga (l'actuel Shaba). Le Kasai, riche de ses diamants, l'a rejoint. Lumumba a demandé l'aide des Etats-Unis et de l'ONU sans succès et, en septembre, a été limogé par le président Kasavubu. Les Etats-Unis craignent qu'il ne rallie l'Union Soviétique, et soutiennent plutôt Kasavubu et Mobutu. Mobutu établit son propre régime, arrête Lumumba et le livre à Tschombé. En janvier 1961 Lumumba est exécuté au Katanga. Le Katanga défend son indépendance et n'est vaincu qu'en 1963. Par un revirement politique étonnant, Kasavubu demande à Tschombé de devenir son premier ministre en 1964. Mais ni Kasavubu ni Tschombé n'arrivent à contrôler le pays et, en 1965, Mobutu prend le pouvoir par un coup d'Etat militaire. En 1967, il établit un parti unique, crée une nouvelle Constitution et obtient la reconnaissance de l'Organisation de l'Unité Africaine (OUA), créée en 1963. En 1971, il lance sa campagne d'« authenticité » : il devient **Mobutu Sese Seko,** le pays est rebaptisé **Zaïre** (d'après l'ancienne appellation portugaise du fleuve Congo), Léopoldville devient Kinshasa, Elisabethville devient Lubumbashi, Stanleyville devient Kisangani, etc. Le résultat du passage violent à l'indépendance se voit encore aujourd'hui en RD Congo. L'influence française croît d'ailleurs dans les anciennes colonies belges au fur et à mesure que la Belgique se retire.

Exception faite du Sénégal, de la Côte d'Ivoire, du Gabon et du Cameroun, les pays issus des colonisations française et belge ont donc vécu les trois premières décennies de leur indépendance sous le signe de la violence. Trois facteurs ont contribué à cette violence : l'héritage colonial, des divisions ethniques et régionales précoloniales et l'intervention internationale (outre les interventions militaires explicites, la guerre froide s'est manifestée de manière implicite dans bien des domaines).

La vague de démocratisation (1990–1993) et ses suites

La chute du mur de Berlin en 1989 symbolise la fin de la guerre froide et déclenche une vague de démocratisation en Afrique, avec multipartisme et plus de droits pour la société civile, notamment la liberté d'expression. Les indépendances avaient produit une majorité de leaders africains impopulaires, avec des armées plus tournées vers la répression interne que vers la défense extérieure. Les demandes de réformes se font de plus en plus pressantes, surtout de la part des intellectuels des villes. Des manifestations ont lieu entre 1989 et 1991 dans plusieurs pays : Gabon, Côte d'Ivoire, Cameroun, Centrafrique, Togo et Zaïre, parfois soldées par des répressions sanglantes, comme au Niger (1990) et au Mali (1991). Les demandes et accusations portent sur les salaires – bas et payés avec des mois de retard – , et sur la corruption, la répression et les privilèges des ethnies proches du pouvoir, entraînant l'exclusion des autres ethnies.

En Afrique subsaharienne francophone, la démocratisation prend aussi la forme particulière d'une série de **Conférences nationales.** La première a lieu au **Bénin** (jusqu'en 1975, Dahomey), en 1990. Une grève des enseignants avait paralysé l'enseignement pendant presque toute l'année 1989. Le mécontentement s'étend et une grève générale est annoncée. Le régime de **Matthieu Kérékou** (1933-), en place depuis 1972, décide alors de payer les arriérés de salaires et décrète la fin du marxisme-léninisme comme politique officielle. Il annonce aussi une « Conférence nationale ». La grève est annulée et environ 200 délégués se réunissent, représentant différents secteurs de la vie politique et sociale. Ils se déclarent souverains et élisent un premier ministre et un Haut Conseil responsable de préparer une nouvelle Constitution et des élections. La conférence rappelle ainsi les Etats Généraux de la Révolution française de 1789. Kérékou cède devant les demandes de la Conférence nationale, et Nicéphore Soglo est élu premier ministre. Aux élections de 1991, Soglo est élu président et Kérékou s'incline avec bonne grâce. Cette transition exemplaire est suivie d'une nouvelle alternance paisible en 1996, quand Kérékou regagne le pouvoir. La Constitution ne permettant que deux mandats, les élections prévues pour 2006 sont ouvertes. La réussite de cette conférence est telle qu'elle est imitée par près de la moitié des pays africains francophones : Congo, Gabon, Mali, Niger, Togo, Zaïre et Tchad.

Le **Congo** est comme le Bénin un régime marxiste d'origine militaire, et le président **Denis Sassou Nguesso** (1943–), au pouvoir depuis 1979, cède comme Kérékou devant la pression populaire, renonce publiquement au marxisme-léninisme et proclame le multipartisme et une conférence nationale en 1990. Les élections de 1992 portent au pouvoir Pascal Lissouba et Sassou Nguesso se retire. Mais les années 90 sont marquées par divers conflits armés, dégénérant en guerre civile en 1993-1994 et de nouveau en 1997-1999. Sassou Nguesso revient de France et se proclame président en 1997, se faisant élire en 2002. Les conflits s'apaisent en 2004-2005. En 2006, Sassou Nguesso est élu président de l'Union africaine (qui succède à l'OUA en 2002). Il faut dire que pour un ancien putschiste, c'est une carrière politique extraordinaire.

Au **Gabon**, le président **Omar Bongo Ondimba** (1935–) au pouvoir depuis 1967, dirige lui-même la conférence nationale en 1990, avec pour résultat des changements modestes et des élections en 1993 qui le maintiennent au pouvoir, où il est resté jusqu'à présent – non sans manifestations et troubles. Bongo est actuellement le doyen des présidents africains francophones (39 ans au pouvoir !), position importante vu le respect qu'on doit aux anciens en Afrique. Il est sollicité en tant qu'arbitre dans divers différends de l'Afrique francophone, notamment en Côte d'Ivoire, en Centrafrique et en RD Congo. Les riches gisements de pétrole assurent des revenus considérables au Gabon et lui confèrent aussi un certain poids international.

La conférence nationale au **Mali** a lieu après la chute du général **Moussa Traoré** (1936–) en 1991. En 1968, celui-ci avait renversé le président **Modibo Kéita** (1915-1977), mort en prison en 1977. Plusieurs manifestations menées par les enseignants et étudiants se soldent, en mars 1991, par une sévère répression : l'armée tire sur la foule et tue entre 100 et 150 civils. Moussa

Traoré est alors renversé par un officier, **Amadou Toumani Touré** (ATT) (1948-). Celui-ci assure la transition et organise une conférence nationale et des élections qui, en 1992, portent au pouvoir **Alpha Oumar Konaré** (1946-), réélu en 1997. « Alpha » réussit à résoudre de manière souple le conflit 1990-1992 avec les **Touareg**, nomades d'origine berbère au Nord. En 1994, a lieu le « Procès de sang », exemplaire dans son genre, qui juge le président Traoré. Il est condamné à mort en 1997, mais gracié en 2000. Après les deux mandats fixés par la Constitution, Konaré se retire (à la différence de nombreux présidents qui modifient la Constitution pour rester au pouvoir). ATT, apprécié pour son comportement démocratique lors de la transition en 1991-1992, est élu président en 2002, sans parti politique, formant un gouvernement de consensus. Quant à Konaré, il est élu président de la Commission de l'Union Africaine lorsque celle-ci est créée en 2002. C'est une position privilégiée pour promouvoir le panafricanisme cher à son coeur : « réaliser un seul grand pays, l'Afrique, avec des citoyens africains, une Afrique africaine, solidaire et responsable » (cité dans *L'état de l'Afrique 2005* : 11).

Deux autres conférences nationales ont lieu en 1991 : au Niger et au Togo. Au **Niger**, le passage à la démocratie s'avère moins facile qu'au Mali. Le président **Diori Hamani** (1916-1989) avait été renversé par Seyni Kountché en 1974, et à la mort de celui-ci en 1986, le colonel Ali Saibou devient chef de l'Etat. La conférence nationale qu'il organise porte au pouvoir Mahamane Ousmane en 1993, mais Ousmane est renversé par le colonel **Ibrahim Barré Maïnassa** (1949-1999) en 1996. En 1999, Maïnassa est assassiné par un membre de sa garde personnelle. Daouda Mallam Wanké lui succède et, sous la pression, organise des élections, que gagne **Mamadou Tandja** (1938-), qui est réélu en 2004. C'est le premier président démocratiquement élu à achever sans encombre un mandat. Le conflit avec les Touareg (nomades vivant dans plusieurs pays sahéliens) dure ici plus longtemps, jusqu'en 1995.

Le premier coup d'Etat au **Togo** a lieu en 1963, quand le président **Sylvanus Olympio** (1902-1963) est assassiné. Quelques années plus tard, en 1967, le général **Gnassingbé Eyadéma** (1937-2005) prend le pouvoir. Il y restera jusqu'à sa mort en 2005 – après Bongo Ondimba, le plus long règne d'un président africain (38 ans). En 1991, des émeutes se soldent par une répression brutale; toutefois, à l'issue de la conférence nationale, un premier ministre est nommé. Une tentative de coup d'Etat en 1993 échoue ; Eyadéma en ressort renforcé et nomme un nouveau premier ministre, Edem Kodjo, qui réussit à collaborer avec le président tout en gardant son profil de diplomate panafricain. La France soutient Eyadéma tout au long de ces péripéties. A sa mort en 2005, son fils, **Faure Gnassingbé** (1966-), lui succède en modifiant la

Constitution, mais est contraint d'organiser des élections sous la pression de la communauté internationale (l'Organisation Internationale de la Francophonie y joue un rôle important). Faure Gnassingbé gagne ces élections en 2005.

Au **Zaïre** (RD Congo), la conférence débute en 1991, mais est interrompue par des violences et reprend en 1992. La composition des délégués en trois parties contribue à une division des forces d'opposition à Mobutu, qui sort vainqueur des élections. Le Haut Conseil de la République, créé en 1992, accuse cependant Mobutu de haute trahison en 1993 et, la même année, son immense fortune est mise sous surveillance par la France, la Belgique et les Etats-Unis. Le pays va de rébellion en rébellion, avec des milliers de morts, mais Mobutu se maintient au pouvoir jusqu'en 1997, quand il est renversé par **Laurent-Désirée Kabila** (1939–2001). Malade, Mobutu part en exil et meurt au Maroc. A sa mort, ses biens sont estimés à 7 milliards de dollars (*Quid 2003*). Comme le Zaïre fait partie de la Région des Grands lacs, et comme son destin est lié au génocide au Rwanda, la période qui suit la chute de Mobutu sera traitée avec l'histoire de cette région.

La dernière conférence nationale est celle du **Tchad**. Elle n'a lieu qu'en 1993, deux ans après la prise du pouvoir par Idriss Déby Itno, période marquée par des combats et des exécutions. Un premier ministre est nommé, Déby est élu président en 1996 et réélu en 2001, mais la paix ne parvient pas à s'installer : la fracture entre le Nord musulman et le Sud chrétien et animiste perdure, comme aussi les rivalités entre différents groupes ethniques (le pays en compte plus de deux cents). L'ethnie du président Déby, les Zaghawa, sont nombreux au Darfour (Soudan), où ils sont persécutés par les milices soudanaises Djandjawid. Les Zaghawa tchadiens accusent Déby de ne pas soutenir comme il le faut leurs frères soudanais et tentent de le renverser en 1994. La guerre au Darfour amène, en outre, au Tchad un flux de réfugiés en quête de pâturages pour leurs troupeaux, concurrençant les éleveurs tchadiens. Le conflit soudanais risque ainsi d'être transposé au Tchad. L'opposition au Tchad croît aussi : après le putsch manqué, Déby fait voter une modification de la Constitution pour pouvoir briguer un troisième mandat en 2006. Mais les autres ethnies sont frustrées par l'omniprésence des Zaghawa à tous les niveaux. Autre problème : la récente exploitation de pétrole fait l'objet d'un litige avec le Fonds Monétaire International, qui avait financé l'opération à condition qu'un fonds pour les générations futures soit créé. Le Tchad a décidé de ne pas respecter cet accord, qui l'empêchait de financer des besoins urgents.

Plusieurs pays passent au multipartisme sans conférence nationale. En **Côte d'Ivoire,** le président et le parti au pouvoir sortent victorieux des élections. Nous verrons cependant qu'après la mort du président Houphouët-Boigny en 1993, une lutte acharnée pour le pouvoir déchire le pays. Le **Burkina Faso** suit l'exemple de la Côte d'Ivoire. Le président Blaise Compaoré, venu au pouvoir par un coup d'Etat en 1987, se fait élire et se maintient au pouvoir par des élections. Au **Cameroun**, le président Paul Biya, au pouvoir depuis 1982, refuse d'organiser une conférence nationale. Il s'oppose au multipartisme et à la liberté de presse, arrêtant opposants et journalistes, mais finit par organiser des élections en 1992. Une opposition divisée lui permet de gagner les élections et de garder le pouvoir jusqu'à présent.

La **Centrafrique** n'accède pas non plus à la demande d'une conférence ; un poste de premier ministre est néanmoins créé en 1991 et des élections organisées en 1993. Le président Kolingba perd le pouvoir au profit d'**Ange Félix Patassé** (1937-), qui est réélu en 1999. Cependant, son pouvoir est entravé par des grèves, manifestations, mutineries et tentatives de putsch (entre autres par les anciens et futurs présidents, les généraux Kolingba et Bozizé), qui appellent à l'intervention de la France et de l'ONU. En 2003, soutenu par les troupes tchadiennes, le général **François Bozizé** (1946-) réussit son putsch. Une nouvelle Constitution (la sixième depuis l'indépendance) est adoptée en 2004, stipulant que le président ne peut diriger un parti politique (pour éviter sa partialité), et Bozizé est élu président en 2005.

A **Djibouti**, le multipartisme est instauré en 1992, mais les rivalités ethniques entre Issa et Afar dégénèrent en une guerre civile entre 1991 et 1993. Le président Hassan Gouled Aptidon (Issa) se maintient au pouvoir jusqu'en 1999. Son successeur, Ismaël Omar Guelleh, du même parti et de la même ethnie, est réélu en 2005. Malgré un accord de paix entre le gouvernement et l'opposition afar en 2001, l'opposition boycotte ces élections.

La vague de démocratisation culmine en 1992. Elle a pour résultat l'instauration du multipartisme dans la plupart des pays. Environ la moitié des pays ont changé de gouvernement (Bénin, Centrafrique, Congo, Mali, Niger, Tchad et, pour une courte période, Burundi), l'autre moitié confirmant par des élections le pouvoir en place (Burkina Faso, Cameroun, Côte d'Ivoire, Djibouti, Gabon, Guinée, RD Congo, Rwanda, Sénégal et Togo). Mais les élections ne mettent pas fin aux régimes autoritaires et impopulaires et l'armée et la police gardent des pouvoirs disproportionnés. Le résultat le plus tangible du processus est la libéralisation de la presse écrite et l'affaiblissement du contrôle étatique de la radio et de la télévision, ainsi qu'une plus grande participation populaire à la politique.

Les conflits ethniques

Les guerres entre différents peuples existent depuis toujours en Afrique comme en Europe ou ailleurs dans le monde. Cependant, la démocratisation et le multipartisme exacerbent les rivalités et luttes pour le pouvoir en Afrique subsaharienne, pouvoir qui très souvent s'appuie sur des partis politiques à base ethnique ou régionale.

Dans la **Région des Grands lacs** (RD Congo, Rwanda, Burundi et Ouganda), les conflits ethniques prennent un tournant particulièrement tragique. Au Rwanda et au Burundi, la timide démocratisation est vite dépassée par la guerre entre **Hutu** et **Tutsi,** qui atteint son paroxysme entre 1993 et 1995. Le **génocide au Rwanda**, qui dure trois mois, d'avril en juin 2004, est la plus grande tragédie contemporaine du continent, avec entre 1 mill. et 1,5 mill. de morts, en majorité tutsi (*Quid 2003*). Deux livres du journaliste Jean Hatzfeld contiennent des témoignages poignants de la part des victimes (*Dans le nu de la vie. Récits des marais rwandais*, 2000) et choquants de la part des tueurs (*Une saison de machettes*, 2003). Or, les Hutu et les Tutsi sont plutôt des classes sociales que des groupes ethniques. Ils ont la même langue, le kinyarwanda, mais les pasteurs nomades tutsi, minoritaires, détiennent le pouvoir, alors que les agriculteurs sédentaires hutu sont majoritaires. C'est la Belgique qui, en 1921, introduit la carte d'identité avec mention de l'ethnie. Cette carte reste en vigueur jusqu'au génocide en 1994.

Les hostilités au Rwanda commencent avant l'indépendance, en 1959, quand les Hutu se révoltent, massacrant ou chassant du pays les Tutsi. Le roi tutsi est exilé en 1960 et un référendum en 1961 donne 80 % de votes contre la monarchie tutsi. Avec l'indépendance en 1962, les Hutu arrivent au pouvoir. Cependant, en 1963-1964, des raids tutsi viennent du Burundi. Les représailles sont sévères : des milliers de Tutsi sont tués, y compris des ministres et autres personnalités. En 1973 ont lieu de nouvelles exactions contre les Tutsi. La même année, le major-général hutu **Juvenal Habyarimana** (1937-1994) prend le pouvoir et le parti unique est instauré. En 1982, 80 000 Tutsi et aussi des Hutu modérés sont refoulés en Ouganda.

Les exilés tutsi d'Ouganda créent le **Front patriotique rwandais (FPR)** en 1987 et, en 1990 et de nouveau en 1991, ses troupes pénètrent au Rwanda. **Paul Kagamé** (1957-) en est le leader. La France, la Belgique et le Zaïre envoient une aide militaire au gouvernement. En même temps, le vent de la démocratie souffle sur le Rwanda : le pays se donne une nouvelle Constitution, instaure le multipartisme et forme un gouvernement de coalition en 1992. La Belgique retire ses troupes, mais la même année, de nouveaux massacres de Tutsi et de Hutu modérés ont lieu. Le gouvernement reçoit alors des renforts militaires français. En 1993, le FPR renouvelle ses attaques au nord, s'emparant d'une partie du pays, et des centaines de milliers fuient vers la capitale Kigali. Agatha Uwilingiyimana est nommée premier ministre et essaye de réconcilier les parties. Un accord de paix est signé à Arusha en Tanzanie. L'accord prépare l'entrée du FPR au gouvernement et le soutien militaire de l'ONU. Cependant, la radio-télévision libre Mille Collines est créée et appelle au meurtre des « cancrelats » tutsi, et les milices des **Interahamwe**, composés de jeunes Hutu militants, prônent l'extermination des Tutsi. Le président Habyarimana cherche un appui auprès des extrémistes hutu, tout en négociant avec le FPR. Le climat s'envenime avec un coup d'Etat manqué au Burundi à la fin de 1993. La force de l'ONU, la MINUAR, est enfin déployée et les troupes françaises quittent le Rwanda.

Le 6 avril 1994, un avion transportant les deux présidents rwandais et burundais, retournant de négociations à Arusha, est attaqué en atterissant à Kigali. Leur mort déclenche le génocide, qui commence le 7 avril. Radio Mille Collines affirme que c'est le FPR qui a tiré sur l'avion et la vengeance est lancée. La milice hutu rejoint l'armée et tue une grande partie de la population tutsi de Kigali. Les machettes sont l'arme principale, et les églises catholiques qui abritaient les Tutsi, des lieux privilégiés de massacres. Les femmes sont violées, certaines sauvant leur vie grâce à leur beauté, appréciée par les Hutu. Le FPR déclare la guerre et avance rapidement.

La France et la Belgique commencent l'évacuation de leurs citoyens dès le 9 avril. Le 21 avril, l'ONU décide de réduire la MINUAR, qui passe de 2 500 hommes à 270 hommes seulement. La voie est alors libre pour les Hutu, freinés seulement par l'avancement du FPR. La France, alliée au gouvernement hutu, argumente pour une intervention minimale de l'ONU. Elle est soutenue par les Etats-Unis. Néanmoins, l'ONU porte ses troupes à 5 500 hommes le 17 mai, mais trop tard. Le 22 juin, elle lance l'opération Turquoise, avec 2 500 hommes à Goma, au Zaïre, où se trouve un important camp de réfugiés hutu.

Le FPR contrôle déjà la majeure partie du pays et le 4 juillet, Kagamé et ses troupes entrent à Kigali. Les Hutu fuient maintenant vers la Tanzanie et le Zaïre. Dans les camps des réfugiés, les conflits continuent tandis que les maladies et la faim sévissent. En 1994, on compte plus de 1 300 000 personnes déplacées (*L'état de l'Afrique 2005*).

Le retour des réfugiés au Rwanda se fait peu à peu. En 1996, près de 720 000 réfugiés quittent le Zaïre et près de 500 000 la Tanzanie. En 2006 seulement 50 000 vivent en exil en Afrique (en Ouganda, Tanzanie et dans les deux Congos). Dans une interview (voir Kagamé 2006), Kagamé estime qu'il s'agit soit d'ex-génocidaires fuyant la justice rwandaise soit d'exilés économiques. Il rappelle à ce propos la densité d'habitants par km^2, qui est de 335, la plus élevée en Afrique.

En 1994 est créé le Tribunal pénal international du Rwanda (TPIR). L'inconvénient est qu'il travaille lentement, la première audience a lieu en 1996, et en 2006, 24 sentences seulement ont été prononcées (Jonassen 2006 : 24), alors que 800 000 personnes sont susceptibles d'avoir participé au génocide. Pour venir à bout du grand nombre de prisonniers, Kagamé crée, en 2005, des tribunaux traditionnels, les *gacaca,* qui sont censés fonctionner comme thérapie de groupe et instance de justice à la fois ; mais seulement 700 des 10 000 gacacas prévus fonctionnent en février 2006. Il libère aussi 36 000 prisonniers en 2005, mais il en reste encore 85 000 (selon l'interview avec Kagamé citée ci-dessus).

Kagamé est désigné comme président par l'Assemblée nationale en 2000 et élu en 2003. Ayant grandi en Ouganda, il est anglophone et ses relations avec la France sont plus que tendues. Il accuse la France d'avoir été impliquée dans le génocide, alors que la France de son côté suspecte le FPR d'avoir provoqué ce génocide. Les relations de Kagamé avec la RD Congo sont encore pires : de 1998 à 2002 ils se sont fait la guerre, et la paix reste fragile après le retrait officiel des troupes rwandaises de la RD Congo et l'accord de paix signé en 2002 (*L'état de l'Afrique 2005*). Kagamé accuse la RD Congo de protéger les ex-soldats de l'armée rwandaise et les Interahamwe qui avaient fui devant le FPR en 1994. Kinshasa de son côté suspecte le Rwanda de saper l'accord de paix intercongolais et d'avoir de nouveau envoyé des troupes en RD Congo en 2004. La paix entre Hutu et Tutsi est fragile aussi, mais la question « Etes-vous hutu ou tutsi ? » est devenue « politiquement incorrecte », selon le journaliste François Soudan : on répond désormais « Je suis rwandais » (*Jeune Afrique/L'Intelligent*, no 2351 : 36). Le Rwanda se tourne actuellement vers les Etats-Unis et l'Afrique anglophone, concluant des accords commerciaux avec leurs voisins de l'Afrique de l'Est. Cette orientation peut affaiblir la position de la langue française.

Au **Burundi**, plusieurs assassinats politiques et coups d'Etat manqués déstabilisent le pays après l'indépendance en 1962 ; cependant, le pouvoir demeure aux mains des Tutsi. En 1987, le major tutsi **Pierre Buyoya** (1949–) prend le pouvoir, mais l'instauration du multipartisme porte, en 1993, le Hutu Melchior Ndadaye à la présidence. Il est assassiné après quelques mois, et Cyprien Ntaryamira lui succède. C'est lui qui est tué dans l'attaque contre l'avion présidentiel en 1944. Son successeur hutu est évincé par Buyoya, qui revient au pouvoir par un putsch en 1996. Comme au Rwanda, plusieurs massacres ont lieu durant ces années, et les réfugiés cherchent asile au Rwanda, au Zaïre et en Tanzanie. Une guerre civile de onze ans prend fin en 2000, avec la signature d'un accord de paix à Arusha. Le bilan est d'environ 300 000 victimes (*L'état de l'Afrique 2005*). L'accord prévoit un certain équilibre ethnique au gouvernement et à l'Assemblée nationale (60% de députés pour les Hutu, qui représentent 85% de la population, et 40% pour les Tutsi, qui en représentent 14%), ainsi que dans l'armée et la police (jusque-là majoritairement tutsi). Le président Ndayizeye, désigné en 2003, assure la transition en attendant élections – jusqu'à présent repoussées.

Le **Zaïre** est déjà sous Mobutu impliqué dans le conflit Hutu-Tutsi. En 1996, les forces armées zaïroises et les milices hutu au nord du pays, dans la province du Kivu, massacrent des Tutsi installés au Zaïre et en chassent d'autres dans le Sud-Kivu. Mais les Tutsi zaïrois ripostent et battent les Hutu. Avec l'appui du Rwanda et de l'Ouganda, des forces sont formées pour démanteler les camps des réfugiés hutu au Zaïre, et, à terme, chasser Mobutu du pouvoir. **Laurent-Désiré Kabila** (1939–2001) est choisi comme leur porte-parole. Les forces zaïroises ripostent à leur tour et reprennent plusieurs provinces. En 1997, Mobutu et Kabila se rencontrent, et Mobutu, malade, décide de partir en exil. Kabila prend alors le pouvoir et rebaptise le pays la **République Démocratique du Congo.** Cependant, les combats continuent dans le Kivu, avec une rébellion des Tutsi rwandais. La RD Congo forme une alliance avec la Namibie, l'Angola et le Zimbabwe, contre ses anciens alliés, le Rwanda et l'Ouganda. L'ONU intervient avec des forces, mais Kabila est assassiné en 2001. Son fils **Joseph Kabila** (1971–), général-major, est désigné président. A l'étonnement général et à la différence de son père, il réussit à unifier le pays. Il signe aussi un accord de paix avec le Rwanda en 2002, même si les combats continuent au Kivu. Selon la RD Congo, ces combats sont provoqués par le Rwanda. De son côté, le président Kagamé accuse la RD Congo de protéger des extrémistes hutu, et menace de les poursuivre. La paix intérieure de la RD Congo est fragile aussi. Plusieurs groupes armés sont intégrés à l'armée, dont l'ex-FAZ (Forces armées zaïroises, ex-mobutistes) et l'ex-FAC (Forces armées congolaises, pro-Kabila). La moitié des 300 000 à 350 000 hommes de l'armée doivent réintégrer la vie civile, tandis que d'autres groupes armés doivent être désarmés, selon un plan national de **DDR (Démobilisation, Désarmement, Réintégration)**. En 2003, un gouvernement d'union nationale est nommé pour une période de transition. Aux élections prévues d'abord pour 2005 mais repoussées en 2006, Joseph Kabila est donné favori, malgré sa jeunesse. Il bénéficie d'un soutien transnational (non ethnique et non régional), alors que ses opposants sont plus liés à leur origine ethnique ou régionale. L'économie lui est favorable aussi, l'activité minière (surtout les diamants) attirant les investisseurs occidentaux et sud-africains.

Le conflit actuel le plus dangereux est celui de la **Côte d'Ivoire**, naguère si prospère et paisible. La mort du président Houphouët-Boigny en 1993 déclenche un conflit pour la succession, opposant le président de l'Assemblée nationale, **Henri Konan Bédié** (1934-) au premier ministre **Alassane Dramane Ouattara** (1942-). Bédié est nommé président conformément à la Constitution, mais il instaure une nouvelle règle pour les élections présidentielles de 1995 : il faut être de père et de mère ivoiriens pour se présenter. L'« **ivoirité** » exclut Ouattara comme candidat, car on prétend qu'il est de nationalité burkinabé. Sa nationalité ivoirienne sera reconnue lors d'un Forum de réconciliation nationale en 2001, mais l'ivoirité est jusqu'à présent maintenue comme critère d'éligibilité pour la présidence, provoquant de vives tensions entre le Sud et le Nord (majoritairement peuplé d'ethnies vivant aussi dans les pays frontaliers du Mali et du Burkina Faso). Sous Bédié, le déclin économique et la corruption déjà existants s'aggravent encore. Le coup d'Etat du général Robert Gueï en décembre 1999, forçant Bédié à l'exil, est donc reçu sans trop d'émotions. Cependant, lorsque le général se présente aux élections en 2000 au lieu de passer le pouvoir aux civils, et qu'il se proclame vainqueur après le premier tour malgré la victoire de **Laurent Gbagbo** (1945-), le peuple descend dans la rue. Gbagbo se proclame à son tour vainqueur. Mais les « nordistes » réclament de nouvelles élections, car Ouattara, qui est du Nord, était exclu de ces élections. La fracture entre les « nordistes », majoritairement musulmans, qui se réclament de Ouattara, et les « sudistes », majoritairement chrétiens, loyaux à Gbagbo, se creuse. Un coup d'Etat manqué de la part des nordistes en septembre 2002 provoque la division du pays en deux parties. Une guerre civile larvée oppose désormais les « jeunes patriotes », dirigés par Charles Blé Goudé et partisans de Gbagbo, aux « ex-rebelles », dirigés par Guillaume Soro et partisans de Ouattara. La situation se complique du fait de l'existence de fractions rebelles dans l'ouest du pays. Des accords signés à Marcoussis en France en 2003 instaurent un gouvernement de transition, mais les conditions de l'accord ne sont pas respectées, pas plus que celles des accords qui suivent. Les médiations des institutions sous-régionales, continentales et internationales n'ont jusqu'ici pas abouti, pas même celle du président sud-africain Thabo Mbeki, mandaté par l'UA.

En 2004, l'armée ivoirienne attaque et tue des soldats français faisant partie des forces de l'ONU de maintien de la paix. Les Français ripostent et la fuite des Français et d'autres étrangers, déjà en cours, s'intensifie. Nombreuses sont aussi les institutions et sociétés internationales qui déplacent leurs activités de la Côte d'Ivoire vers d'autres pays africains. Les mandats électoraux du président et de l'Assemblée nationale ont expiré en 2005, sans que les conditions pour de nouvelles élections soient encore satisfaites. Dans ce vide constitutionnel, la communauté internationale a nommé un premier ministre par interim, Charles Konan Banny, mais pour l'instant, il se heurte à la résistance des pouvoirs en place et on ne sait si les élections pourront avoir lieu comme prévu en 2006.

L'économie de la Côte d'Ivoire pâtit de la guerre, et la sous-région en souffre aussi, notamment les pays enclavés qui dépendaient du port d'Abidjan et des transferts financiers de leurs travailleurs émigrés. Beaucoup de ces travailleurs rentrent dans leurs pays où ils constituent une charge supplémentaire pour l'Etat. Certains pays profitent cependant de cette crise : le Ghana, le Togo et le Sénégal, par lesquels transitent maintenant les marchandises du Mali, du Burkina Faso et du Niger.

Face aux nombreux conflits ethniques et régionaux qui ravagent les pays indépendants de l'Afrique subsaharienne, Jean-Paul Ngoupandé (2002) demande aux Africains d'être lucides, d'accepter cette réalité historique et sociale qu'est l'ethnie en Afrique et d'adapter la démocratie au contexte africain. Les partis s'identifient en effet encore largement à des ethnies ou à des régions. Par conséquent, on ne peut pas remplacer l'équipe sortante à tous les postes de responsabilité, comme le font par exemple les Etats-Unis, sans exclure les autres ethnies. Les avantages dont bénéficient les membres de l'ethnie au pouvoir éveillent des sentiments d'injustice chez les autres ethnies, et le ressentiment est encore plus fort quand l'ethnie au pouvoir constitue une minorité, comme au Rwanda. Le tribalisme n'est d'ailleurs pas « en soi une force politique, mais un canal par lequel se réalise la compétition en vue de l'acquisition de la richesse, du pouvoir, du statut », constate le chercheur français Jean-François Bayart (cité par Ngoupandé 2000 : 312). Selon Ngoupandé, les élections pluralistes légalisent la marginalisation des perdants, vaincus plus par l'« arithmétique tribale que par la supériorité de leur programme électoral » (*op.cit* : 314). Comme rien ne sert d'attendre son tour, la tentation est grande de passer par le pouvoir militaire. Comme solution, Ngoupandé propose de distribuer le pouvoir selon un dosage ethnique et régional. (On a vu ci-dessus que c'est la solution proposée par le Burundi en 2000.)

Terminons cet aperçu de l'évolution violente des pays indépendants et la difficile démocratisation par l'exemple du **Sénégal**. Ce pays n'a jamais connu de putsch, ni de régime militaire, ni de déchirures ethniques ou religieuses, et a vécu deux transmissions pacifiques du pouvoir, d'abord de Senghor à Abdou Diouf en 1981 et ensuite d'Abdou Diouf à **Abdoulaye Wade** (1926–) en 2000. Opposant de toujours, Wade gagne enfin l'élection présidentielle sous le slogan *sopi* ('changement', en wolof). En 2002, Abdou Diouf est, pour sa part, élu secrétaire général de l'Organisation Internationale de la Francophonie.

Les alternances démocratiques au Mali et au Bénin constituent, avec celle du Sénégal, les avancées les plus sensibles dans le processus de démocratisation en Afrique subsaharienne.

« On dort mal lorsqu'on dort sur la natte des autres » : la vie économique et sociale 1960–1990

Sur le plan économique comme sur le plan politique, les années 60 sont marquées par l'euphorie des indépendances : « [...] l'Afrique poursuivait l'élan imprimé par la gestion coloniale, et bénéficiait de la conjoncture internationale d'après-guerre, qui était excellente », résume Lilyan Kesteloot (2004 : 231). La guerre froide avait pour effet une concurrence dans l'aide technique à l'Afrique, ce qui a permis aux Etats de prendre le contrôle des services publics (chemins de fer, eau, électricité, poste et télécommunications), tout en participant aux anciennes exploitations industrielles et agricoles dans des sociétés mixtes (les propriétaires français préférant cette africanisation à la nationalisation). Les nombreux assistants étrangers constituaient un marché important de consommateurs pour le commerce et le tourisme, et une couche de privilégiés africains émergeait, faite de fonctionnaires et d'hommes d'affaires. La Côte d'Ivoire devient le pays le plus prospère, et illustre, avec le Cameroun, l'expansion économique rendue possible par le boom des prix du café et du cacao. Cette expansion ne ralentit que vers les années 1980, comme en Europe (*op.cit.* : 232).

Pourtant, des signes de dysfonctionnement apparaissaient qui auraient pu mettre en garde tant les hommes politiques que les intellectuels, mais dont seuls quelques rares voix osaient parler. L'agronome René Dumont critiquait déjà, dans *L'Afrique noire est mal partie* (1961), la mauvaise gestion des nouveaux Etats, mais n'a pas été pris au sérieux : on croyait que c'était des « maladies infantiles ». Le livre de Dumont est, depuis, souvent cité.

Les ex-colonies belges avaient une croissance économique plus lente à cause de la guerre civile au Congo (RD Congo).

Les sécheresses au Sahel à partir de 1972 aggravent la situation : la savane se dénude et les hommes fuient vers les villes. Les cours des matières premières baissent alors que le prix du pétrole flambe. Le chômage s'étend et les femmes sont obligées de travailler dans le secteur informel, en plus de leurs tâches domestiques, pour subvenir aux besoins de la famille. La croissance de la population, grâce à la médecine moderne, pose problème : comment assurer à une population toujours plus jeune la scolarité et le travail ?

L'aide extérieure répond à l'appel avec des prêts bilatéraux et de grands projets de développement – souvent des « éléphants blancs » inutiles aux pays mais lucratifs pour les dirigeants africains. La dette contractée durant cette période – et plus tard – pèsera lourdement sur les pays africains lorsque les intérêts augmenteront. Les **ONG (Organisations Non Gouvernementales)** prennent une place de plus en plus importante, luttant contre la famine et soulageant les maladies. Certaines voix critiques soutiennent qu'ils servent d'alibi aux Etats, leur permettant de fuir leurs responsabilités. D'autre part, les Etats ne contrôlent pas ces ONG, qui chacune travaille dans son secteur. Samir Amin, économiste de renommée internationale, pronostique un sous-développement continu à moins que les Etats n'arrivent à maîtriser leur économie. Comme le dit un proverbe malien : « On dort mal lorsqu'on dort sur la natte des autres » (Ki-Zerbo, cité par Kesteloot 2004 : 253).

La corruption sévit, et la question se pose de savoir si elle a des racines précoloniales ou coloniales. Elle frappe autant les pays socialistes comme la Guinée, le Bénin et le Zaïre que les pays capitalistes comme la Côte d'Ivoire. L'économie informelle s'étend, avec pour résultat l'affaiblissement des revenus de l'Etat et la distribution inégale des revenus.

Mais on espère encore et différentes solutions sont proposées : une aide « Marshall » comme celle des Etats-Unis vers l'Europe après la Seconde Guerre mondiale, une meilleure gestion par les Africains eux-mêmes, ou la fameuse « débrouillardise » des Africains, qui fait fleurir l'économie informelle. On croit au transfert des technologies, aux accords internationaux qui favorisent l'exportation des produits africains, et aux garanties étatiques des prix de café, cacao et bananes.

C'est alors qu'arrivent les institutions dites de **Bretton Woods**, le **Fonds Monétaire International (FMI) et la Banque Mondiale (BM)**. Dès 1982, ils proposent des **Programmes d'Ajustement Structurel (PAS)**, censés assainir les économies africaines. Ces programmes décrètent la rationalisation d'une fonction publique qui jusque-là a embauché tous les diplômés et qui par conséquent est surpeuplée, mais aussi la limitation de l'embauche dans les domaines de la santé et de l'éducation, qui en ont besoin, le blocage des salaires déjà bas et la hausse des prix des produits de base jusque-là contrôlés par l'Etat. Ces conditions sont très dures pour les Africains, qui doivent survivre sans la sécurité sociale des Occidentaux. Même les Etats riches comme la Côte d'Ivoire perdent le contrôle de leur propre économie. Aujourd'hui, ces institutions elle-mêmes reconnaissent que le remède n'a pas guéri le patient. La communauté internationale oeuvre maintenant plutôt à l'allègement de la dette. Quant aux bienfaits de l'économie libérale, les avis sont partagés. « Comment proposer à un corps déjà insuffisamment nourri de « devenir concurrentiel » au niveau mondial ? » demande Lilyan Kesteloot (2004 : 268), qui voit cette concurrence comme « le pot de terre contre le pot de fer » (*op.cit.* : 269).

La baisse des cours des matières premières porte un coup dur aux pays producteurs, après deux décennies de prospérité économique. Mais d'autres pays, notamment dans le Golfe de Guinée, profitent de leurs gisements de pétrole et de la hausse des prix ; c'est le cas du Gabon, du Cameroun et du Congo. La mauvaise gestion de nombre de dirigeants africains contribue cependant à maintenir la pauvreté. Car si, dans les pays du Sahel, l'aridité et l'enclavement expliquent en grande partie leur misère, on ne peut pas en dire autant des pays possédant de grandes richesses naturelles (minéraux, pétrole, bois et terres fertiles), comme par exemple la Guinée et la RD Congo.

La vie économique après 1990 : comment sortir de la pauvreté ?

Juste après les indépendances on désignait les pays africains comme des « pays émergents ». Dans les années 90, la terminologie change : on parle désormais de « pays pauvres ». Cette pauvreté se mesure par le PIB (Produit intérieur brut), mais ces dernières années de plus en plus souvent aussi par l'**Indice de développement humain (IDH)**, calculé à partir d'indicateurs chiffrés utilisés par le **Programme des Nations Unies pour le Développement (PNUD)** pour estimer la qualité de vie d'un pays. L'IDH prend en compte trois éléments sociaux : longévité, scolarisation / alphabétisation et niveau de vie. L'IDH a été conçu d'après une idée de l'économiste indien Amartya Sen. L'Afrique se trouve en bas de l'échelle des pays recensés, qui sont au nombre de 173 en 2000 (18 pays n'ayant pas été classés faute de statistiques fiables) et 177 en 2004. Seuls quatre pays se trouvent parmi les « pays moyens » : Gabon, Cameroun, Togo et Congo, alors que les autres se situent parmi les « pays faibles » (leur rang allant de 149 à 172 en 2004 (sources : PNUD et *L'état de l'Afrique 2005*).

Vingt ans après l'introduction des PAS, on constate donc leur échec. Jean-Paul Ngoupandé l'explique par la démarche autoritaire de la BM et du FMI, leur manque de pédagogie et leur discours technocrate, qui renforcent l'idée que les PAS sont imposés. Or, l'intérêt était d'amener les Etats à ajuster leurs dépenses à la réalité des ressources financières. Conçus par des experts extérieurs, non adaptés aux particularités locales, leur viabilité est incertaine. De plus, les sacrifices demandés aux populations ne sont pas équitablement répartis. Les PAS sont par la suite devenus FASR (Facilités d'ajustement structurel renforcé) et, aujourd'hui, **Facilités de lutte contre la pauvreté**. Selon Ngoupandé, c'est un bonbon qu'on donne pour faire avaler la pilule des « conditionnalités » du FMI.

Une particularité de la dette en Afrique est qu'elle est principalement publique (contrairement à celle de l'Asie et de l'Amérique latine). Ceci est en particulier vrai de l'Afrique francophone. Comme la dette n'a pas servi à des investissements productifs comme l'industrie et qu'elle n'a donc pas contribué à créer des richesses, le poids est ressenti comme plus lourd, même si, en termes absolus, elle n'est pas plus importante qu'ailleurs.

En janvier 1994 est annoncée la dévaluation du franc CFA de 50%. Les institutions de Bretton Woods convainquent (ou contraignent) la France à l'accepter. Le désengagement de la France est dû à la rigueur budgétaire en France mais aussi au pessimisme qui règne quant à la possibilité de voir redémarrer l'économie africaine. Quant aux chefs d'Etat africains, ils sont mis devant un fait accompli vécu comme dramatique. Et, si cette décision est censée améliorer la vie des ruraux en rendant les produits locaux plus compétitifs, les produits importés sont devenus plus chers et les citadins en souffrent. Des mesures d'accompagnement de Bretton Woods ont allégé ces problèmes, sans toutefois les résoudre. Aujourd'hui, la parité, toujours garantie par la France, se fait avec l'euro et la zone franc reste tout de même l'un des moyens les plus forts de coopération entre la France et ses anciennes colonies.

Les Français s'en vont

Dans son livre provocateur, *L'Afrique sans la France* (2002), Jean-Paul Ngoupandé, que nous avons cité à plusieurs reprises, signale le désengagement grandissant de la France. Cela commence dans les années 70 : la réduction progressive du nombre de coopérants français (assistants techniques, enseignants, etc., payés par la France) ; des conditions plus difficiles d'entrée en France ; plus de rigueur dans l'aide financière. Mais c'est surtout à partir des années 90 que le changement devient notable. Les signes les plus visibles en sont, selon cet auteur :

1) La quasi-impossibilité d'obtenir un visa pour la France. Aux yeux du public africain c'est le signe tangible que la France tourne désormais le dos à l'Afrique. Le manque de distinction entre le candidat à l'immigration

clandestine et le cadre qui voyage pour ses affaires, pour un séjour d'études ou même pour ses vacances, rebute les élites, qui de plus en plus souvent se tournent vers les Etats-Unis ou le Canada. Ces pays se distinguent de la France par leur politique d'immigration en acceptant plus volontiers les immigrés compétents. Ceux qui tentent de partir pour l'ancienne métropole subissent l'humiliation des queues d'attente sous le soleil, souvent soldées par un refus, ce qui fait naître un sentiment antifrançais qui risque de se développer. (Si on ajoute à ce sentiment le « rêve américain » et l'engouement récent des Africains pour les cours d'anglais, attestés dans plusieurs pays africains, on peut se demander si à long terme le français n'est pas menacé comme langue de prestige dans l'Afrique francophone.)

2) La dévaluation du franc CFA marque la fin du dialogue exclusif entre la France et ses anciennes colonies. Les décisions sont désormais prises par le FMI et la BM. C'est l'officialisation du primat de la coopération multilatérale sur le bilatéral, qui avait jusque-là eu la préférence de Paris.

3) Le retrait de la majeure partie des troupes françaises du sol africain. Il constitue un double avantage pour la France : des coûts partagés avec la communauté internationale et le fait de ne plus se trouver en première ligne. En Centrafrique, par exemple, on abandonne définitivement les bases militaires en 1997, après presque cent ans de présence. L'armée française se contente désormais d'évacuer les ressortissants français ou occidentaux (Congo, Tchad, Côte d'Ivoire...) et de participer aux forces internationales.

4) La diminution du nombre de Français en Afrique.

5) Les centres de recherches africanistes sont maintenant moins riches en France qu'aux Etats-Unis, au Canada, en Allemagne et même au Japon.

Comment expliquer ce désengagment et comment envisager les rapports futurs ?

L'explication tient d'abord au changement des générations, d'après Ngoupandé. Les étudiants africains formés en France entre 1950 et 1980 quittent la scène, comme aussi leurs camarades d'études français. Le nombre d'étudiants africains en France sera moins important dans le futur, grâce aux universités africaines et à cause des problèmes de visa. Quant aux nouvelles générations françaises, elles se sentent moins responsables de la colonisation et ont tendance à trouver que l'Afrique a déjà beaucoup reçu. Les liens vont donc se relâcher.

Le deuxième facteur est le fait que la politique étrangère de la France est de plus en plus tournée vers l'intégration européenne. Ce qui reste de sa politique africaine se fait non seulement en collaboration avec les institutions de Bretton Woods, mais aussi et surtout à l'intérieur de l'Europe :

coopération financière, aide au développement, pressions en faveur de la démocratie, maintien de la paix. (On peut objecter que cette politique est menée aussi à l'intérieur de l'Organisation internationale de la Francophonie.)

La troisième explication est que la France lutte elle-même contre le chômage, et que la charge économique et politique de l'Afrique est devenue trop lourde. Elle n'a donc plus d'intérêt à rester. Selon Ngoupandé, c'est normal : tout Etat doit veiller à ses intérêts. Cela ne veut pas dire que l'aide au développement doit cesser mais, sauf pour l'aide humanitaire, elle doit, selon lui, être attribuée en récompense de la bonne gouvernance (la carotte et le bâton...).

Enfin, il estime que la défense de la langue française n'est plus une préoccupation pour la France. (Or, la France soutient activement l'Organisation Internationale de la Francophonie. Et elle a tout intérêt à maintenir le rôle du français en Afrique subsaharienne, qui lui assure un élément de grandeur et une quinzaine de voix acquises d'avance dans les instances internationales comme l'ONU. Vu la forte croissance démographique, le nombre important de locuteurs potentiels devrait également l'inciter à maintenir ces liens privilégiés.)

5.2 Situation actuelle

La situation sociolinguistique après les indépendances en 1960 continue à être marquée à la fois par le passé et par la présence des Européens. La traite des esclaves et la colonisation ont laissé de profondes blessures ; cependant, la langue française et les cultures française et belge constituent encore des références pour l'Afrique francophone. Cette dualité se reflète dans le **status** et le **corpus** du français et des langues africaines. (Voir chap. 1 pour une présentation de cette dichotomie que nous devons à Robert Chaudenson ; voir aussi Chaudenson 1991, 2000, 2001.) Si le status du français est prépondérant (langue officielle, langue d'enseignement, langue d'écriture), le corpus (l'usage réel) des langues nationales est plus important (langues quotidiennes, familiales, parlées).

Diglossie et triglossie

Le français est donc dominant par rapport aux langues africaines. C'est ce qu'on appelle une situation de **diglossie** (voir Beniamino 1997 pour une description sommaire). La diglossie suppose une distribution fonctionnelle, dans la société, de deux langues ou deux variétés de langue. Cette distribution est de nature hiérarchique. La **langue « haute » (H)**, celle du prestige, occupe les fonctions formelles : administration, juridiction, enseignement, littérature, alors que la **langue « basse » (B)**, souvent stigmatisée, est utilisée dans la vie informelle, quotidienne, familiale. Quand cette répartition fonctionnelle est doublée d'une distinction entre les sphères de **l'écrit** et de **l'oral**, la hiérarchie est plus prononcée encore. C'est le cas en Afrique où, normalement, le français sert de langue écrite alors que les langues africaines sont utilisées à l'oral.

La distance entre les deux types de langues en présence peut être plus ou moins grande. Elle est très importante entre le français, langue indo-européenne, et les langues africaines, appartenant à d'autres familles linguistiques (selon la classification moderne, on compte quatre grands re-groupements : Niger-Congo, Nilo-saharien, Afroasiatique et Khoisan. Voir Heine et Nurse 2004). Cette distance interlinguistique augmente les difficultés des locuteurs qui sont appelés à apprendre les deux langues H et B.

On trouve aussi souvent, en Afrique, des « diglossies enchâssées » : une langue B peut fonctionner comme langue H vis-à-vis d'une autre langue. Ainsi, une grande langue africaine, dominée par le français, peut-elle à son tour dominer une langue africaine régionale, qui à son tour peut dominer une langue africaine locale de moindre diffusion. La triglossie est en effet un cas de figure fréquent en Afrique, avec ou sans le français : français / langue africaine de grande diffusion / langue africaine régionale ou locale, ou : langue africaine de grande diffusion / langue régionale / langue locale. Les Africains parlent d'ailleurs facilement plus de trois langues. Car l'Afrique est plurilingue à un très haut degré, que ce soit au niveau individuel ou au niveau communautaire. Le degré de plurilinguisme des pays varie cependant. Le Gabon et la Côte d'Ivoire représentent des « cas moyens » avec environ 50 et 60 langues chacun, alors que la RD Congo en a environ 250 (voir « Zaïre », in CONFEMEN 1986 : 341). Les chiffres varient, comme pour le Cameroun : 239 selon Féral (1993 : 205), 248 selon Queffélec (2003 : 947).

Mais la situation n'est pas partout identique. Selon les statistiques sur le nombre de francophones dans chacun des dix-sept pays (voir le tableau à la page 214), le taux de locuteurs francophones réels varie de 5% à 44%. Nous examinerons les raisons de cette variation et le bien-fondé de certaines estimations. La raison la plus importante de la variation (mais pas la seule) paraît être la présence ou l'absence d'une langue africaine majoritaire. Ce facteur et d'autres jouent aussi sur le type de français parlé et sur son rôle dans l'avenir.

5.2.1 Le choix de langue(s) officielle(s)

A l'indépendance, toutes les colonies françaises et belges optent pour le français comme langue officielle, dans certains cas avec une autre langue. Il s'agit, d'une part, d'impératifs techniques : les langues africaines étaient peu instrumentées (manque de vocabulaire du monde technique, scientifique, moderne) et peu standardisées (morcellement dialectal). D'autre part, les fonctionnaires formés en français devaient leur statut à leur connaissance du français. De plus, on évitait par ce choix les troubles ethniques, assurant ainsi la cohésion nationale encore fragile. Le maintien du français préservait aussi la communication avec les autres pays francophones africains, ainsi que le contact avec les anciennes métropoles Paris et Bruxelles. Ce contact avait une grande importance économique et politique. Même les nationalistes acceptaient le français, qui paraissait comme un « moindre mal » (Queffélec 2003 : 946-947).

Le terme de langue officielle se distingue de celle de **langue nationale**, qui a pris une signification particulière dans l'Afrique francophone. Ce statut implique la reconnaissance d'une langue du terroir, en général accompagnée de sa codification (alphabet, orthographe). Mais sa valeur est surtout symbolique. Le Niger a, par exemple, reconnu huit langues nationales dans la Constitution de 1989 sans que leur rôle soit défini, et le Sénégal a reconnu six langues nationales qui fonctionnent à titre expérimental dans quelques écoles primaires seulement. Dans la Constitution votée en 1992, le Congo a reconnu, parmi plus de 60 langues, le lingala (parlé au nord) et le munukutuba (parlé au sud) comme langues nationales. Elles ne sont cependant ni codifiées ni enseignées malgré la loi scolaire de 1980 qui stipule qu'elles doivent être « enseignées à l'école du peuple » (Kouba-Fila 1996 : 619).

Cependant, certains pays choisissent avec le temps une langue nationale comme langue officielle à côté du français. Les pays linguistiquement homogènes sont les premiers à le faire : le Rwanda déclare dès 1962 le kinyarwanda langue officielle avec le français (et plus récemment aussi avec l'anglais). Le Burundi attend 1974 pour faire de même avec le kirundi. En 1981, ce pays change la formulation : le kirundi est langue officielle avec « d'autres langues déterminées par la loi » (Frey 1993 : 243). En Centrafrique, le sango, langue majoritaire, devient langue officielle à côté du français en 1991. L'arabe est considéré comme langue officielle à côté du français à Djibouti à partir de l'indépendance en 1977 (Maurer 1993 : 194). Il est officiellement reconnu en 1992 (Queffélec 2003 : 948) – bien que ce soit une langue importée, peu parlée (Maurer : *op.cit.*). Au Tchad, l'arabe classique devient langue officielle en 1993 (Queffélec 2003 : 948), alors que c'est l'arabe dialectal qui est parlé par plus de la moitié de la population (*Etat de la francophonie dans le monde*, 2001 : 32-33). Le Cameroun est le seul pays à avoir deux langues européennes officielles, le français et l'anglais. Ce choix est un héritage de la colonisation, le Cameroun étant constitué de deux provinces anciennement anglaises et huit provinces anciennement françaises.

5.2.2 La (les) langue(s) d'enseignement

– La revalorisation des langues nationales

Tous les Etats issus de la colonisation française et belge optent aussi pour le français comme langue d'enseignement. Certains régimes « marxistes » comme la Guinée, le Congo et le Dahomey (Bénin) désirent toutefois revaloriser les langues nationales pour en finir avec la domination étrangère et l'aliénation culturelle. Cependant seule la Guinée prend des mesures concrètes : en 1968 elle introduit huit langues nationales comme **matière** d'enseignement du primaire au supérieur et comme **médium** d'enseignement progressivement du primaire au secondaire. A la mort de Sékou Touré en 1984, l'enseignement se fait en langues nationales jusqu'en deuxième année du secondaire. Mais la réforme, mal préparée, est un échec et le français est rétabli comme médium d'enseignement après le décès du président (voir Diallo 1993). Le Burkina Faso tente, entre 1978 et 1984, une expérimentation en langues nationales, mais la concurrence entre la soixantaine d'ethnies (aucune n'a voulu adopter la langue de l'autre) fait qu'on conforte plutôt le français, langue « neutre » et plus prestigieuse (Prignitz 1996 : 554).

La RD Congo adopte, en 1967, sous Mobutu, une politique de « recours à l'authenticité ». Mais l'authenticité linguistique se limite aux noms institutionnels, personnels et topographiques (le Zaïre au lieu du Congo, etc.) ; on ne trouve aucune disposition dans la Constitution ni dans l'enseignement.

Après la Guinée, le Mali est le pays qui a fait le plus d'efforts pour valoriser ses langues nationales. En 1979, le bambara est introduit à côté du français dans quatre écoles expérimentales. Trois autres langues régionales suivent l'exemple, mais l'expérimentation s'essouffle et ne touche jamais plus d'une centaine d'écoles. En 1994, une réforme scolaire est adoptée qui prévoit d'introduire progressivement toutes les langues nationales à côté du français à l'école primaire. Elle est remplacée en 1998 par une réforme plus ambitieuse. C'est ainsi qu'en 2005, onze des treize langues nationales sont utilisées comme médium d'instruction. Cependant, seuls 30% environ des élèves sont inscrits dans ces écoles bilingues en 2005, dix ans après l'introduction de ce qu'on appelle la « pédagogie convergente » (convergence d'une langue nationale et du français). Bien que pédagogues et linguistes recommandent l'enseignement en langue maternelle (ou dans une langue régionale comprise par l'enfant), le nombre toujours grandissant d'enfants, l'insuffisance des moyens humains et matériels, mais aussi la résistance des parents et d'une grande partie des enseignants font que même au Mali, les langues nationales ont une position précaire en tant que langues d'enseignement (voir Skattum 1997).

Dans certains pays, les langues nationales sont utilisées dans l'**alphabétisation fonctionnelle** (censée donner aux adultes des instruments pour fonctionner au travail). Mais les résultats sont mitigés. L'absence d'un environnement écrit en langues nationales y est pour beaucoup, le français dominant totalement la sphère de l'écrit. Les « néo-alphabètes » ont donc peu de textes à lire, et ne peuvent pas non plus s'adresser aux autorités dans ces langues. Les méthodes d'enseignement laissent aussi à désirer (voir Dombrowsky 1993). Cette alphabétisation, comme aussi l'enseignement formel en langues nationales, sont souvent vus comme une éducation « au rabais ». La distinction terminologique entre « scolarisé » (en français) et « alphabétisé » (en langue nationale) véhicule une différence de prestige. Un scolarisé peut ainsi dire (le plus souvent sans regret) qu'il n'est pas alphabétisé.

– Les efforts de scolarisation

Les gouvernements indépendants font des efforts énormes de scolarisation de masse : de 1960 à 1983 les effectifs dans le primaire triplent, se multiplient par 22 dans le secondaire et par 41 dans le supérieur. Ils consacrent entre 20 et 25% de leurs budgets nationaux à l'éducation (*Atlas de la langue française* 1995 : 43). Les programmes sont réformés et de nouveaux manuels conçus. Mais les langues africaines ne bénéficient pas du renouveau : sauf exceptions, le français reste la langue d'enseignement dès la première année.

Il faut reconnaître qu'économiquement, il est quasiment impossible pour les nouvelles nations de faire face aux demandes liées au développement démographique. Comment pourvoir en enseignants bien formés et en matériel pédagogique en quantité suffisante des élèves et des étudiants chaque année plus nombreux ? Dans plusieurs pays le retard – voire l'absence – de paiements des enseignants les détourne de leurs tâches pédagogiques et entraîne un absentéisme important. Mentionnons aussi, parmi d'autres conséquences, les grèves répétées des enseignants et aussi des étudiants et élèves, qui ont pour résultat des années blanches et des résultats scolaires toujours plus bas. Cette situation rejaillit sur les compétences en français chez les maîtres et les élèves.

L'essentiel des diplômés africains de niveau universitaire était, jusqu'à la fin des années 60, formé en France. Après l'indépendance, l'UNESCO aide à établir des Ecoles normales supérieures de formation des maîtres, et la France à créer des universités. Les programmes de ces universités prennent en compte l'histoire et la littérature africaines. Leur qualité laisse toutefois à désirer, selon Ngoupandé (2002 : 41-42), qui estime qu'elles « n'avaient pas et ont encore moins aujourd'hui les moyens d'offrir un enseignement universitaire digne de ce nom. La pression démographique et l'absence d'une sélection rigoureuse ont fait littéralement exploser des infrastructures prévues pour un nombre limité d'étudiants; elles sont obligées d'en recevoir cinq, huit, voire dix fois plus alors qu'elles n'ont pas les moyens de s'agrandir ni de s'équiper, d'où la chute vertigineuse du niveau ». Le même constat est fait par Drissa Diakité dans son article « La crise scolaire au Mali » (2000).

D'autres domaines d'utilisation

Dans les administrations locales, on entend facilement parler les langues nationales locales ou régionales. Cependant, le recours au français est partout valorisant : si le fonctionnaire veut briller ou quand l'interlocuteur a un statut qui suggère qu'il est à même de le comprendre, on choisit souvent le français.

Les régions de confession musulmane utilisent l'arabe dans le culte et l'enseignement coranique traditionnel et moderne (médersas/madrasas). Les maîtres des médersas peuvent se servir des langues locales pour leurs explications, et dans le culte, les prêches peuvent être en langues nationales. Chez les chrétiens, notamment les protestants, les langues locales sont prédominantes dans la liturgie, alors que chez les catholiques, le français intervient plus facilement.

Les moyens de communication de masse gardent une place importante au français. Cela vaut en particulier pour la presse écrite, presque toujours rédigée en français, et la télévision qui, manquant de ressources pour créer ses propres productions, en importe des pays du Nord. La télévision gagne du terrain (dans les villages sans courant on utilise une batterie de voiture, et ceux qui sont sans poste de télévision, se regroupent chez le voisin). Elle peut donc servir de vecteur pour le français. La radio, par contre, qui est le moyen de communication de loin le plus accessible aux populations africaines, profite de la démocratisation : un grand nombre de radios « libres » diffusent maintenant en langues locales.

L'édition est presque exclusivement en français. Le public analphabète et le manque de professionnels dans l'édition font que la production se fait principalement en France ou dans d'autres pays francophones. La diffusion est également limitée en Afrique : le nombre des librairies et des bibliothèques est restreint, et celles qui existent sont peu fournies.

L'usage informel – en famille, avec des amis, dans le quartier, sur le marché –, a lieu principalement dans les langues africaines, celle des parents ou, si les parents sont de langues différentes, celle du père ou encore la langue régionale. Dans les grandes villes, on parle aussi le français dans les contextes informels, mais dans ces cas, le français entre normalement dans un répertoire multilingue.

Les alternances codiques français/langues africaines sont fréquentes, comme aussi les emprunts (voir Queffélec 1997). Dans les régions musulmanes, les emprunts à l'arabe, plus anciens, sont bien intégrés et on les remarque à peine (surtout des termes religieux, mais aussi les jours de la semaine, etc.). Les emprunts au français concernent d'abord les notions modernes (*peresident, mobili* < « automobile »), mais on emprunte aussi des morphèmes grammaticaux (*pasiki* < « parce que »). Dans les deux cas, les emprunts sont adaptés à la langue emprunteuse.

5.2.3 Combien de francophones réels en Afrique subsaharienne ?

Il est difficile d'évaluer le niveau des compétences en français et donc de dire qui est francophone en Afrique. L'*Atlas de la langue française* (1995) fait une estimation basée sur différentes sources statistiques, démographiques et scolaires. Les locuteurs sont classés selon trois niveaux : 1) locuteurs n'ayant aucune connaissance du français ; 2) locuteurs **potentiels** qui ont suivi un cursus scolaire d'au moins deux ans en français et qui éventuellement peuvent perdre leurs acquis ; 3) locuteurs **réels** qui ont suivi un cursus scolaire d'au moins six ans en français (voir aussi chap. I). Deux facteurs qui sont difficiles à mesurer influent aussi sur le nombre de locuteurs : la déscolarisation, qui peut toucher aussi ceux qui ont plus de deux ans de scolarisation s'ils ne sont pas exposés au français, et l'acquisition informelle du français.

Remarquons qu'en Afrique subsaharienne, même six ans de scolarité ne suffisent pas nécessairement pour produire un locuteur réel de français. Car les classes sont surchargées, le matériel didactique fait cruellement défaut et la pédagogie laisse souvent à désirer. D'ailleurs, comment un maître peut-il apprendre le français oral à plus de 100 élèves, et comment peut-il leur apprendre à lire et écrire en français quand les élèves sont deux, trois ou même plus à partager un livre de lecture? (voir Skattum 2000a). Les pourcentages suivants de francophones réels pour chacun des pays africains sont donc plutôt optimistes que pessimistes – et nécessairement approximatifs (comme en témoignent les études particulières sur différents pays auxquelles nous ferons référence) :

Taux de locuteurs francophones (1993)
(*Atlas de la langue française*, 1995)

	Réels	Potentiels	Total
Bénin	11%	14%	25%
Burkina Faso	4	11	15
Burundi	2	13	15
Cameroun	13	27	40
Centrafrique	8	16	24
Congo	44	15	59
Côte d'Ivoire	14	34	48
Djibouti	8	24	32
Gabon	17	46	63
Guinée	5	15	20
Mali	5	5	10
Niger	3	8	11
RD Congo	9	30	39
Rwanda	2	20	22
Sénégal	9	15	24
Tchad	4	16	20
Togo	18	18	36

La variation qui ressort de ce tableau s'explique d'abord par la situation sociolinguistique de chacun de ces pays. On distingue ainsi deux types principaux de pays plurilingues : avec ou sans langue africaine majoritaire.

Les pays disposant d'une langue africaine majoritaire sont quatre : Mali (bambara), Niger (haoussa), Centrafrique (sango) et Sénégal (wolof). Ces langues servent de langues véhiculaires, faisant ainsi obstacle à la diffusion du français, qui reste confiné aux domaines formels et écrits (voir par exemple Wald 1979 sur le rôle marginal du français en Centrafrique). Au Mali et au Sénégal, le bambara et le wolof non seulement dominent mais progressent, en s'étendant à de nouvelles régions géographiques, en acquérant de nouveaux locuteurs et en conquérant de nouveaux domaines d'utilisation (les médias, la vie politique...). Ce sont des langues de prestige (langues « basses » par rapport au français mais langues « hautes » par rapport aux langues minoritaires), qui sont associées à la modernité parce que parlées dans les villes et par l'élite, et utilisées dans les médias et la vie artistique (chansons, cinéma ...). La langue africaine majoritaire peut se substituer comme langue première aux langues africaines minoritaires. Ces dernières sont ainsi plus menacées par les grandes langues africaines que par le français. On observe ce dynamisme entre autres au Mali et au Sénégal (voir Canut et Dumestre 1993, Juillard 1995 et O'Brian 1998).

Les Etats linguistiquement homogènes ou possédant deux langues principales peuvent être associés à ce type de communauté. Il s'agit de trois pays : le Burundi, où on parle kirundi (voir Frey 1993), le Rwanda, où on parle kinyarwanda (voir Faïk 1979) et Djibouti, où deux langues africaines se partagent le territoire : l'afar est parlé au nord et à l'ouest, le somali au sud et à l'est. A l'oral, le somali est la langue la plus importante, fonctionnant à un certain degré comme langue véhiculaire et jouissant d'un certain prestige (voir Maurer 1993). Dans ces trois pays également, les langues africaines font obstacle à la diffusion du français, qui est peu parlé.

Dix pays, donc la majeure partie des Etats, sont sans langue africaine dominante : Bénin, Burkina Faso, Cameroun, Côte d'Ivoire, Congo, Gabon, Guinée, RD Congo, Tchad et Togo. Dans ces pays, le français a plus de chance de devenir une langue de communication interethnique. Mais dans le cas où il existe des langues régionales fonctionnant comme langues véhiculaires, celles-ci peuvent aussi faire obstacle au développement d'une variété française endogène. Il en est ainsi par exemple au Togo (éwé) et au Bénin (fon).

L'urbanisation, qui draine vers les villes des populations parlant différentes langues, favorise la diffusion du français. Au Gabon, par exemple, on remarque « l'omniprésence et l'omnipotence de la langue française, dans un pays qui a l'un des plus forts taux d'urbanisation en Afrique noire (près de 70%) » (Moussirou-Mouyama et de Samie 1996 : 607). Aussi le taux total de 63% de francophones (*Atlas de la langue française*, 1995) est-il le plus élevé de l'Afrique subsaharienne.

D'autres facteurs qui entrent en compte sont l'ancienneté et le degré de contact avec les Européens. Ces contacts ont d'abord été établis sur la côte, d'où une plus grande influence des langue et civilisation françaises ou belges dans les régions côtières, alors qu'en règle générale, les sociétés enclavées sont restées plus attachées à leur propre culture, à la tradition et aux langues vernaculaires.

Le degré et le type de scolarisation jouent évidemment un rôle prépondérant dans la diffusion du français. Ces facteurs dépendent à leur tour de divers facteurs religieux, culturels, politiques et économiques. (Gérard Dumestre (1997, 2000) analyse par exemple avec finesse les raisons culturelles de la faible scolarisation dans les pays du Sahel.) Nous avons d'autre part vu l'impact des missions chrétiennes dans la scolarisation de certaines régions. Au Togo et au Bénin, par exemple, la mission installée dans le sud des deux pays a résulté en une plus forte scolarisation et donc en un taux supérieur de francophones au sud. La brève colonisation allemande au Togo a, d'autre part, favorisé l'utilisation des langues africaines dans l'enseignement et a eu pour conséquence le développement de l'éwé écrit (Duponchel 1979 : 399, voir aussi Lafage 1984).

Mentionnons enfin les ressources financières. Les pays relativement prospères, comme les pays pétroliers et, autrefois, la Côte d'Ivoire, sont évidemment mieux placés pour scolariser leur jeunesse et donc promouvoir le français.

Les variétés de français

Dans les pays possédant une langue africaine véhiculaire – et dans d'autres pays ou régions où le français s'entend peu –, il est difficile pour les locuteurs de se l'approprier. Appris essentiellement à l'école, ce français reste assez proche du français standard, bien que toujours marqué par certaines particularités régionales, notamment des caractéristiques phonétiques et prosodiques (prononciation) et lexico-sémantiques (néologismes pour désigner la culture locale, soit par l'emprunt aux langues locales, soit par l'africanisation de mots européens, soit encore par des glissements de sens par rapport au français standard). (Voir *Inventaire des particularités lexicales du français en Afrique noire*, 1988.) Les locuteurs ont souvent un niveau de compétence faible. Parmi ceux qui ont appris le français malgré des conditions difficiles, on remarque entre autres un mélange de registres et l'influence de l'oral sur l'écrit (on a tendance à écrire le français comme on l'entend prononcer).

Dans le second type de pays plurilingues se développent plus facilement – mais pas nécessairement – des **variétés endogènes (régionales) de français**. Celles-ci se distinguent plus nettement du français standard. Le lexique est fortement marqué de mots d'emprunt ou de mots argotiques. On observe aussi des variations morphologiques et syntaxiques qui rappellent celles des créoles (voir chap. 6). C'est le cas notamment en Côte d'Ivoire qui, selon Suzanne Lafage, est « l'état le plus francophone au sud du Sahara » (1996 : 587). (L'*Atlas de la langue française* estime le taux total de francophones à 48%, donc inférieur à ceux du Gabon et du Congo, mais ce chiffre ne prend pas en compte les non scolarisés.) En Côte d'Ivoire, les critères fondamentaux sont en fait d'ordre morpho-syntaxique, selon Lafage : simplification des paradigmes comme les pronoms personnels et la conjugaison des verbes, ou disparition de morphèmes comme les articles et les prépositions. La réduction est suivie de restructurations, qui peuvent être indépendantes aussi bien des substrats africains que du français standard, par exemple l'ajout de la particule *là* comme « appui du discours pour mettre en évidence soit un membre de phrase, soit un vocable », par exemple : *travail-là* ; *Si Dieu accepte ce que je veux, si c'est bien-là ou si c'est mauvais-là* (Knutsen 1997 : 69, 63). La restructuration peut aussi emprunter des traits aux langues sources – qui, en Côte d'Ivoire, sont surtout le dioula et le baoulé, les deux langues véhiculaires les plus importantes. Enfin, on observe des restructurations s'inspirant de la langue cible, le français hexagonal. Ces restructurations ne respectent pas nécessairement la norme – les pronoms relatifs, par exemple, se bornent aux deux formes *qui* et *que*, comme dans le français populaire hexagonal (Lafage 1996 : 595). Les variétés régionales s'apprennent sur le tas et se parlent dans la rue. Pour les locuteurs non scolarisés, c'est la seule variété française maîtrisée, alors que les locuteurs scolarisés ont à leur disposition aussi le français appris à l'école. Les deux variétés, utilisées en fonction du contexte, forment pour les locuteurs scolarisés un couple diglossique. (Précisons que la distinction en deux normes est une simplification et qu'il s'agit en fait d'un continuum, caractérisé par une grande instabilité et une grande variation.) Pour certains groupes, la variété régionale devient même la langue première. Langue première ou langue seconde, elle paraît jouer un rôle identitaire pour les locuteurs ivoiriens, que ce soit vis-à-vis d'autres groupes du même pays, d'autres pays africains francophones ou vis-à-vis de la France.

Le Burkina Faso, enclavé mais sans langue africaine majoritaire, connaît une évolution semblable à celle de la Côte d'Ivoire. Cela s'explique notamment par le nombre élevé de travailleurs émigrés en Côte d'Ivoire, qui ont gardé le contact avec leur famille et dont beaucoup sont revenus au pays à cause des troubles en Côte d'Ivoire. Ayant d'abord contribué au développement de ce parler en Côte d'Ivoire, ils l'ont ensuite diffusé au Burkina Faso. Aussi les deux variétés régionales se ressemblent-elles. Gisèle Prignitz (1996 : 549) évalue le nombre total de francophones à 20%, donc plus que l'*Atlas de la langue française* (15%).

Au Congo, le taux total de francophones, très élevé selon l'*Atlas de la langue française* (59%), semble par contre exagéré. Edit Kouba-Fila (1996) reconnaît que la conférence de Brazzaville en 1944 donne à cette ville un statut particulier : « La scolarisation y connaît par conséquent un essor prodigieux » (p. 616), mais elle estime « faramineux » (p. 617) le taux de francophones donné par le Haut Conseil de la Francophonie en 1990 (ce taux étant de 35% et non pas de 44% de francophones réels). Rappelant que la véhicularité du français au Congo est très limitée, et que par conséquent les diplômés ont peu de chance de pratiquer leurs acquis, elle met en garde contre le diplôme comme garantie des compétences en français et appelle de ses voeux des recherches sur les compétences réelles. Selon elle, les « évaluations démolinguistiques sont de simples extrapolations des taux de scolarisation et de données démographiques ; elles sont dépourvues de toute référence à la compétence linguistique proprement dite » (p. 618).

Au Cameroun, qui est l'un des pays les plus francophones avec un taux total de francophones d'environ 40% (*Atlas de la langue française*), la situation sociolinguistique est très complexe. On a, d'une part, répertorié 239 langues vernaculaires (Féral 1993 : 205), d'autre part, le pays a deux langues officielles européennes. Si le français est dominant (langue officielle dans huit sur dix provinces, où se trouvent les villes les plus importantes), il partage néanmoins l'espace avec l'anglais (deux provinces) et avec le pidgin-english, répandu comme véhiculaire aussi en dehors de la zone anglophone, ainsi qu'avec le peul, langue véhiculaire au nord. Le Cameroun est l'un des pays les plus scolarisés d'Afrique, avec un taux de scolarisation de 70% dans l'ensemble du pays et jusqu'à 90% au sud du pays (Féral 1993 : 207). C'est surtout dans le sud très scolarisé que le français fonctionne comme langue véhiculaire. C'est peut-être la complexité sociolinguistique et cette scolarisation relativement forte qui expliquent que le français n'a pas évolué en un système autonome, comme en Côte d'Ivoire. Il a en effet pour cible le français hexagonal, même s'il est marqué par des régionalismes, comme dans tous les pays africains. Notons enfin un phénomène particulier au Cameroun : l'existence du « camfranglais », un argot qui « symbolise l'appartenance à un groupe – qui n'est plus celui de l'ethnie comme dans le cas des langues ethniques – Parler camfranglais, c'est être un jeune citadin qui revendique une identité camerounaise (*cam*) dans un pays officiellement bilingue (*franglais*) » (*op.cit* : 213).

Au Bénin, également sans langue africaine majoritaire, aucune variété endogène marquée ne semble s'être développée (Igué 1996). Cela paraît être le cas aussi des autres pays fortement plurilingues, même s'il est évident que tous les pays – avec ou sans langue africaine majoritaire – pratiquent un français caractérisé par des traits locaux (notamment dans la prononciation et le vocabulaire).

En même temps, certains traits « africains » semblent communs à tous les pays, sans égard à la diversité des substrats. Il s'agit par exemple de la particule *là*, déjà mentionnée, du suremploi de la particule contextuelle *même*, utilisée comme élément d'emphase dans des contextes inhabituels (*Ça nous effraye même pas petit même*), l'emploi étendu de la réduplication (*ça va un peu un peu*) (exemples tirés de Knutsen 1997 : 69, 70), etc. Gabriel Manessy (1992) explique ces « africanismes » par le transfert des « usages langagiers, des schémas communicationnels, des modes d'élaboration du discours fondés sur la compétence acquise dans l'exercice des langues premières. Il y a de ce point de vue une grande cohérence dans le comportement des locuteurs africains indépendamment des codes linguistiques qu'ils utilisent. Le français se trouve coulé dans un moule énonciatif nouveau et cela est pour beaucoup dans le sentiment d'étrangeté que suscite chez l'auditeur occidental le discours africain (cité par Féral 1993 : 215).

Perspectives d'avenir

Quel sera le rôle du français en Afrique dans l'avenir ? Sera-t-il supplanté comme langue officielle et langue d'enseignement par les langues africaines? Ou par l'anglais ? Des changements d'attitudes s'observent dans ces directions. L'anglais est devenu la première langue étrangère dans l'enseignement supérieur et les cours privés d'anglais sont très demandés. L'émigration accrue vers les pays anglophones accentue cette tendance. D'autre part, il est « de plus en plus évident que ces pays [francophones subsahariens] veulent introduire ou développer l'enseignement de et dans leurs langues nationales » (*Etat de la francophonie dans le monde*, 2001 : 59). Or, une telle substitution n'est possible que si les langues africaines deviennent de véritables langues écrites, utilisées dans des domaines d'utilité et de prestige – c'est-à-dire aussi en dehors de l'école, pour s'adresser à l'administration, par exemple, ou dans la littérature. L'attitude dépréciative des Africains vis-à-vis de leurs propres langues ne changera que si ces langues permettent la même promotion sociale que le français. Comme le constatent Moussirou-Mouyama et de Samie (1996 : 611) : « Ce n'est pas, par exemple, l'introduction des langues gabonaises dans le système scolaire qui peut 'valoriser' ces langues, c'est la pratique concrète de l'écrit dans ces langues répondant aux besoins mêmes des populations concernées, qui mettra effectivement en valeur les langues du pays ».

Mais l'argument le plus souvent invoqué contre un tel changement est la peur des rivalités ethniques. Les gouvernements rechignent à privilégier les grandes langues africaines véhiculaires, pourtant comprises par un nombre plus important de sujets parlants que le français. On préfère en général garder le français, langue « neutre ». Tout au plus introduit-on, comme au Mali, les langues nationales dans l'enseignement fondamental en les mettant toutes sur le même pied d'égalité à côté du français, en dépit de la force réelle du bambara (parlée par 80% de la population, contre 5% à 10% pour le français). Ce choix sauvegarde la paix interethnique mais laisse le français en position dominante – à moins que la dynamique naturelle n'en décide autrement dans le futur ...

Les coûts économiques et humains constituent l'autre argument majeur pour garder le statut du français. Dans les pays ayant 50, 60 ou plus de 200 langues sur leur territoire, les frais de la modernisation linguistique, de l'élaboration du matériel didactique, de la formation du personnel enseignant, etc., sont insurmontables. On pourrait certes privilégier certaines grandes langues véhiculaires régionales, mais les conséquences politiques désastreuses des rivalités ethniques qu'on a vues dans plusieurs pays, font croire que le français gardera son statut et qu'il pourra même connaître une expansion en termes de territoire, du nombre de locuteurs et des domaines d'utilisation – à condition que les relations entre la France et l'Afrique se maintiennent.

Le français peut, ainsi, se développer comme langue véhiculaire et même devenir langue première pour certains groupes, comme c'est le cas à Abidjan. Le contact permanent entre le français et les langues africaines fait que le francais d'Afrique est caractérisé par des « africanismes » phonétiques, lexicaux, morphologiques et syntaxiques. Dans le futur, les français régionaux se différencieront probablement encore plus du français hexagonal. Comme le constate Ambroise Queffélec, « c'est probablement en s'africanisant que le français maintiendra et consolidera ses positions en Afrique noire » (Queffelec 2003 : 952).

5.3 Littérature

L'histoire de la littérature africaine d'expression française est celle d'un ensemble qui, à ses débuts, comprenait aussi les Antilles et la Guyane en Amérique latine. Si, depuis, ces littératures ont développé des traits distinctifs, la littérature africaine forme encore un tout cohérent. Des travaux critiques sur les littératures nationales « sénégalaise », « gabonaise », etc., existent depuis un certain temps, mais les écrivains eux-mêmes se définissent souvent comme « africains ». Selon Lilyan Kesteloot, la « balkanisation » de la littérature africaine a fragilisé un domaine émergent. L'adjectif « africain » a même souvent disparu, et certains ont contesté l'existence d'une civilisation africaine commune. Or, dit-elle, on peut avoir une « pluralité de langues et de cultures sans cependant perdre sa spécificité par rapport aux autres parties du monde » (Kesteloot 2004 : 303-304). En accord avec ce point de vue, nous parlerons ici de cette littérature comme d'un ensemble.

Etant donné l'étendue du domaine géographique de ce chapitre (dix-sept pays ou 35% du continent) et le grand nombre d'écrivains de qualité, nous ne pouvons présenter ici qu'une sélection des auteurs, choisis selon la représentativité d'une époque ou d'un courant. Pour des présentations plus complètes, voir entre autres Jacques Chevrier : *Littérature nègre* (2003) et Lilyan Kesteloot : *Histoire de la littérature négro-africaine* (2004), ainsi que la revue *Notre Librairie*, dont une série de numéros présente les littératures nationales, d'autres portant sur des sujets comme la littérature féminine, le théâtre, ect. A consulter aussi, un site internet rédigé par J. Volet, The University of Western Australia, French Department, qui offre des présentations fiables et régulièrement mises à jour sur les auteurs africains : http://www.arts.uwa.edu.au/AFLIT/.

Notre présentation est essentiellement chronologique (quatre périodes), et est suivie d'une partie thématique (littérature féminine, problèmes de création et de réception). La première période est celle de la négritude dans les années 30 et 40. Les années 50 sont une période de transition, comprenant les premières contestations de la négritude et, surtout, de grands romans anticoloniaux. Après les indépendances apparaît le « roman du désenchantement » (Chevrier) et le théâtre à visée politique, qui tous deux critiquent les nouvelles élites noires. Ce théâtre emprunte souvent un sujet historique précolonial ou tiré de la résistance anticoloniale. A partir de 1980-1985, le désenchantement tourne à l'angoisse : il s'agit d'« écrire le chaos » (Kesteloot). Tout au long de ces quatre périodes chronologiques, la poésie hésite entre l'engagement et des sujets plus intimes. A partir de 1975 environ, la littérature féminine s'est jointe à celle des hommes. Enfin, la création et la réception de littérature africaine moderne posent les problèmes de la langue d'écriture et du double public occidental et africain.

La négritude

Dans les années 30, un groupe d'étudiants noirs venus de différents horizons de l'Empire français, se regroupent à Paris, poussés par un commun besoin d'affirmation raciale et culturelle. Comme ce mouvement dépasse le cadre de l'Afrique, mention sera faite ici des écrivains fondateurs qui, venant des Antilles et d'Amérique latine, mais s'inspirant du continent « mère », jouent un rôle de premier plan pour cette étape fondamentale de la littérature africaine. (Sur le rôle de Madagascar et notamment Jacques Rabemananjara, voir chap. 6.)

Bien qu'il y ait eu des précurseurs dans la décennie précédente, c'est à cette époque que trois revues marquent la naissance de la littérature africaine moderne d'expression française : *Revue du Monde Noir*, *Légitime Défense* et *L'Etudiant Noir*. Les fondateurs de la dernière seront les pères de la négritude : Léopold Sédar Senghor du Sénégal, Aimé Césaire de la Martinique et Léon-Gontran Damas de la Guyane. Tous les trois seront par la suite des personnalités marquantes de la littérature et de la vie politique du monde francophone noir. Ils débutent tous aussi par des recueils de poèmes.

Léon-Gontran Damas (1912-1978) en est le premier, publiant en 1937 le recueil *Pigments*. Comme le suggère le titre, il y affirme la valeur de la race noire, s'attaquant au colonialisme dans des strophes souvent teintées d'humour mais toujours hautes en couleur. Après la guerre suivent d'autres recueils : *Graffiti* (1951), *Black Label* (1956) et *Névralgies* (1966). Il siège à l'Assemblée nationale française entre 1948 et 1951 comme député de la Guyane.

Deux ans après Damas, **Aimé Césaire** (1913-) débute par le célèbre *Cahier d'un retour au pays natal* (1939). Ce poème épique en prose s'inspire à la fois du surréalisme et de sources africaines. Les images se succèdent en cascades et expriment la révolte contre le passé d'esclave qui stigmatise le Noir et contre la politique d'assimilation culturelle des Français. Le Martiniquais Césaire prône le retour à l'Afrique, et lance pour la première fois le mot de **négritude**. Ce mot sera porteur d'une idéologie pour la première génération d'écrivains : « J'accepte et la détermination de ma biologie, non prisonnière d'un angle facial, d'une forme de cheveux, d'un nez suffisamment aplati, d'un teint mélanien, et la négritude, non plus un indice céphalique, ou un plasma ou un soma, mais mesurée au compas de la souffrance » (*op.cit.* : 137). Césaire marquera profondément les écrivains africains par son attitude anticoloniale, exprimée à travers ses trois essais *Discours sur le colonialisme* (1950), *Lettre à Maurice Thorez* (où il rompt avec le parti communiste français qu'il juge européocentrique, 1956) et *Toussaint Louverture* (sur le héros de l'indépendance d'Haïti, 1960). Cette attitude est exprimée aussi dans ses nombreux recueils de poèmes: *Les armes miraculeuses* (1946), *Soleil cou coupé* (1948), *Corps perdu* (1949), *Ferrements* (1960), *Cadastre* (1961), *Moi, laminaire* (1982) et ses pièces de théâtre: *Et les chiens se taisaient* (1956), *La tragédie du roi Christophe* (sur les débuts difficiles de l'indépendance d'Haïti, 1963), *Une saison au Congo* (sur la tragédie de Lumumba, 1965), *Une tempête* (adaptation de la pièce de Shakespeare, sur l'identité raciale et l'aliénation coloniale, 1969). Césaire mène son oeuvre littéraire parallèlement à une carrière politique exceptionnellement longue : il conserve son mandat de député martiniquais à l'Assemblée nationale française pendant 48 ans (1946-1993) (la Martinique est devenue un département français en 1946). Il sera aussi maire de la capitale Fort-de-France pendant 56 ans (1945-2001).

Mais c'est surtout le dernier des trois, **Léopold Sédar Senghor** (1906-2001) qui développe le concept de la négritude dans de nombreux essais et conférences, recueillis dans *Liberté I: Négritude et humanisme* (1964), le premier de cinq tomes d'essais. La négritude, dit-il, « est l'ensemble des valeurs culturelles de l'Afrique noire, telles qu'elles s'expriment dans la vie, les institutions et les oeuvres des Noirs » (p. 9). Il insiste sur l'importance, dans la littérature, des images, du rythme, de l'humour. Mais la négritude est aussi un instrument de lutte, une aggressivité, ainsi que l'exprime Jean-Paul Sartre dans « Orphée noir », la célèbre préface à l'*Anthologie de la nouvelle poésie nègre et malgache* (1949), rédigée par Senghor : « insulté, asservi, il [le Noir] se redresse, il ramasse le mot « nègre » qu'on lui a jeté comme une pierre, il se revendique comme noir, en face du blanc, dans sa fierté » (p. XIV). C'est cette anthologie qui révèle à la France la naissance d'une nouvelle littérature. Senghor débute avec le recueil *Chants d'Ombre* (1945). Dans ces poèmes d'une grande beauté rythmique et sonore, les images, concrètes et souvent sensuelles, chantent sa terre natale, comme dans le célèbre « Femme noire ». Il publiera par la suite *Hosties noires* (1948), *Chants pour Naett* (1949), *Ethiopiques* (1956), *Nocturnes* (1961), *Lettres d'hivernage* (1973) et *Elégies majeures* (1979) et sera récompensé pour cette oeuvre poétique extraordinaire en 1983 lorsqu'il sera élu membre de l'Académie française, le premier Africain à l'être. Sa carrière politique est également impressionnante. En 1945, il est élu député du Sénégal à l'Assemblée constituante française, où il participe à l'élaboration de la Constitution de la IVe République. Il est, par la suite, nommé ministre au gouvernement français (1955-1956). A l'indépendance en 1960, il est élu président du Sénégal, et se retirera de son plein gré en 1980.

La poésie domine donc dans cette première génération d'écrivains, mais un autre genre fait aussi son apparition, le **conte africain**. Ethnologues et missionnaires avaient déjà recueilli et publié proverbes et contes, mais c'est en 1938 que paraît le premier recueil de contes à aspiration littéraire : *Contes et légendes de l'Afrique noire* d'**Ousmane Socé**. Son compatriote, le Sénégalais **Birago Diop** (1906-1989), consacre le genre grâce à ses qualités littéraires. Ses *Contes d'Amadou Koumba* (1947) sont attribués au griot de la famille, Amadou Koumba. Or, le conte est un genre « populaire » qui peut être dit par n'importe qui, alors que le **griot** est un « maître de la parole », détenteur des traditions orales « nobles » : épopées, généalogies et louanges. Ses connaissances historiques portent sur la famille à laquelle le griot est souvent attaché ainsi que sur les familles de la région et les grandes figures héroïques comme Soundiata, les rois de Ségou et Samori Touré (voir *Les gens de la parole* (1992) de Sory Camara). Il faut croire que l'invocation du conteur professionnel pour ces contes est due à la volonté de l'époque de valoriser la culture africaine, alors que c'est Diop lui-même qui réussit à intégrer le fonds traditionnel aux conventions de l'écrit, dans un français parfaitement maîtrisé. Comme dans les fables d'Esope et de La Fontaine, les animaux se comportent en humains avec leurs qualités et leurs vices. L'humour recèle parfois une certaine ambiguïté quant à la morale, ce qui fait de ces contes une lecture divertissante et intelligente. Bien que Birago Diop ne participe pas directement au mouvement de la négritude, ses contes – trois recueils en tout (*Nouveaux contes d'Amadou Koumba* (1958), *Contes et lavanes* (1963) – contribuent à la revalorisation de l'héritage culturel africain. Le célèbre poème « Ecoute plus souvent les choses que les êtres », attribué à un personnage du premier recueil, véhicule de manière envoûtante la croyance animiste. D'autres recueils de contes de cette époque sont *Le pagne noir* (1955) de l'Ivoirien **Bernard Dadié** et *La légende de Moumou Ma Mazono* (1954) de **Jean Malonga**.

Au mouvement de la négritude participe aussi le Sénégalais Alioune Diop, qui fonde la maison d'édition **Présence Africaine** à Paris en 1947 et aussi une revue du même nom. Ces structures permettent encore aujourd'hui aux écrivains africains d'atteindre le double public africain et européen.

Les années 50 : de la négritude à l'anticolonialisme, de la poésie à la prose

La négritude continue à exercer son influence dans les années 50, notamment à travers la revue *Présence africaine* et les deux « Congrès des écrivains et artistes noirs » (1956 à Paris et 1959 à Rome), qui affirment l'identité nègre.

Cependant, une deuxième génération d'écrivains francophones émerge qui préfère l'aspect politique à l'aspect culturel, s'inspirant entre autres du *Discours sur le colonialisme* (1950) d'Aimé Césaire. D'autres « livres-culte » paraissent : *La philosophie bantoue* (1949) du R.P. Tempels, *Peau noire, masques blancs* (1952) de Frantz Fanon, tiers-mondiste antillais qui aura une très grande influence, et *Nations nègres et culture* (1956) de l'historien sénégalais Cheikh Anta Diop, soutenant la thèse controversée de l'origine commune des civilisations nègre et égyptienne.

Les premières voix s'élèvent contre la négritude, qu'on juge raciste. Les intellectuels l'accusent d'idéaliser la société africaine et de se tourner vers le passé alors que c'est le présent qui compte. Les écrivains d'expression anglaise entrent en scène et le Nigérian Wole Soyinka formule leur attitude par la célèbre boutade: « *A tiger does not proclaim his tigritude, he pounces* » (cité par Jahn 1969 : 265). Les écrivains francophones s'y joignent. Sembène Ousmane (voir ci-dessous) s'exclamera plus tard dans une interview : « La négritude ? Connais pas ! Je ne veux même pas en discuter. Ma valeur n'est pas liée à ma teinte épidermique. Et la valeur de la culture africaine n'est pas liée à certains fantasmes ou à des complexes refoulés devant les canons de la beauté grecque » (Sembène 1979 : 73). A l'instar de la littérature, la critique littéraire de cette époque est « engagée », les critères idéologiques tenant lieu de critères littéraires. C'est le cas de Mongo Beti (voir ci-dessous), qui s'attaque en particulier à Camara Laye, le pionnier des romanciers des années 50.

Car les écrivains se tournent maintenant vers le roman qui, mieux que la poésie, permet d'exprimer la réalité africaine et l'engagement des écrivains. Entre 1953 et 1961, une série de romans qui vont devenir des classiques voient le jour. De style réaliste, souvent autobiographiques, ils portent tantôt sur la revalorisation de la civilisation noire, tantôt sur la lutte contre le colonialisme. Plusieurs de ces écrivains étalent leur production littéraire sur plus d'une période. Notre présentation respectera l'unité de l'oeuvre.

Camara Laye (1928-1980) est proche de la négritude par le sujet de son roman autobiographique *L'enfant noir* (1953), où il raconte son enfance harmonieuse dans un village au nord de la Guinée. D'un style élevé, le roman connaît un grand succès en France, mais est vivement critiqué par les écrivains «progressistes» d'Afrique pour l'image idyllique qu'il donne de la société coloniale. Les écrivains doivent décrire l'Afrique en noir et blanc, non en « rose » (Mongo Beti). Son second roman, *Le regard du roi* (1954), raconte la quête spirituelle d'un Blanc, déchu en Afrique, qui trouve le salut auprès d'un roi noir. Ce monde à l'envers n'est pas compris en Afrique, mais le roman est acclamé en Europe pour son style ironique et sa sagesse, dont on discute si elle est d'inspiration soufi (orientation musulmane mystique) ou animiste, ou une synthèse des deux. *Dramouss* (1966) est la suite du récit autobiographique et en même temps un pamphlet contre la dictature de Sékou Touré – mélange qui nuit à sa qualité littéraire. Camara Laye est contraint de s'exiler au Sénégal avant de le publier et y restera jusqu'à sa mort en 1980. Senghor lui trouve un poste comme chercheur en littérature orale et il publie *Le maître de la parole* (1978), version romancée de l'épopée de Soundiata – peu réussie de l'avis des critiques. Après sa mort, la rumeur court qu'un ou plusieurs écrivains « nègres » d'Europe auraient écrit ses livres, rumeur due à leur qualité inégale mais aussi à certaines affirmations de son entourage. *Le Regard du roi* en particulier semble à certains trop sophistiqué et trop différent des autres livres. Le contenu de ce roman montre cependant son profond enracinement dans la culture africaine, et l'analyse stylistique atteste de l'unité de l'oeuvre malgré la qualité incontestablement inégale des livres. Camara Laye demeure l'un des écrivains les plus lus et les plus controversés d'Afrique.

Mongo Beti (pseudonyme pour Alexandre Biyidi Alawa, 1932–2001) du Cameroun est l'une des figures de proue du roman anticolonial. Il stigmatise la colonisation et ses effets sur la société traditionnelle dans *Ville cruelle* (publié sous un autre pseudonyme, Eza Boto, 1955), *Le Roi miraculé* (1958) et *Le Pauvre Christ de Bomba* (1956). Ce dernier livre, considéré comme son chef-d'oeuvre, démasque avec ironie la connivence de la mission avec l'administration coloniale, ainsi que leur duplicité et les abus perpétrés contre la population au nom du Christ. Exilé en France après l'indépendance, Beti publie après quinze ans de silence *Main basse sur le Cameroun, autopsie d'une décolonisation* (1972), pamphlet où il attaque le président camerounais Ahmadou Ahidjo et dénonce la situation néocoloniale. La France interdit le livre pendant cinq ans. Beti renoue avec son activité romanesque, publiant entre autres *Remember Ruben* (1974), autre roman majeur, qui porte sur l'assassinat de Ruben Um Nyobé, secrétaire général du mouvement indépendantiste l'Union des Populations du Cameroun (UPC), assassiné en 1958 par les troupes françaises. L'oeuvre de Beti frappe par son vigoureux humour et son engagement politique. Il rentre au Cameroun après 32 ans d'exil en France, mais sans obtenir la nationalité camerounaise...

Son compatriote **Ferdinand Oyono** (1929–) débute en 1956 avec deux romans emblématiques de la littérature anticoloniale : *Une vie de boy* et *Le vieux nègre et la médaille*. Le premier relate, sous forme d'un journal, la vie du jeune domestique, le « boy »Toundi (baptisé Joseph). Sous son regard naïf sont dévoilées l'hypocrisie et la violence des « pacificateurs ». Le « vieux nègre » Meka a donné la terre pour construire la Mission et aussi ses deux fils à l'armée. Ses fils sont morts, et en récompense la France lui offre une médaille. L'incongruité du don et de la récompense est symptomatique de la distance observée entre le discours et les actes des colonisateurs. Les relations violentes entre Noirs et Blancs sont décrites avec ironie, plus subtile d'ailleurs dans le second que dans le premier roman, très amer. Ferdinand Oyono occupe, depuis l'indépendance, de hautes fonctions dans son pays, dont celui d'ambassadeur à l'ONU et de ministre des Affaires étrangères. Il est actuellement ministre de la Culture du Cameroun.

Le Sénégalais **Sembène Ousmane** (1923-) critique, comme Mongo Beti (dont il partage les convictions marxistes), les injustices coloniales et postcoloniales dans de nombreux romans réalistes d'orientation socio-politique. C'est un autodidacte qui débute par *Le docker noir* (1956), bâti sur ses expériences personnelles à Marseille. Son chef-d'oeuvre est *Les bouts de bois de Dieu* (1960), roman collectif sur la grève des cheminots sur la ligne Dakar-Niger en 1947-1948. Après les indépendances, il est parmi les premiers à critiquer la nouvelle élite noire, d'abord dans le recueil de nouvelles *Voltaïque* (1962) et ensuite dans *Le Mandat* (1966), roman sur les mésaventures d'un chômeur analphabète à Dakar qui reçoit un mandat d'un neveu à Paris. L'humour et la compassion en font un autre chef-d'oeuvre. Dans *Xala* (1973), il s'attaque à l'arrivisme d'un riche bourgeois qui, le jour de son troisième mariage, est frappé d'impuissance (*xala*), mauvais sort qui lui est jeté par un mendiant jadis ruiné par ses intrigues. L'aversion de Sembène pour la négritude se double de celle pour Senghor comme président, et la satire politique domine dans *L'Harmattan* (1964) et *Le dernier de l'Empire* (1981). Soucieux d'atteindre aussi le public analphabète, il se tourne vers le cinéma et réalise le premier film fait par un Africain au sud du Sahara, le court métrage *Borrom Sarret* (1962), ainsi que le premier long métrage d'Afrique : *La noire de...* (bâti sur une nouvelle de *Voltaïque*, 1966), mais aussi le premier film tourné dans une langue africaine (le wolof) : *Le mandat*. Ce dernier est récompensé du prix du jury à la biennale de Venise en 1968. Sembène a réalisé trois films sur l'histoire du Sénégal: *Emitaï* (1972), *Camp de Thiaroye* (sur le massacre des tirailleurs sénégalais qui s'étaient révoltés pour obtenir la même paie que les soldats français, 1988), et *Ceddo* (sur l'esclavage et la montée de l'islamisme, 1977). C'est aussi un grand défenseur des libertés des femmes, entre autres dans son dernier film, *Moolaadé* (2004), qui dénonce l'excision. Ce film a été sélectionné pour le Festival de Cannes en 2005. Les langues africaines sont une autre de ses préoccupations. Dans *Le mandat*, le héros est impuissant du fait de ne pas maîtriser le français, la bureaucratie s'en servant pour exploiter les analphabètes, et dans *Xala*, la fille du protagoniste milite pour l'usage du wolof au lieu du français. *Le mandat* est tourné en wolof, *Moolaadé* en bambara. Engagé sur plusieurs fronts, il condamne certains aspects de la tradition : la superstition, le pouvoir des vieux et l'attitude fataliste des milieux musulmans traditionnels.

Le roman *L'Aventure ambiguë* (1962) du Sénégalais **Cheikh Hamidou Kane** traite, comme *Le regard du roi*, d'un conflit essentiellement spirituel et non politique, ce qui distingue ces deux romans des courants littéraires dominants. Le héros, inscrit à l'école coranique, va fréquenter l'école française pour apprendre à « vaincre sans avoir raison », comme le dit sa tante. Le conflit des deux cultures devient insoluble pour le jeune homme, noble d'esprit et de famille, qui finit par mourir. L'auteur devient ministre du Plan et de la coopération de son pays avant de le représenter dans divers organismes internationaux, et ne publie son second roman, *Les gardiens du temple* (1995), que trente-cinq ans plus tard. Sans atteindre la qualité du premier roman, il s'y attaque aux « gardiens » des traditions qui font obstacle au développement.

Le « désenchantement » (1960–1980/1985)
Après 1960, le thème de l'anticolonialisme perd sa raison d'être et bon nombre d'écrivains cessent leurs activités littéraires, assumant, comme nous l'avons vu, des positions importantes dans leurs pays. Mais certains continuent à écrire, comme Sembène Ousmane et Mongo Beti, tandis qu'une troisième génération entre en scène. La critique des nouveaux régimes noirs devient maintenant le thème principal. Car la répartition des richesse reste inéquitable, et répression, corruption et népotisme sont à l'ordre du jour. La déception est d'autant plus forte que l'espoir était grand.

Les écrivains de cette génération empruntent principalement trois voies : le roman social et politique, le théâtre historique et les écrits d'inspiration traditionnelle. De style réaliste, les romans sociaux et politiques dominent la production littéraire pendant près de 30 ans.

Les romans de moeurs s'inspirent avant tout du conflit entre tradition et modernisme. On peut classer parmi ceux-ci plusieurs titres déjà mentionnés, comme *L'enfant noir*, *L'aventure ambiguë*, *Le Mandat*, *Xala* et bien d'autres, ainsi que de nombreux titres de la littérature féminine et du courant « traditionaliste » (voir ci-dessous). Les romans de moeurs sont comiques ou tragiques, portant sur les rapports hiérarchiques, les coutumes, les pratiques religieuses, le travail, etc. Il est surtout question des injustices envers les jeunes et les femmes.

Un grand nombre d'ouvrages satiriques portent sur la situation politique postcoloniale. La plupart se passent dans un pays fictif mais reconnaissable. Parmi les auteurs de tels ouvrages, mentionnons Henri Lopes, Emmanuel Dongala, Alioum Fantouré, Valentin Y. Mudimbe, Williams Sassine, Francis Bebey, Guy Menga, Georges Ngal et Amadou Koné, en plus de Mongo Beti et Sembène Ousmane, qui changent de sujet.

Parmi les romans politiques, c'est *Le devoir de violence* (1968) du Malien **Yambo Ouologuem** (1940–) qui fait le plus grand bruit dans les années 60. Se basant sur des manuscrits arabes du Moyen Age, l'auteur s'attaque au mythe de l'Afrique comme terre d'harmonie et de sagesse en racontant l'histoire d'un empire fictif, Nakem (reconnaissable comme Kanem-Bornou) de 1300 à nos jours. Cet empire est bâti sur l'esclavage et règne par la terreur : meurtres, sadisme, drogues et érotisme déchaîné. Le roman reçoit le Prix Renaudot, mais est froidement reçu en Afrique. La reconnaissance française joue contre l'auteur (elle prouverait sa trahison), tandis que la qualité littéraire est ignorée. Sous le poids de ces accusations « politiquement correctes », et accusé par la suite de plagiat, Ouologuem a cessé d'écrire. La même accusation a, depuis, frappé d'autres auteurs africains, comme Calixthe Beyala (voir plus loin). Il peut s'agir d'une différence culturelle, l'originalité étant, depuis le romantisme, un critère littéraire majeur dans l'Occident, mais sans importance dans la littérature traditionnelle.

C'est cependant **Ahmadou Kourouma** (1927–2003) de la Côte d'Ivoire qui sera par la suite reconnu comme le plus grand des romanciers africains de cette génération et, selon certains, de tous les romanciers africains francophones. Il publie la même année que Ouologuem son premier roman, *Les soleils des indépendances* (1968). C'est une satire des abus du parti unique, et en même temps une image pleine d'humour et d'humanisme de la société, urbaine et rurale, dans cette période « bâtarde » entre tradition et modernisme. Il innove surtout par son langage, intégrant des proverbes, chants et contes de la tradition orale, tout en imposant au français des mots, tournures et images de sa langue maternelle malinké. Kourouma attend plus de vingt ans avant de publier ses trois autres romans qui, comme le premier, sont des satires politiques intégrant des éléments de la littérature orale. Dans *Monnè, outrages et défis* (1990), il accuse la colonisation d'avoir détruit les sociétés traditionnelles, dans *En attendant le vote des bêtes sauvages* (1998), il fait la satire des dictatures sanguinaires soutenues par la guerre froide et dans *Allah n'est pas obligé* (2000), la satire porte sur les guerres tribales et les enfants-soldats, recrutés pour étancher la soif de pouvoir des chefs de guerre. Ce dernier a reçu le prix Renaudot et le prix Goncourt des lycéens. Enfin, un roman inachevé : *Quand on refuse, on dit non* (posthume, 2004), a pour sujet le conflit en Côte d'Ivoire. Le titre est une citation de Samori Touré, sur qui il avait voulu faire un roman.

Une série de pièces recourent à des symboles historiques pour faire la satire des nouveaux dirigeants. Car la liberté d'expression sous les partis uniques est limitée et le théâtre en particulier est menacé de censure puisqu'il atteint un plus large public, analphabète. Destinées en premier lieu au public africain, ces pièces servent en même temps à faire connaître l'histoire de l'Afrique au public européen. On évoque l'histoire antécoloniale : Soundiata, le royaume peul du Fouta Toro au XVIIe siècle et la reine Pokou (légende de la migration des Baoulé de la Côte d'Ivoire), mais surtout les héros de la résistance : le roi Babemba de Sikasso, le roi Lat Dior de Cayor, El Hadj Umar Tall, Samori (plusieurs pièces), le dernier roi du Dahomey, le roi Alboury Ndiaye du Djoloff, Ousmane Dan Fodio et Chaka le Zoulou (plusieurs pièces, bien qu'il soit d'Afrique du Sud) (voir Kesteloot 2004 : 236–237 et Blair 1976 : 92–122).

Le troisième courant, la littérature d'inspiration traditionnelle, prend de l'ampleur à partir des années 60. Les différents genres oraux : épopées, contes, proverbes, chants, etc., sont transposés à l'écrit de différentes manières. Les allusions à cette littérature dans les genres occidentaux (roman, poésie, théâtre ...) sont extrêmement courantes, comme aussi leur imbrication dans ces oeuvres (surtout les genres brefs comme les contes, chants et proverbes). Les écrivains peuvent aussi en exploiter la structure (Kourouma se sert de tous ces procédés), ou encore les transposer en entier. La transposition se fait par des traductions en français qui peuvent être monolingues comme *Soundjata* de Niane, ou bilingues, comme *Kaïdara* (peul-français) de Hampâté Bâ (voir ces auteurs ci-dessous). (On n'a encore aucune transposition monolingue en langue africaine, ces langues n'étant pour ainsi dire pas utilisées à l'écrit.) La transposition se base tantôt sur la mémoire et le talent de l'écrivain, tantôt sur des enregistrements. Dans le premier cas, les oeuvres s'approchent des conventions de la littérature écrite, comme les contes de Birago Diop, mais elles peuvent aussi suivre de plus près les conventions de la littérature orale, comme Kaïdara, « rapporté » par Hampâté Bâ. Les textes basés sur des enregistrements sont normalement des versions scientifiques traduites fidèlement et accompagnées de notes. Cependant, certains auteurs partant d'un enregistrement adaptent le texte à un genre occidental, comme Camara Laye dans sa version romancée de l'épopée de Soundiata, *Le maître de la parole*.

Après les indépendances, on voit donc paraître toute une série d'ouvrages, littéraires ou scientifiques, qui exploitent la littérature orale de différentes manières. Parmi les transpositions entières se trouvent des recueils de contes, de proverbes et de chants ainsi que des récits épiques. Le plus célèbre de ces derniers est *Soundjata ou l'épopée mandingue* (1960) de l'historien **Djibril Tamsir Niane** (1932–) de la Guinée. Même s'il nous livre en français, et en prose, ce texte mandingue récité en vers, l'auteur réussit à capter l'esprit et les tournures du griot. Niane publie aussi une pièce historique, *Sikasso, la dernière citadelle* (1966), en plus de plusieurs ouvrages historiques.

Le plus grand traditionaliste est **Amadou Hampâté Bâ** (1900-1991) du Mali, à la fois écrivain, historien, ethnologue et philosophe des religions. D'une famille aristocratique peul, il est inscrit à l'« école des otages » mais s'enfuit. Comme adulte, il devient le disciple de Tierno Bokar, célèbre musulman mystique, et consigne par écrit cette sagesse islamique subsaharienne : *Vie et enseignement de Tierno Bokar, le sage de Bandiagara* (1957). Il fait par la suite des recherches à l'IFAN (Institut fondamentale de l'Afrique noire) à Dakar. Ces recherches aboutissent à l'essai ethnologique *Aspects de la civilisation africaine* (1972), où il s'élève contre la désagrégation de la culture africaine, et à l'ouvrage historique *L'empire peul du Macina (1818-1853)* (1984). Il publie aussi un grand nombre de textes traditionnels (le plus souvent écrits d'après mémoire), en collaboration avec différents chercheurs européens. Plusieurs récits initiatiques : *Koumen* (1961), *Kaïdara* (1969), *L'éclat de la grande étoile, suivi du Bain rituel* (1974) – les deux derniers en version bilingue peul-français – et *Njeddo Dewal, mère de la calamité* (1985) enseignent les mythes, la morale et la conception du monde des Peul. Ses textes littéraires traditionnels comprennent aussi des textes d'ethnies voisines (Bambara, Marka). On trouve des recueils de contes, dont *La Poignée de poussière* (1987). Son seul roman, *L'étrange destin de Wangrin* (1973), relate la vie d'un interprète au service des colonisateurs au début du XXe siècle. C'est l'un des meilleurs témoignages qui existent sur cette époque. L'humour et le style limpide et élégant valent à l'auteur le Grand prix littéraire de l'Afrique noire en 1974. Ses récits autobiographiques, *Amkoullel, l'enfant peul* (1991) et *Oui, mon commandant* (posthume, 1994) sont empreints des mêmes qualités. Parallèlement à sa carrière de chercheur et d'écrivain, il assume des fonctions importantes : fondateur et directeur de l'Institut des Sciences Humaines à Bamako, membre du conseil exécutif de l'UNESCO et ambassadeur du Mali en Côte d'Ivoire.

Le Mali est l'un des pays francophones les plus attachés à sa tradition. Le compatriote de Hampâté Bâ, **Massa Makan Diabaté** (1938-1982) s'est, comme lui, inspiré de la tradition orale de plusieurs manières. Il a écrit deux pièces historiques : *Une si belle leçon de patience* (1972), qui glorifie le roi Babemba de Sikasso, résistant à l'attaque de Samori (dont le siège précédait celui des Français) et *Une hyène à jeun* (posthume, 1982), qui montre un Samori cruel, corrompu par le pouvoir, image permettant une critique implicite du président Moussa Traoré du Mali. D'une famille de griots, Diabaté se base sur l'enregistrement de l'épopée de Soundiata récitée par son oncle pour publier divers textes - en prose et en vers, monolingue et bilingue, avec ou sans explications scientifiques, présentant le récit en entier ou en parties, avec les chants intégrés ou publiés à part avec d'autres chants, ou encore recréant certains épisodes comme des « contes » : *Si le feu s'éteignait* (1967), *Kala Jata* (1970), *Janjon et autres chants populaires du Mali* (1971), *L'aigle et l'épervier ou La geste de Sunjata* (1975) et *Le lion à l'arc. Récit épique* (1986). Cette prolifération des versions, étrangère à notre notion d'une version consacrée, peut en soi relever de la tradition orale. Comme Hampâté Bâ, Diabaté pratique plusieurs genres. Sa trilogie romanesque *Le lieutenant de Kouta* (1979), *Le coiffeur de Kouta* (1980) et *Le boucher de Kouta* (1982) décrit avec humour les villageois, dans un style plein de proverbes et d'expressions savoureuses traduites de sa langue maternelle malinké, rappelant par là le style de Kourouma. *Comme une piqûre de guêpe* (1980), aux traits autobiographiques, parle de la circoncision sur un ton serein tandis que *L'Assemblée des djinns* (1985) donne une image complexe des intrigues de la communauté des griots.

Au Cameroun et au Gabon également, des épopées (appelées *mvet*) ont été publiées dans les années 60. Le Cameroun est par ailleurs un pays riche en contes écrits. La veine « traditionaliste » se propage aussi en Côte d'Ivoire, au Sénégal et en RD Congo, grâce aux départements de linguistique africaine créés dans les universités (voir Kesteloot 2004 : 240).

Le chaos et l'absurde (1980/85–)

Jusqu'en 1980 environ, la dénonciation des régimes africains est acerbe mais non sans espoir, et souvent teintée d'humour. Puis arrivent des récits sans héros exemplaire, où le monde paraît sans pardon, sans issue. Le diplôme ne donne plus de travail, l'ethnie n'est plus innocente, la famille est un groupe parasite. Les écrivains quittent le roman réaliste pour des récits où se mêlent rêve et réalité, et où la narration ainsi que la syntaxe du français sont bousculées. La chronologie fait des bonds, la logique des comportements est rompue, le monologue sans fin, le style oralisé, avec des intertextes en langues africaines. Cette écriture quitte les modèles auparavant dominants : le roman français du XIXe siècle et le conte oral. Les efforts sur le style ont pour résultat des oeuvres de grande qualité tant dans le roman que dans le théâtre et la poésie (Kesteloot 270–276).

Sony Labou Tansi (1947–1995) du Congo est le pionnier de cette réorientation. Il écrit une série de romans et de pièces de théâtre imprégnés d'exagérations carnavalesques, d'un discours surréaliste et d'une esthétique antiréaliste qui sont à l'image des horreurs observées. Son premier roman, *La vie et demie* (1979), s'imposait après le meurtre politique de plusieurs de ses amis, selon l'auteur. D'autres romans politiques suivent : *L'Etat* *honteux* (1981), *Les Sept Solitudes de Lorsa Lopez* (1985), ainsi que des romans de moeurs : *L'Anté-peuple* (1983), où un faux témoignage mène à la catastrophe pour le protagoniste (Grand prix littéraire de l'Afrique noire 1983), *Les Yeux du volcan* (1988), qui évoque les problèmes d'une jeunesse sans avenir. La responsabilité de cette société dégradée revient au pouvoir, selon Sony Labou Tansi. L'auteur fonde, en 1979, le Rocado Zulu Théâtre de Brazzaville, écrivant et mettant en scène un grand nombre de pièces satiriques, jouées en Afrique et en Europe, dont : *Conscience de tracteur* (1979), *La parenthèse de sang* suivi de *Je, soussigné cardiaque* (1981), *Antoine m'a vendu son destin* (1986), *Moi, veuve de l'Empire* (1987), *Qui a mangé Madame d'Avoine Bergotha ?* (1989), *Une chouette vie bien osée* (1992).

Son compatriote **Tchicaya U Tam'Si** (1933-1988) est surtout célèbre pour sa poésie : *Le mauvais sang* (1955), *Feu de brousse* (1957), *A triche-coeur* (1958), *Le ventre* (1964), *Arc musical* (1970) et *La veste d'intérieur* (1977). Certains estiment que c'est la voix poétique la plus importante après Césaire : une écriture tourmentée sur un monde intolérable. Le recueil *Epitome* (1962) a pour thème la tragédie de Lumumba, avec qui il s'identifie. Il publie aussi des romans. *Les cancrelats* (1980) raconte la mort inexpliquée de trois amis en trois jours de suite. L'auteur révèle comme dans un roman policier comment la propagande cache la vérité à la population : les trois amis étaient meneurs d'une grève et sont assassinés par le pouvoir. Le roman, situé en 1944, a une signification plus universelle qu'anticolonialiste : il montre comment un peuple opprimé préfère accepter l'explication offerte plutôt que de se révolter. Ce premier roman est suivi d'autres : *La main sèche* (1980), *Les méduses ou les orties de mer* (1982), *Les phalènes* (1984), *Ces fruits si doux de l'arbre à pain* (1987). Il est également l'auteur de deux pièces : *Le destin glorieux du Maréchal Nnikon Nniku, Prince qu'on sort* (1970) et *Le Zulu* (1979).

La liste des oeuvres du « chaos » est longue et la tonalité de plus en plus violente, reflétant un univers où corruption, débauche sexuelle, meurtres, tortures et guerres sévissent. Les écrivains témoignent, mais le plus souvent ne croient plus en leur mission de guide ou en la littérature comme une « arme miraculeuse » (Césaire). L'écriture devient un moyen pour sortir du cauchemar. Cette écriture est devenue une « école » : celle de l'absurde africain, inspiré non de l'Europe, mais des romanciers sud-américains. Mentionnons Bernard Nanga, Tierno Monénembo, Werewere Liking, Calixthe Beyala, Véronique Tadjo, Tanella Boni, Boris Boubacar Diop, Amadou Koné, Kossi Efoui et Abdourahman A. Wabéri.

Parallèlement, on trouve des oeuvres de style plus classique et de thèmes connus, comme le conflit tradition/modernisme. On parle aussi de l'« oralisation » du roman : collage de fragments de la tradition, ou « oralité feinte » (par exemple, un mythe inventé dans *Le jujubier du patriarche* d'Aminata Sow Fall, 1993), ou emprunt des structures traditionnelles du conte, du mythe ou de l'épopée, ou encore un traitement parodique de ces éléments, comme dans *Les écailles du ciel* (1986) de Tierno Monénembo.

Dans le genre poétique, un courant intimiste se dessine avec la poésie du Congolais **Jean-Baptiste Tati-Loutard** (1938-): *Les racines congolaises* (1968), *Les normes du temps* (1974), *L'envers du soleil* (1970), *Les feux de la planète* (1977), *La tradition du songe* (1986), *L'ordre des phénomènes* (1996). Il ne décrit pas le monde, mais sa résonance dans son âme. On peut y rattacher aussi des poèmes de Véronique Tadjo, de Tanella Boni et d'Alain Mabanckou.

Les écrivains d'aujourd'hui : immigration et individualisme

Parmi les noms les plus cités actuellement, mentionnons Daniel Biyaoula, Alain Mabanckou, Abdourahman A. Wabéri, Kossi Efoui, Paul-Gaston Effa, Calixthe Beyala, Véronique Tadjo et Tanella Boni. Plusieurs d'entre eux sont installés en France, parfois comme citoyens français. Ils sont donc bien placés pour parler de la situation de l'immigré et son retour au pays, sujet auparavant peu abordé mais de grande actualité aujourd'hui. Car la condition des « sans papiers » en Europe, les immigrés refoulés aux frontières ou forcés de repartir, défraient la chronique et suscitent des émotions vives en Afrique. Daniel Biyaoula, Alain Mabanckou et Calixthe Beyala sont de ceux qui traitent de ce thème. Les personnages des romans actuels ont par ailleurs plus souvent que par le passé des projets individuels.

Daniel Biyaoula (1966-) du Congo reçoit le Grand prix littéraire de l'Afrique noire en 1997 pour son premier roman *L'impasse* (1996). Le titre réfère à la situation d'un immigré qui est littéralement mal dans sa peau : obsédé par sa couleur noire, il n'arrive pas à s'intégrer, ni à vivre son amour pour la fille blanche qui pourtant l'aime. Il n'est pas mieux à l'aise dans son pays d'origine, qui a mal assumé la modernité. « Le Noir ne s'est pas accepté comme individu, en tant qu'homme », dit l'auteur, « il porte le poids de l'histoire » (*Africultures* 7, 1998). L'auteur peint un tableau affligeant des banlieues en France et aussi de la société africaine, où règnent le clientélisme et le désir de paraître. Le style est oral et ironique. *L'agonie* (1998) et *La source de joies* (2003) tournent autour des mêmes thèmes.

Alain Mabanckou (1966-), également du Congo, est l'un des nouveaux écrivains les plus appréciés. Il a déjà publié six recueils de poésie, dont *L'usure des lendemains* (1995) et *Tant que les arbres s'enracineront dans la terre* (2004), des nouvelles et quatre romans. *Bleu-Blanc-Rouge* (1998) reçoit le Grand prix littéraire de l'Afrique noire en 1999. Il décrit les déboires d'un immigré, parti pour Paris plein d'espoir mais renvoyé à Brazzaville, où l'attend la honte vis-à-vis de sa famille. *Verre cassé* (2005), primé en France, donne le portrait savoureux et ironique d'un bar crasseux et de l'un de ses clients, qui donne son nom au roman. C'est une farce métaphysique de style ironique.

Djibouti, dont l'histoire ancienne est chantée dans la poésie et les chants des populations nomades, a produit un écrivain contemporain également très apprécié, **Abdourahman A. Wabéri** (1965–). Il est l'auteur de huit ouvrages. Les deux premiers sont des recueils de nouvelles : *Le pays sans ombre* (1994), primé en Belgique, et *Cahier nomade* (1996), suivis du roman *Balbala* (1997), qui ensemble constituent une trilogie sur Djibouti. Il participe à un atelier d'écriture organisé pour commémorer le génocide au Rwanda et produit *Moisson de crânes* (2000), composé de trois nouvelles et trois témoignages. Après les nouvelles *Rift Routes Rails. Variations romanesques* (2001) paraissent deux autres romans, *Transit* (2003) et *Aux Etats-Unis d'Afrique* (2006). Le dernier est l'image ironique d'une Afrique prospère qui attire les pauvres d'Euramérique. Le style de Wabéri est poétique mais la critique politique virulente, se dressant contre la corruption et la guerre, dont celle qui entre 1991 et 1993 a opposé les peuples afar et issa.

La littérature féminine

Avant 1975, décrétée l'année de la femme par l'ONU, les femmes avaient surtout publié des poèmes. Car le poème permet, comme le chant, l'expression des sentiments personnels et son format limité est plus accessible aux femmes, accablées par le travail. Environ 40 ans après ceux des hommes, en 1975, paraissent les premiers livres en prose des femmes. Leur scolarisation plus tardive ainsi que leur réticence à s'éloigner des normes de la tradition, en adoptant des formes d'expression étrangères, expliquent ce décalage. Les genres préférés sont maintenant l'autobiographie et surtout le roman, ainsi que la poésie. La nouvelle, le théâtre et l'adaptation des contes et légendes sont peu représentés.

La sphère intime domine dans la poésie féminine, qui est plus personnelle et plus simple dans sa forme que la poésie masculine. Amélia Néné (*Fleurs de vie*, 1980) et Marie-Léontine Tsibinda (*Une lèvre naissant d'une autre*, 1984, *Demain un autre jour*, 1987) ont publié des recueils de grande qualité poétique dans cette orientation.

Ce n'est pas un hasard si les Sénégalaises sont parmi les premières à publier des récits en prose : le Sénégal a bénéficié d'une plus longue scolarisation et d'une plus grande liberté d'expression que les autres pays africains. **Nafissatou Diallo** (1941-1982) publie son autobiographie *De Tilène au Plateau. Une enfance dakaroise* (1975) et, peu après, un roman historique sur le royaume de Cayor : *Le fort maudit* (1980), où figure, exceptionnellement, une héroïne épique. **Aoua Keita** (1912-1979), sage-femme du Mali éduquée au Sénégal, reçoit le Grand prix littéraire de l'Afrique noire en 1976 pour son autobiographie *Femme d'Afrique* (1975). C'est une femme hors du commun, militant dans le RDA-Soudanais dans les années 60. La sociologue **Awa Thiam** du Sénégal aura un grand impact sur l'émancipation féminine avec son enquête sur l'excision, le mariage forcé et la polygamie : *La parole aux négresses* (1978).

Mais c'est **Mariama Bâ** (1929-1981) du Sénégal qui est la vraie pionnière de la littérature francophone féminine. Décédée à 52 ans, elle n'a écrit que deux romans. *Une si longue lettre* (1979) est celle d'une femme à sa meilleure amie. Les deux ont vu l'arrivée d'une co-épouse. Leurs réactions sont différentes : humiliée et malheureuse, la narratrice se résigne, alors que l'amie, plus indépendante, part et réussit sa vie ailleurs. Ce roman est couronné du prix Noma à Francfort en 1980. Son second roman, *Le chant écarlate* (posthume, 1981) traite des problèmes du mariage mixte en Afrique : une Française mal reçue par sa belle-famille est finalement trahie aussi par son mari, le poids de la tradition étant trop lourde.

L'engagement de sa compatriote **Aminata Sow Fall** (1941-) est différent, non féministe. Elle traite des problèmes généraux de société, comme les dérives des coutumes (les cadeaux exagérés offerts par les femmes lors des baptêmes et mariages, un désir de paraître qui peut amener la ruine du ménage (*Le revenant*, 1976), mais le plus souvent elle est en faveur de la tradition (*L'Appel des arènes*, 1982). Professeur de lettres, elle a publié sept romans. Trois ont reçu des prix prestigieux en Europe et en Afrique. Le plus connu est *La grève des Bàttu* (1979), filmé par Cheikh Oumar Cissoko. La grève est déclenchée par les mendiants lorsqu'ils sont chassés du centre de Dakar. Les bourgeois ne savent plus où aller pour donner l'aumône prescrite par l'Islam ; ils sont ainsi punis de cette injustice sociale. Dans *Le jujubier du patriarche* (1993), l'auteur cherche la solution aux problèmes contemporains dans la sagesse africaine, et dans *Festins de détresse* (2005), elle met en garde contre les effets néfastes de l'aide au développement, qui empêche les Africains de résoudre leurs propres problèmes. L'écrivain joue un rôle important dans la vie culturelle de son pays, entre autres comme fondatrice et directrice de la maison d'édition Khoudia et comme responsable du Centre africain d'animation et d'échange culturels (CAEC) à Dakar.

La Camerounaise **Calixthe Beyala** (1961–) est de la seconde génération d'écrivains femmes. Comme plusieurs écrivains d'Afrique centrale, elle adopte une écriture plus moderne, plus complexe et plus violente que celle des Ouest-africain(e)s. Beyala est la plus prolifique (une quinzaine de livres), et la plus remarquée des écrivains femmes. Elle doit sa renommée d'abord à la qualité de ses romans, dont plusieurs ont été primés, mais aussi à son ton polémique dans le débat public et à la verdeur de sa langue romanesque. Celle-ci reflète le parler populaire des grandes villes du Cameroun, auquel s'ajoutent les néologismes de l'auteur. Si elle s'attaque surtout à « la dictature des couilles », elle n'épargne pas non plus « les fesses coutumières » – les femmes rétrogrades (mères, tantes) qui exploitent les jeunes femmes et s'opposent à l'émancipation féminine. Elle brise ainsi le mythe sacro-saint de la mère, si courant dans la littérature africaine. Elle franchit aussi certains tabous en décrivant le corps et le plaisir sexuel des femmes. Son premier roman, *C'est le soleil qui m'a brûlée* (1987) et les deux suivants, *Tu t'appelleras Tanga* (1988) et *Seul le diable le savait* (1990), traitent de problèmes d'identité et montrent le sort tragique des femmes en Afrique. Elle change de lieu et de sujet dans *Le petit prince de Belleville* (1992) et *Maman a un amant* (1993), où elle met en scène un petit garçon immigré vivant dans le XXe arrondissement de Paris. Par la suite, elle a tendance à situer l'intrigue dans un espace double : les héroïnes passent, comme l'écrivain elle-même, leur adolescence au Cameroun pour s'installer ensuite en Europe ; ainsi dans *Assèze l'Africaine* (1994) et *Les honneurs perdus* (1996, Prix de l'Académie française). *La petite fille du réverbère* (1998) a des traits autobiographiques et donne une image inattendument conciliante de la grand-mère et des valeurs traditionnelles. *La plantation* (2005) change de nouveau de décor : un Blanc de Zimbabwe et sa famille sont victimes de l'expropriation de leur plantation par le « président élu à la vie ». C'est l'histoire de la difficile vie en commun du Noir et du Blanc, tous deux attachés à la terre africaine. Beyala a été accusée – et même jugée coupable – de plagiat, mais contrairement à Ouologuem, elle s'est défendue et continue sa création littéraire.

La Côte d'Ivoire a produit deux écrivains femmes, enseignantes à l'université, et en a accueilli une troisième, d'origine camerounaise. **Véronique Tadjo** (1955–), d'origine franco-ivoirienne, a grandi en Côte d'Ivoire. Elle produit des textes de genre hybride comme *Latérite* (1984), poème épique d'inspiration féministe et le « roman » *A vol d'oiseau* (1986). D'autres romans sont *Le royaume aveugle* (1991), récit surréaliste sur une dictature, *Champs de bataille et d'amour* (1999), récit lyrique, initiatique, sur le métissage et la difficulté de l'amour. Le ton est empreint d'amertume, d'angoisse. *L'ombre* *d'Imana. Voyages au bout du Rwanda* (2000) est né de l'atelier d'écrivains invités au Rwanda en 1998 pour témoigner du génocide. Dans *La reine Pokou* (2004), elle recrée la légende des Baoulé, l'une des ethnie majeures en Côte d'Ivoire. Elle est aussi l'auteur de livres d'enfants et de nouvelles.

Sa compatriote **Tanella Boni** (1954–) a publié cinq recueils de poésie, dont *Labyrinthe* (1984), *Chaque jour l'espérance* (2002) et *Ma peau est fenêtre d'avenir* (2004). Les deux derniers évoquent la lutte pour le pouvoir qui ravage son pays et les « désastres innombrables accumulés par la faute de nos mains » (*Ma peau...*, p. 48). *Gorée île baobab* (2004) rappelle les maux de l'esclavage « enfouis dans la mémoire collective des Africains », tout en faisant le rapprochement avec la situation en Côte d'Ivoire. Boni est aussi l'auteur de trois romans : *Une vie de crabe* (1990), *Les baigneurs du lac rose* (1995) et *Matins de couvre-feu* (2005, Prix Ahmadou Kourouma). Toute son oeuvre fait la critique du pouvoir politique, ainsi que des conditions sociales en Afrique, en particulier le statut de la femme. Mais l'espoir est permis, comme l'indiquent certains titres cités ci-dessus, et même le dernier recueil sur l'esclavage se veut « un chant d'espoir dans un monde où les coeurs et les corps tombent en miettes » (*Gorée*, p. 7).

Werewere Liking (1950–) du Cameroun vit en Côte d'Ivoire depuis 1978. Elle est co-fondatrice et directrice du Ki-Yi théâtre à Abidjan, ainsi que l'auteur d'un grand nombre de pièces et d'oeuvres littéraires de différents genres : romans, poèmes, contes. Le genre dramatique, longtemps marqué par les formes traditionnelles, connaît avec elle un renouveau. Ses pièces s'inspirent du mouvement initiatique Ki-Yi-Mbock et de rites ancestraux : *La puissance d'Um* (1979), *Une nouvelle terre : rituel d'investiture d'un nouveau village* (1980), et *Un Touareg s'est marié à une Pygmée* (1992). Cette dernière, présentée comme une épopée pour l'Afrique présente, contient des passages en plusieurs langues africaines avec traduction en français. Car Liking oeuvre pour la naissance d'un panafricanisme culturel. Elle a créé le Village Ki-Yi, où vivent des artistes de différentes régions du continent. Ses pièces, proches du vécu, sont produites sur scène à Abidjan, au Festival de la Francophonie à Limoges ou ailleurs. Ses romans – qui innovent autant que ses pièces sur les plans formel et thématique – incluent *Orphée Dafric* (1981), *Elle sera de jaspe et de corail (Journal d'une misovire)* (1983) et *L'amour-cent-vies* (1988), qu'elle appelle un « roman-chant ». Comme Beyala, elle s'attaque à la « phallocratie » des hommes. Dans *La mémoire amputée* (2004, Prix Noma 2005), la mémoire d'une fillette devenue femme sans s'en souvenir devient le symbole de « 'l'Absurde' que vit l'Afrique dans son histoire tronquée » (quatrième de couverture). Le passé d'Afrique doit, selon elle, servir à construire son futur.

Problèmes de création et de réception : la langue d'écriture et le double public

La question de la langue d'écriture est commune à toutes les littératures postcoloniales : faut-il écrire dans la langue du colonisateur ou dans sa langue maternelle ? Dans les anciennes colonies françaises, portugaises et espagnoles, le choix ne se présente pas : les populations ne savent ni lire ni écrire leurs langues, à cause de la politique linguistique durant et après l'indépendance. Dans les anciennes colonies britanniques, où les autorités coloniales s'étaient servi des langues vernaculaires comme médium d'instruction pendant les premières années de l'école, la situation est différente. On y trouve une littérature assez importante en langues africaines (voir Albert Gérard : *Littératures en langues afriaines*, 1992). La politique scolaire de la Belgique se distinguait aussi de celle de la France, comme a pu le constater Sony Labou Tansi : « J'ai commencé ma scolarité dans l'ancien Congo belge (Zaïre) et là l'enseignement avait lieu en langue maternelle africaine. Lorsque j'ai quitté Kinshasa pour Brazzaville, j'ai subi un choc. [...] J'étais la cible préférée de mes condisciples, car je ne maîtrisais que le kikongo, ma langue maternelle » (entretien avec Herzberger-Fofana 1999).

Sembène Ousmane est l'un des premiers écrivains francophones à lutter pour une politique linguistique favorisant les langues africaines, qu'il voit comme des vecteurs de l'identité : « On ne décolonisera pas l'Afrique avec les langues étrangères. La langue est un problème national. La langue n'est pas révolutionnaire, elle exprime cependant l'identité » (cité par Lüsebrink 1986 : 206).

L'écrivain contraint d'écrire en français se trouve donc devant le problème d'exprimer sa réalité et ses émotions dans une langue a priori étrangère. Comme le dit Jean-Paul Sartre, « les traits spécifiques d'une société correspondent exactement aux locutions intraduisibles de son langage » (« Orphée noir » : XVIII). Et il continue : « Cette syntaxe et ce vocabulaire forgés en d'autres temps, à des milliers de lieues, pour répondre à d'autres besoins et pour désigner d'autres objets, sont impropres à lui fournir les moyens de parler de lui, de ses soucis, de ses espoirs » (p. XIX). Cependant, la position des écrivains varie face à cette contrainte. J. Chevrier distingue trois types de réactions : les inconditionnels (qui l'acceptent sans réserve, comme Senghor), les réalistes (qui acceptent le fait historique, comme Tchicaya U Tam'Si) et les réticents (qui, paradoxalement, sont obligés d'écrire leur refus dans la langue imposée, comme Sony Labou Tansi). Ainsi, U Tam'Si accepte le français comme « un phénomène naturel » et affirme : « La langue française me colonise ; je la colonise à mon tour » (cité par Chevrier 2003 : 239, 243). Les réactions des réticents sont plus violentes : « Je fais éclater les mots pour exprimer ma tropicalité » (Sony Labou Tansi cité dans *op.cit.* : 241).

Les solutions adoptées par l'écrivain sont multiples. Au niveau du vocabulaire, il peut introduire des mots africains qui manquent en français, ou qui donnent une touche locale, pour désigner la réalité africaine : flore et faune, nourriture, instruments, noms propres et concepts traditionnels et religieux, etc. Il peut alors accompagner le mot d'une explication, qu'on appelle en anglais *a cushioned loanword* : « un seul lit de bambou, un seul tara » (Kourouma : *Les soleils des indépendances* (1970) : 158). Ce procédé risque d'alourdir le style s'il est exagéré, et certains préfèrent regrouper les explications en un lexique ou les donner en bas de la page. D'autres laissent le contexte expliquer l'emprunt, comme Senghor : « je chante un noble sujet ; que m'accompagnent *koras* et *balafongs* » (*Poèmes*, 1964 : 33). On peut aussi ne pas expliquer le mot. Senghor et Cesaire l'ont fait parfois et Senghor, qu'on a accusé d'exotisme gratuit, répond qu'en poésie la valeur sonore du mot décide souvent du choix et qu'il ne faut pas toujours comprendre avec son intellect, mais avec son intuition. Au niveau de la syntaxe, il est plus difficile d'introduire des néologismes car ils risquent d'être interprétés comme des fautes de grammaire. Certains l'ont toutefois essayé, Ahmadou Kourouma notamment (par exemple en modifiant la construction des verbes : « marcher un mauvais voyage », *op.cit.*). Mais ce sont les proverbes et les nombreuses répétitions qui marquent surtout le style des écrivains africains. Savoir citer un proverbe bien à propos est preuve de sagesse et de maîtrise de la parole et la littérature reflète cette attitude : elle abonde en proverbes ou en images qui s'en inspirent. Les répétitions contribuent au rythme et à la sonorité de la littérature orale et, à l'écrit, à la passion et la poésie du style.

L'écrivain africain se trouve, de plus, devant certains problèmes particuliers pour atteindre son public. L'analphabétisme est répandu, le livre cher, les bibliothèques peu fournies, et la vie communautaire limite la lecture, les activités solitaires étant souvent mal vues. La critique politique et sociale, qui domine la production littéraire, s'adresse en premier lieu aux puissants ; or, ceux-ci ne lisent pas forcément ces oeuvres et, s'ils le font, ne se laissent probablement pas influencer. Comme le dit le chercheur sénégalais Mohamadou Kane : « Le recours au français dans le contexte africain, condamne le roman à n'atteindre qu'un petit nombre de privilégiés qui ne demandent pas à être convaincus » (1986 : 85). Les rôles de « guide » pour le peuple et de conseiller pour les puissants que l'écrivain africain s'assignait – et s'assigne parfois encore – est donc peu réaliste.

L'écrivain écrit en fait avant tout pour un public français ou occidental. De ce fait, il est moins libre de jouer sur l'elliptique, et perd ainsi un aspect de la qualité littéraire. Il est au contraire obligé d'expliquer des faits de culture connus de son public africain qui, déjà restreint, risque d'être rebuté par ces évidences. Les écrivains africains se tirent de cette impasse par différentes voies. Certains l'exploitent dans la construction. C'est ainsi qu'Ahmadou Kourouma introduit un narrateur-commentateur qui offre des explications sur la tradition pour le lecteur étranger, tout en contribuant à l'humour des *Soleils des indépendances* : « Qui n'est pas Malinké peut l'ignorer [...] ». D'autres, comme Mongo Beti et Ferdinand Oyono, laissent leurs jeunes héros tenir des journaux où tout est naïvement expliqué et commenté. Le décalage ironique qui en résulte révèle les maux qu'ils désirent dénoncer, tout en informant l'étranger sur la société.

Les critiques littéraires constituent un autre public double. Un critique européen peut-il comprendre et interpréter une oeuvre africaine ? Ou faut-il être africain pour bien l'analyser et la commenter ? Certains milieux litteraires africains jugent en effet la critique européenne incapable de comprendre leur littérature, car ayant des connaissances insuffisantes sur la civilisation, l'histoire et la tradition orale africaines. Deux attitudes sont surtout réprouvées : l'attitude paternaliste, qui trouve tout intéressant parce qu'exotique, et l'attitude incompréhensive, qui juge la littérature africaine selon les seuls critères de la norme littéraire occidentale. Il faut reconnaître que la distance culturelle constitue un défi supplémentaire, mais c'est une question qui concerne toute littérature qui n'est pas de notre époque ou de notre civilisation, et que l'on peut et doit surmonter en s'informant sur l'Afrique, son histoire, sa civilisation, ses langues et sa littérature tant orale qu'écrite.

Références

Africultures. Le site et la revue de référence des cultures africaines. http://www.africultures.com/index.asp.

Atlas de la langue française (dir. Philippe Rossillon) (1995). Paris, Bordas.

BENIAMINO, Michel (1997): « Diglossie », « Diglossie enchâssée/diglossie juxtaposée » et « Diglossie littéraire », dans Moreau : 125-129.

BENJAMINSEN, Tor Arve et Gunnvor Berge (2004) : *Une histoire de Tombouctou*. (Ed. orig. : *Timbuktu : myter, mennesker, miljø*. Oslo, Spartacus. 2000. Trad. du norvégien par Yves Boutroue.) Arles, Actes Sud.

BLAIR, Dorothy (1976) : *African Literature in French. A History of Creative Writing in French from West and Equatorial Africa*. Cambridge, Londres, New York, Melbourne, Cambridge University Press.

CAILLIE, René (1989) : *Voyage à Tombouctou*. 1-2. (1e éd. 1830). Paris, La Découverte.

CAMARA, Sory (1992): *Gens de la parole. Essai sur la condition et le rôle des griots dans la société malinké*. (2e éd.) Paris, Karthala.

CANUT, Cécile et Gérard Dumestre (1993) : « Français, bambara et langues nationales au Mali », in Robillard et Beniamino, t. 1 : 219-228.

CHAUDENSON, Robert (1993) : *L'école du Sud*. Aix-en-Provence, Paris, Institut d'études créoles et francophones, Didier Erudition. « Langues et developpement ».

CHAUDENSON, Robert (2000a) : *Mondialisation : la langue française a-t-elle encore un avenir ?* Paris, Didier Erudition.

CHAUDENSON, Robert (2000b) : *Grille d'analyse des situations linguistiques*. Aix-en-Provence, Paris, Institut de la Francophonie, Didier Erudition. « Langues et développement ».

CHAUDENSON, Robert (*et al.*) (1991) : *La francophonie : représentations, réalités, perspectives*. Aix-en-Provence, Paris, Institut d'études créoles et francophones, Didier Erudition. « Langues et développement ».

CHEVRIER, Jacques (2003) : *Littérature nègre*. (1e éd. 1984). Paris, Armand Colin.

CONFEMEN (Conférence des ministres de l'éducation des Etats d'expression française) (1986) : *Promotion et intégration des langues nationales dans les systèmes éducatifs. Bilan et inventaire*. Paris, Champion.

CUQ, Jean-Pierre (1991) : *Le français langue seconde. Origines d'une notion et implications didactiques*. Paris, Hachette. « Coll. F ».

DAFF, Moussa (1996) : « Présentation de quelques caractéristiques du français parlé et écrit au Sénégal », dans Robillard et Beniamino, t. 2 : 565-576.

DIADIE, Boureima (1996): « Modes d'appropriation non scolaire du français au Niger », dans Caroline Juillard et Louis-Jean Calvet (éds.): *Les politiques linguistiques, mythes et réalités*. Beyrouth, Montréal, FMA/AUPELF/UREF : 163-166.

DIAKITE, Drissa (2000) : « La crise scolaire au Mali », dans Skattum (éd.) : 6-28.

DIALLO, Alpha Mamadou (1993) : « Le français en Guinée : une situation en plein changement », dans Robillard et Beniamino, t. 1 : 229-242.

DOMBROWSKY, Klaudia (1993) : « Théorie et réalités de l'alphabétisation dans la zone Mali-Sud », dans Gérard Dumestre (éd.) : *L'alphabétisation fonctionnelle en Bambara dans une dynamique de développement. Le cas de la zone cotonnière (Mali-Sud)*. Aix-en-Provence, Paris, Institut d'études créoles et francophones, Didier Erudition : 5-119. « Langues et développement ».

DUMESTRE, Gérard (1979) : *La Geste de Ségou*. Racontée par des griots bambara, trad. et éditée par ... Paris, Classiques africains.

DUMESTRE, Gérard (1997) : « De l'école au Mali », in *Nordic Journal of African Studies* (Helsinki University Press), vol. 6, no 2 : 31-52.

DUMESTRE, Gérard (2000) : « La scolarité souffrante. (Compléments à ' De l'école au Mali ', dans Skattum (éd.) : 172-186.

DUMONT, René (1962) : *L'Afrique noire est mal partie*. Paris, Seuil.

Etat de la Francophonie dans le monde. Données 1999-2000 et 6 études inédites. (2001) Paris, La documentation française.

DUPONCHEL, Laurent (1979) : « Le français en Côte d'Ivoire, au Dahomey et au Togo », dans Valdman (dir.) : 385-418.

L'état de l'Afrique 2004 . Hors-série no 6. Paris, Jeune Afrique/L'Intelligent.

L'état de l'Afrique 2005. Hors-série no 8. Paris, Jeune Afrique/L'Intelligent.

FERAL, Carole de (1993) : « Le français au Cameroun : approximations, vernacularisation et ' camfranglais ' », dans Robillard et Beniamino, t. 1 : 205-218.

FAIK, Sully (1979) : « Le français au Zaïre », dans Valdman (éd.) : 441-472.

FREY, Claude : « Trois langues et plusieurs normes pour une minorité grandissante de francophones au Burundi », dans Robillard et Beniamino, t. 1 : 243-262.

Inventaire des particularités lexicales du français en Afrique noire (1988). (2ᵉ éd.) Paris, UREF/EDICEF. « Universités francophones ».

GERARD, Albert (1992) : *Littératures en langues africaines*. (Ed. orig. : *African Language Literatures : an Introduction to the Literary History of Sub-Saharan Africa*. Washington D.C., Three Continents, 1981.) Paris, Mentha.

GHARBI, Samir (2004) : « Histoire du franc CFA », in *Jeune Afrique/ L'Intelligent*, no 2279 : 56.

HEINE, Bernd et Derek Nurse (2004) : *Les langues africaines*. (Ed. orig. : *African Languages : An Introduction*. Cambridge, Cambridge University Press, 2000). Paris, Agence universitaire de la Francophonie, Karthala.

HATZFELD, Jean (2000) : *Dans le nu de la vie. Récits des marais rwandais*. Paris, Seuil.

HATZFELD, Jean (2003) : *Une saison de machettes. Récits*. Paris, Seuil.

HERZBERGER-FOFANA, Pierrette (1999) : « A l'écoute de Sony Labou Tansi, écrivain ». http://www.arts.uwa.edu.au/MotsPluriels/MP1099slt.html.

IGUE, Akanni Mahmoud (1996) : « La situation du français au Bénin », dans Robillard et Beniamino, t. 2 : 577-586.

Inventaire des particularités lexicales du français en Afrique noire (1988). (2ᵉ éd.) Paris, EDICEF/AUPELF. « Universités francophones ».

JAHN, Janheinz (1968) : *Neo-African Literature : a History of Black Writing* (Ed. orig. *Geschichte der neoafrikanischen Literatur : eine Einführung*. Düsseldorf, Eugen Diederich Verlag, 1966. Trad. de l'allemand par Oliver Coburn et Ursula Lehrburger.) Londres, Faber and Faber.

JONASSEN, Arild M. (2006) : « Et nytt bilde av Rwanda », dans *A-magasinet* (*Aftenposten*, Oslo), 3 mars : 19-23.

JUILLARD, Caroline (1995) : *Sociolinguistique urbaine. La vie des langues à Ziguinchor (Sénégal)*. Paris, CNRS.

KAGAME, Paul (2006) : Interview par François Soudan, dans *Jeune Afrique/ L'Intelligent* (2006), no 2352 : 36-41.

KANE, Mohamadou (1986) : « Les paradoxes du roman africain », dans *Présence africaine*, nouvelle série, no 139 : 74-87.

KESTELOOT, Lilyan (2004) : *Histoire de la littérature négro-africaine*. Paris, Agence universitaire de la Francophonie, Karthala.

KI-ZERBO, Joseph (1978) : *Histoire de l'Afrique noire. D'hier à demain*. Paris, Hatier.

KNUTSEN, Anne Moseng (1997) : « Vernacularisation du français d'Abidjan (Côte d'Ivoire) », dans *Nordic Journal of African Studies* (Helsinki University Press), vol. 6, no 2 : 53-73.

KOUBA-FILA, Edit (1996) : « Image et réalités du français au Congo », dans Robillard et Beniamino, t. 2 : 615-629.

LAFAGE, Suzanne (1985) : *Français écrit et parlé en pays ewe (Sud-Togo)*. Paris, SELAF.

LAFAGE, Suzanne (1996) : « La Côte d'Ivoire : Une appropriation nationale du français ? », dans Robillard et Beniamino, t. 2 : 587-602.

LÜSEBRINK, Hans-Jürgen (1986) : « Ousmane Sembène und das 'Sprachenproblem' im Senegal. Zur Wahrnehmung und Kodierung von Sprachgebrauch und Sprachkonflikten in *Les bouts de bois de Dieu* (Roman und Theaterstück », dans *Festschrift zum 60. Geburtstag von Carl F. Hoffmann* (dir. Franz Rottland). Hamburg, Helmut Buske Verlag : 203-222.

MANESSY, Gabriel (1992) : « Normes endogènes et normes pédagogiques en Afrique noire francophone » dans Robert Chaudenson (éd) : *Multilinguisme et développement dans l'espace francophone*. Aix-en-Provence, Paris, Institut d'études créoles et francophones, Didier Erudition : 43-81. « Langues et développement ».

MANNING, Patrick (1998) : *Francophone Sub-Saharan Africa 1880-1995*. Cambridge, Cambridge University Press.

MAURER, Bruno (1993) : « Le français en République de Djibouti : une importance croissante, une fonction identitaire marquée », dans Robillard et Beniamino, t. 1 : 191-204.

MOREAU, Marie-Louise (éd.) (1997) : *La sociolinguistique. Concepts de base.* Bruxelles, Pierre Mardaga.

MOUSSIROU-MOUYAMA, Auguste et Thierry de Samie (1996) : « La situation sociolinguistique du Gabon », dans Robillard et Beniamino, t. 2 : 603-614.

NGOUPANDE, Jean-Paul (2002) : *L'Afrique sans la France.* Paris, Albin Michel.

NIANE, Djibril Tamsir (1960) : *Soundiata ou l'épopée mandingue.* Paris, Présence africaine.

O'BRIAN, Donal Cruise (1998) : « The Shadow-Politics of Wolofisation », dans *The Journal of Modern African Studies*, 36, I : 25-46.

PRIGNITZ, Gisèle (1996) : « Contraintes et paradoxes du Burkina Faso, pays essentiellement multilingue et résolument francophone », dans Robillard et Beniamino, t. 2 : 547-564.

QUEFFELEC, Ambroise (1995) : « Le français en Afrique noire », dans Gérald Antoine et Robert Martin (dir.) : *Histoire de la langue française 1914-1945.* Paris, CNRS-Editions : 823-1049.

QUEFFELEC, Ambroise (1997a) : *Le français en Centrafrique. Lexique et société.* Vanves, EDICEF/AUPELF.

QUEFFELEC, Ambroise (1997b) : *Alternances codiques et français parlé en Afrique.* Aix-en-Provence, Publications de l'Université de Provence.

QUEFFELEC, Ambroise (2003) : « Histoire externe du français en Afrique subsaharienne », in Gerhard Ernst, Martin-Dietrich Glessgen, Christian Schmitt et Wolfgang Schweickard (dir.) : *Romanische Sprachgeschichte/ Histoire linguistique de la Romania.* Berlin, New York, Walter de Gruyter, t. 1 : 939-954.

Quid 2003 (2002). (dirs. Dominique et Michèle Frémy) Paris, Eds. Robert Laffont.

ROBILLARD, Didier de et Michel Beniamino (dirs.) (1993-1996) : *Le français dans l'espace francophone. Description linguistique et sociolinguistique de la francophonie.* 1-2. Paris, Champion.

SARTRE, Jean-Paul (1948) : « Orphée noir », préface à L. S. Senghor (dir.) : *Anthologie de la nouvelle poésie nègre et malgache de langue française.* Paris, Presses universitaires de France : IX-XLIV.

SHIRIRAMBERE, Spiridon (1979) : « Le français au Rwanda et au Burundi », dans Valdman (éd.) : 473-492.

SEMBENE, Ousmane (1979): : Interview par Farida Ayari *et al.*, dans *Jeune Afrique*, no 976 : 71-75.

SKATTUM, Ingse (1997) : « L'éducation bilingue dans un contexte d'oralité et d'exoglossie : théories et réalités du terrain au Mali », *Nordic Journal of African Studies* (Helsinki University Press), vol. 6, no 2 : 74-106.

SKATTUM, Ingse (2000a) : « L'apprentissage du français dans un pays 'francophone': le cas du Mali », dans *Actes du XXIIe Congrès International de Linguistique et de Philologie Romanes, Bruxelles, 23-29 juillet 1998* (dirs. Annick Englebert *et al.*) Tübingen, Niemeyer, vol. IX : 331-339.

SKATTUM, Ingse (éd.) (2000b): « L'école et les langues nationales au Mali », numéro spécial du *Nordic Journal of African Studies* (Helsinki University Press), vol. 9, no 3.

VOLET, Jean (University of Western Australia, French Department) : Site web sur les écrivains africains : http://arts.uwa.edu.au/AFLIT.

POUTIGNAT, Philippe et Paul Wald (1979) : « Français et sango à Bouar : fonctions marginales du français dans les stratégies interpersonnelles », in Gabriel Manessy et Paul Wald (éds.) : *Plurilinguisme : Normes, situations, stratégies. Etudes sociolinguistiques*. Paris, L'Harmattan : 201-232.

VALDMAN, Albert (éd.) (1979) : *Le français hors de France*. Paris, Champion.

YACONO, Xavier (1971) : *Les étapes de la décolonisation française*. Paris, Presses Universitaires de France. « Que sais-je ? »

YACONO, Xavier (1988) : *Histoire de la colonisation française*. (5e éd. mise à jour) Paris, Presses Universitaires de France. « Que sais-je ? »

6 La francophonie de l'Océan indien : Madagascar, Maurice, La Réunion, Archipels (Seychelles, Comores, Mayotte)

L'histoire de l'Océan indien est faite d'aventuriers, de commerçants, de déportés, de colons, d'esclaves, de travailleurs « engagés » (venus sous contrat) et de pirates. C'est l'histoire d'une rencontre de peuples venant de différentes parties du monde, plus ou moins volontairement. La composition des populations multiethniques d'aujourd'hui est le résultat de ces apports divers.

Habitées ou non par des populations autochtones, plusieurs des îles ont eu la visite des Arabes au Moyen Age et toutes ont vu débarquer les Portugais au tournant des XIVe et XVe siècles. Ces contacts sont restés sans colonisation. Aux XVIIe et XVIIIe siècles arrivent les Français et les Anglais, qui rivalisent dans les domaines du commerce et de la mission. Du côté français, la Compagnie des Indes Orientales a joué un rôle important pour les premiers contacts, et les Français ont développé des plantations nécessitant une importante main-d'œuvre, constituée d'abord par des esclaves africains, ensuite par des « engagés » venant de l'Asie. Cette première phase est suivie de la colonisation française aux XIXe et XXe siècles, avec la perte de certaines îles à l'Angleterre après la chute de Napoléon et le traité de Paris en 1814.

Le statut des îles varie : Madagascar, l'île Maurice, les Seychelles et les Comores sont des Etats indépendants, membres de l'Union africaine, alors que deux îles font partie de la France : la Réunion comme département d'outre-mer (DOM), Mayotte d'abord comme territoire d'outre-mer (TOM), et, depuis peu, comme collectivité départementale, statut intermédiaire original. Toutes, sauf les Seychelles, font partie de la Francophonie, tandis que Maurice et les Seychelles sont les seules à faire partie du Commonwealth.

L'économie des îles est influencée par les conditions naturelles mais surtout par les différents régimes politiques, comme le montrent les PNB (produits nationaux bruts) par habitant en 2000 : la Réunion : 12 600 $, les

Seychelles 6 510 $, Maurice 3 660 $, Mayotte 2 700 $, les Comores 330 $ et Madagascar 260 $ (*Quid 2003*). Les différences subsistent si on ajuste ces chiffres à la parité de pouvoir d'achat (PPA) par habitant : les Seychelles ont par exemple un revenu national brut PPA par habitant de 17 030 $ contre 830 $ pour Madagascar (*L'état de l'Afrique 2004*).

Le statut des langues varie aussi : parmi les Etats indépendants, Maurice a l'anglais comme l'unique langue officielle, Madagascar a deux langues officielles, français et malgache, tandis que les deux archipels ont trois langues officielles chacun : français, anglais et créole aux Seychelles et français, arabe et comorien aux Comores. La colonisation par la France a assuré la présence du français sur toutes les îles de cet océan, même à Maurice, où le français est plus parlé que l'anglais malgré une longue colonisation britannique.

Le contact des langues qui a accompagné la rencontre des peuples a résulté en différentes variétés de langues mixtes, dont le comorien et le créole. Cette dernière est la langue première d'un grand nombre des habitants de l'Océan indien. La description des créoles et de la créolisation ci-dessous est valable aussi pour la Louisiane aux Etats-Unis (voir chap. 3.4.2). Elle se base principalement sur les travaux de Robert Chaudenson (1995, 1997).

Le créole

Le mot *créole* (de l'espagnol *criollo* et du portugais *crioulo*, « serviteur nourri dans la maison »), désignait d'abord les Blancs nés dans les colonies européennes établies entre le XVIe et le XVIIe siècle, surtout dans l'Océan indien, dans les Caraïbes et en Louisiane. A cause du petit nombre de femmes européennes, le mot est vite venu à désigner les mulâtres (nés de femmes noires) et les métis (nés de femmes indiennes). Il désignera, par la suite, tout ce qui caractérise ces zones coloniales, y compris la langue.

La langue créole peut être à base lexicale française, anglaise, néerlandaise, portugaise ou espagnole selon la langue du colonisateur, ou un mélange de ces langues. Ce sont normalement des parlers insulaires, mais ils peuvent être continentaux, comme en Guyane (Amérique du Sud) et en Louisiane (Amérique du Nord). Il existe une centaine de créoles à travers le monde. Le nombre est approximatif, car la frontière entre langue, dialecte ou variantes est difficile à déterminer et, de plus, certains créoles sont en voie d'extinction.

Les créoles français sont une dizaine, parlés par 9 à 10 millions de locuteurs. Ils sont utilisés dans l'Océan indien (Maurice, Réunion, Seychelles), dans les Caraïbes (Haïti, Martinique, Guadeloupe, Guyane, Dominique, Sainte-Lucie) et en Louisiane. (Ils sont aussi parlés à Grenade et à Trinidad, où ils sont cependant en voie de disparition.) Le plus important en est le créole haïtien, parlé par environ 7 millions, suivi du créole mauricien, parlé par environ un million.

Les créoles sont nés du besoin de communication entre les propriétaires des plantations et leurs esclaves et se sont ensuite développés en des langues maternelles. Plusieurs théories ont été proposées pour expliquer la **genèse des créoles**. Robert Chaudenson classe les théories en trois types majeurs (1997 : 103-108), ici nommés a, b et c :

a) **Les créoles sont des variantes de langues européennes**. Ce point de vue n'est plus accepté, mais a le mérite de souligner que les créoles français sont issus de variétés anciennes, populaires et régionales, de l'ouest de la France. On incline maintenant plutôt à penser que le créole est né d'un **apprentissage approximatif de ces variétés**.

C'est le point de vue de **Robert Chaudenson**, partisan d'une **approche socio-historique**. La première période de la colonisation constitue la première étape de cet apprentissage. C'est la période de la « société d'habitation », quand les Blancs venaient habiter les colonies et étaient plus nombreux que leurs esclaves africains. Les Africains étaient suffisamment intégrés dans les familles des colons pour apprendre une variété approximative du français. L'introduction des cultures de plantation a nécessité une importation massive d'esclaves et la répartition entre Blancs et Noirs s'en est trouvée modifiée. Les nouveaux esclaves étaient encadrés par les esclaves déjà sur place, qui leur transmettaient le français approximatif qu'ils avaient appris. C'est cette époque de la « société de plantation » qui va amener l'autonomisation du créole.

Plus tard, les travailleurs engagés, venant surtout de l'Inde pour remplacer les esclaves affranchis, apprennent à leur tour le créole, moyen nécessaire d'intégration sociale. Mais au fur et à mesure que la société de plantation se transforme en une « société d'éducation », valorisant le français et d'autres langues européennes, on voit apparaître une certaine intolérance envers le créole, surtout chez la bourgeoisie issue du système scolaire.

b) **Les créoles sont surtout marqués par le substrat africain**, n'ayant emprunté aux langues européennes que des éléments de surface, comme le lexique ou la forme sonore. Cette approche n'a été appliquée qu'au créole haïtien, et demeure très contestée.

c) **Les créoles sont l'expression d'un bioprogramme linguistique** inné à l'homme. **Derek Bickerton** (1981) est le premier théoricien de cette approche. Il met en évidence des traits communs aux langues créoles et aux premières phases de l'acquisition des langues de l'enfant. Dans la situation coloniale, les locuteurs empruntent le matériau linguistique aux langues en présence et opèrent des restructurations, alors que l'enfant, confronté au groupe homogène qui l'entoure, est contraint de renoncer progressivement à ses tentatives de restructuration. Cette approche a soulevé beaucoup de débats et d'essais de vérification, en particulier sur l'existence de traits communs à tous les créoles, comme les marques de temps, de modalité et d'aspect (TMA). Les résultats divergent et le débat n'est pas clos.

Plusieurs combinaisons sont possibles entre ces théories. Chaudenson remarque par exemple des restructurations du français standard tant dans l'acquisition des enfants dont c'est la langue première que dans l'apprentissage informel, oral, du français langue seconde. Il attribue ces restructurations à des stratégies universelles d'appropriation d'une langue, s'approchant ainsi en partie de Bickerton, tout en maintenant que la créolisation résulte de certains modes de transmission, donc de circonstances extérieures. Ainsi, tous les contacts de langues ne résultent pas en des langues créoles.

Pour qu'il y ait **créolisation**, il faut, selon Chaudenson, plusieurs conditions qui, appliquées au français, consistent en un important peuplement français de départ, la transmission par voie orale, donc l'absence d'écoles, et une société esclavagiste de plantations exigeant l'immigration massive d'esclaves d'origines diverses.

Le créoliste Salikoko Mufwene est de ceux qui essaient de faire une synthèse des différentes approches. Il représente d'ailleurs un nouveau courant linguistique combinant linguistique, biologie et environnement (*The Ecology of Language Evolution*, 2001), qui cherche l'explication de la genèse des langues en général dans une synthèse de ces différentes approches.

Si le créole français est la langue de tous les jours pour un grand nombre de locuteurs de l'Océan indien, le français est normalement la langue du monde écrit, de l'école et des contacts internationaux, et c'est la langue préférée de la littérature, même si le créole manifeste son potentiel littéraire depuis quelques décennies. Cette répartition hiérarchique et fonctionnelle entre deux langues est typique des situations de diglossie, caractérisées par l'existence d'une langue « haute » et une langue « basse » (voir chap. 5). Les travaux faits sur le créole ainsi que les débuts d'une production littéraire dans cette langue signalent néanmoins une reconnaissance croissante. Son importance pour l'identité est incontestable. L'Université de la Réunion, centre important de la recherche sur le créole, offre ainsi des cours de créole, tout en travaillant sur une norme écrite. Cependant, dans l'Océan indien, seules les Seychelles lui ont reconnu un statut de langue (co-)officielle.

Littérature, enseignement et religion

La littérature des îles de l'Océan indien est donc majoritairement francophone, mais pas uniquement. Joubert (1991 : 9-10) la classe en trois catégories : 1) la tradition orale (par exemple contes, proverbes et chants) en langue vernaculaire (malgache, créole ou comorien) ; 2) la littérature moderne écrite en langue importée, surtout en français, mais aussi en anglais, hindi ou ourdou ; 3) la littérature moderne en langues créole ou malgache. Le dosage de ces types varie d'une île à l'autre. Ici, il sera principalement question des écrivains d'expression française, dont certains qui s'inspirent de la tradition orale.

On distingue, d'autre part, quatre étapes dans l'expression littéraire : 1) la littérature exotique des voyageurs, celle des premiers Européens qui regardent les îles de l'extérieur, le plus souvent à travers des récits de voyage, mais aussi à travers des romans ; 2) la littérature des colons, qui reste imprégnée de l'exotisme ; 3) la littérature des insulaires, revendiquant l'île comme lieu d'origine et comme destination de leur projet littéraire ; et 4) la littérature des exilés, c'est-à-dire celle des insulaires devenus écrivains français, sans oublier leur pays natal (*op. cit.* : 11-12). Parmi les thèmes majeurs des insulaires est l'exil : l'exil et l'isolement sur l'île aussi bien que l'exil en métropole ou ailleurs. Un autre thème récurrent est la quête d'une identité insulaire.

La littérature se limite souvent à une diffusion sur l'île d'origine, sans atteindre les îles voisines ou le monde en dehors de la région. C'est surtout le cas de la littérature moderne en langues créole ou malgache, qui constitue « un élément essentiel des prises de conscience et des revendications d'identité nationale » (*op.cit.* : 10), une manière de se distinguer de la France en utilisant une langue autre que celle de l'ancien colonisateur. Pour un écrivain francophone, il faut encore la consécration d'une maison d'édition française. C'est le cas des premiers écrivains célèbres qui apparaissent déjà aux XVIIIe et XIXe siècles, de ceux qui ont participé au mouvement de la négritude dans les années 1930 et 40 et de plusieurs romanciers et romancières contemporains. La poésie a dès le début une position privilégiée. Aujourd'hui, les institutions de la Francophonie encouragent la production littéraire en français par des concours dans plusieurs genres : poésie, roman et théâtre.

Les systèmes éducatifs sont diversifiés : les DOM-TOM pratiquent le système français, Maurice est influencée par le système britannique, tandis que Madagascar est revenu au système français après une période de malgachisation.

Les religions reflètent l'origine multiethnique des populations et sont en général pratiquées avec beaucoup de tolérance mutuelle. La colonisation française a laissé l'héritage de la religion catholique sur toutes les îles, pratiquée à des degrés divers et souvent teintée de l'animisme apporté par les esclaves africains (voir chap. 5). A Madagascar, les croyances animistes traditionnelles dominent, le protestantisme et le catholicisme se partageant la seconde position. L'influence hindoue est importante à Maurice, et visible aussi à la Réunion. Toutes les îles possèdent des minorités musulmanes, généralement descendant des commerçants musulmans immigrés des régions nord de l'Inde. Aux Comores, cependant, les musulmans sont majoritaires, à cause du commerce arabe le long de la côte est de l'Afrique. Les immigrants chinois à l'île Maurice et à la Réunion ont amené le bouddhisme, religion encore pratiquée par de petites minorités (*Francophone Studies* 2002 : 215-216).

Chacun de ces territoires a cependant ses caractéristiques propres, comme nous le verrons à travers leur histoire, leur situation actuelle (langue, enseignement et religion) ainsi que leur littérature. La présentation de la littérature doit beaucoup à Joubert : *Littératures de l'Océan indien* (1991).

6.1 Madagascar

Madagascar, surnommée la « Grande île », est, avec ses 587 041 km², la quatrième des îles du monde en superficie. Elle se trouve à 400 km à l'est du Mozambique. Antananarivo (nous préférons ce nom malgache à la forme française Tananarive) est la capitale des 17,4 millions d'habitants (*L'état de l'Afrique 2005*), qui sont en majorité d'origine malayo-polynésienne, avec une immigration africaine et arabe probablement plus tardive. On compte une vingtaine de groupes ethniques, dont le plus important (par son nombre et son histoire) est celui des Merina. D'autres groupes majeurs sont les Sakalava, les Betsimitsaraka et les Betsileo.

Madagascar fait partie de l'Union africaine et de la Francophonie.

6.1.1 Historique

L'île semble avoir été inhabitée lorsque, avant ou au début de notre ère, une immigration importante a eu lieu de l'Indonésie et de la Malaysie et aussi des côtes de l'Afrique de l'Est. L'origine du peuple malgache n'est pas encore établie et continue à nourrir l'imaginaire des écrivains. Entre les XIIe et XIVe siècles, des commerçants musulmans d'Afrique et des Comores, parlant swahili, s'installent sur les côtes. Une immigration vers l'intérieur a lieu au XIVe siècle. Le Portugais Diogo Dias visite l'île en 1500, et le nom de Madagascar est proposé par Marco Polo (à qui on décrit cette île) d'après celui que la population elle-même s'était donné : *malagasi*. Les tentatives d'annexion au XVIe siècle par l'Angleterre et la Hollande sont restées sans suite, comme aussi celle de la France au XVIIe siècle. La Compagnie des Indes Orientales y fonde cependant Fort-Dauphin en 1643, comme escale sur la route des Indes.

Les premiers royaumes malgaches s'affirment au XVIe siècle. Au XVIIe siècle, les deux royaumes sakalava sont les plus puissants. L'unité du royaume **Merina**, installé sur les hauts plateaux au centre du pays, est assurée en 1789 et, en 1810, les deux tiers de l'île sont soumis à **Radama Ier**. S'appuyant sur les Anglais, il introduit le christianisme, l'écriture et l'instruction, mettant au point l'alphabet en caractères latins pour le malgache. La première école en malgache date de cette époque (1820). Sa veuve, la reine **Ranavalona Ière** (qui règne de 1828 à 1861), utilise le malgache pour écrire l'histoire transmise par les anciens Malgaches et la première traduction de la Bible voit le jour en 1835. Elle instaure cependant un régime de fer et chasse les Européens de l'île en 1838. A sa mort, Anglais et Français reviennent et rivalisent entre eux, tout en jouant sur les rivalités des royaumes malgaches. En 1869, le protestantisme devient la religion d'Etat, ce qui renforce les liens avec les Anglais. En 1881, le « Code des 305 articles » jette les bases d'un Etat moderne : réforme de la justice, suppression de la polygamie, etc. Cependant, les Français sortent victorieux de leurs expéditions militaires. Madagascar devient ainsi protectorat français en 1885 et, en 1896, colonie française.

Leur passé comme nation relativement unie a marqué les Malgaches, qui à plusieurs reprises se révoltent contre la colonisation française et se distinguent des Africains au sud du Sahara par un puissant mouvement nationaliste et indépendantiste. L'insurrection en 1947 reste gravée dans les mémoires : elle a duré plus d'un an et entraîné une répression brutale avec des dizaines de milliers de morts.

Madagascar obtient son indépendance en 1960. Mais l'économie stagne et la dépendance culturelle continue, entre autres dans l'enseignement. Des grèves scolaires et autres manifestations provoquent le coup d'Etat de 1972, sous le mot d'ordre de « malgachisation de l'enseignement ». Un régime marxiste s'instaure, prolongé par le second président, Didier Ratsiraka (1975-1991), qui renforce la malgachisation. Mais la situation économique et scolaire ne cesse de se dégrader. Après seize ans de dictature, Ratsiraka perd les premières élections démocratiques en 1992, mais revient au pouvoir en 1996. En 2002, il est cependant contraint à l'exil en France, après des élections contestées. L'arrivée au pouvoir de Marc Ravalomanana en mai 2002 a marqué une certaine démocratisation et une croissance économique (*L'état de l'Afrique 2004*). Le tourisme se développe et on commence à exploiter les ressources minérales. Les problèmes sociaux et économiques hérités de la période marxiste sont cependant toujours considérables, comme le montre le fait que Madagascar est le pays le plus pauvre de l'Océan indien calculé en PNB par habitant.

La malgachisation de l'enseignement

Le premier gouverneur français, **Joseph Galliéni** (1896-1905), impose l'enseignement en français pour promouvoir la langue française, qui devint obligatoire comme matière et langue d'instruction. Sa circulaire de 1896 définit ainsi la politique française d'assimilation : « Vous ne devez jamais perdre de vue que la propagation de la langue française dans notre nouvelle colonie, par tous les moyens possibles, est l'un des plus puissants éléments d'assimilation que nous ayons à notre disposition et que tous nos efforts doivent être dirigés dans ce but » (cité par Joubert 1991 : 39). Il souhaite cependant assurer une certaine place aux langue et culture malgaches, et fonde en 1902 l'Académie malgache.

Les missionnaires protestants anglais et norvégiens ont, à travers leur mission, œuvré contre cette politique linguistique. Les Norvégiens, installés depuis 1866, ont entre autres fait la collecte de manuscrits sacrés et de textes littéraires oraux malgaches (Dahle 1877). C'est aussi un Norvégien, Otto Christian Dahl, qui a résolu l'énigme de l'origine austronésienne de la langue, à l'aide de manuscrits conservés dans les bibliothèques norvégiennes (O. C. Dahl 1951, 1995). Enfin, les protestants enseignaient en malgache, avant, pendant et après la colonisation française, alors que les catholiques enseignaient en français. Après la Seconde Guerre mondiale, c'est cependant le système scolaire français qui a prévalu.

Il existe, en fait, jusqu'après la Seconde Guerre mondiale, un système éducatif double, distinct : les écoles enseignant en malgache forment les subalternes, alors que les écoles enseignant en français forment les cadres. Il n'y avait pas de passerelles entre les deux systèmes. Seuls les élèves qui maîtrisaient bien le français étaient admis dans le système français. Les familles aisées l'ont vite compris, et le français n'est plus, comme aux XVIIIe et XIXe siècles, une simple langue de communication, mais la langue du pouvoir et de la promotion sociale.

La malgachisation de l'enseignement introduite en 1972 est une réaction à cette domination française, une revendication populaire d'identité nationale. Elle est bien fondée d'un point de vue linguistique et pédagogique aussi :

l'île a l'énorme avantage (par rapport aux Etats subsahariens, presque tous multilingues et sans tradition écrite pour la majeure partie de leurs langues) de posséder une langue commune, ancienne et écrite – bien qu'avec des différences dialectales parfois très grandes. Pourquoi cette réforme n'a-t-elle donc pas abouti ? La réponse est complexe. Le dialecte choisi était celui des Merina ; aussi y étaient-ils favorables, mais les ethnies rivales installées sur la côte se sentaient désavantagées. La manière abrupte dont le malgache a été imposé comme seul moyen d'instruction a suscité une certaine hostilité aussi, et explique le manque de matériel et d'enseignants formés à l'enseignement en malgache. C'est ainsi que sous la malgachisation, le niveau scolaire a baissé, les compétences en français, toujours langue d'instruction à l'Université, se sont dégradées, et le niveau de l'éducation supérieure est tombée. La conséquence en est que le français est réintroduit comme langue d'enseignement déjà en 1985 et, avec le départ de Ratsiraka en 1992, la malgachisation est abandonnée.

Le malgache continue, cependant, à jouer un rôle important à l'école et sa réintroduction comme médium d'enseignement est actuellement (2006) étudiée par le ministère de l'Education.

6.1.2 Situation actuelle

La description de la situation linguistique qui suit est fondée essentiellement sur Claudine Bavoux : « Francophonie malgache : images et réalités » (1993).

Le malgache est la première langue des habitants et, aujourd'hui, langue officielle à côté du français. Les textes officiels sont donnés dans les deux langues. Cependant, le système diglossique persiste : le français reste le principal moyen d'ascension sociale et la langue de communication avec l'extérieur, alors que les couches inférieures et rurales (80% de la population) sont unilingues en malgache. Les citadins sont bilingues, mais seule une minorité pratique le français au quotidien. Les perturbations du système scolaire ont fait que le français recule, les écoles privées catholiques étant en fait aujourd'hui les seules à donner un enseignement efficace en français (*op.cit.* : 176–177). La faiblesse relative du système scolaire se manifeste dans les taux actuels de scolarisation (45%) et d'alphabétisme (67,3%) (*L'état de l'Afrique 2005*). L'Université d'Antananarivo semble toutefois améliorer son niveau académique depuis quelques années (*Francophone Studies* 2002 : 159) et il existe aujourd'hui six universités sur l'île.

On trouve plusieurs variétés de français : un français populaire sur la côte, proche du créole (parlé par une petite minorité sur la côte est), un français régional (particularités de prononciation, de lexique, etc.), maintenu surtout dans les écoles catholiques, et un français plus académique sur les Hauts Plateaux et parmi l'élite urbaine. Le français populaire a tendance à s'effacer, alors que la variété académique, « standardisante », qui tend vers le « français de France », sert de symbole identitaire pour l'élite urbaine. Cette variété est cependant souvent marquée par l'**hypercorrection**, c'est-à-dire l'effort des locuteurs pour produire des formes qu'ils croient socialement valorisées, alors qu'elles sont en réalité incorrectes. Mais il y a bien sûr un va-et-vient entre ces variétés.

La langue religieuse est le malgache. La vie religieuse est dominée par les religions traditionnelles (culte des ancêtres), que pratiquent plus de 50 % de la population, alors qu'environ 40 % sont chrétiens (catholiques et protestants à égalité) et que 5 % sont musulmans (*Quid 2003*).

6.1.3 Littérature

La tradition orale en langue malgache est riche et encore vivante. Les formes les plus connues sont les *kabary* et les *hain teny*, qui ont fait l'objet de nombreuses publications ethnographiques et de traductions en français. Les *kabary* sont des discours accompagnant toute cérémonie, obéissant à une structure compliquée et raffinée, et les *hain teny*, des poèmes d'amour improvisés par deux récitants rivaux (Paulhan 1939).

La littérature moderne en malgache voit le jour d'abord dans la presse, qui commence à paraître en 1866 et qui publie des poèmes, des contes et des nouvelles. Aujourd'hui, on trouve des romans populaires à prix modique sur les marchés, mais il n'y a pas de véritable industrie d'édition malgache et pas de traductions, donc pas de diffusion en dehors de l'île (Joubert 1993 : 23-36). Les écrivains savent toutefois écrire en malgache, et ont un public, à la différence de la plupart des pays francophones de l'Afrique subsaharienne.

Le pionnier de la littérature moderne francophone est le poète **Jean-Joseph Rabearivelo** (1903-1937). Tiraillé entre les traditions littéraires en langue malgache et le désir d'atteindre un public français, il dit traduire des poèmes qu'il compose en fait, mais qui sont marqués par la musicalité malgache. Il est présenté par Senghor dans la célèbre *Anthologie de la nouvelle poésie africaine et malgache* (1948), à l'instar de **Flavien Ranaivo** (1914-) et **Jacques Rabemananjara** (1913-). Rabemananjara fréquente le milieu de la négritude à Paris dans les années 30 et 40 (voir chap. 5). Elu député de son pays à l'Assemblée nationale française en 1946, il est, comme les deux autres parlementaires malgaches, arrêté suite à la révolte de 1947. Condamné à mort, il reste emprisonné jusqu'en 1956, et publie, de sa prison, entre autres les poèmes *Antsa* (1948) et *Lamba* (1956), célébrant l'identité malgache. Il est aussi l'auteur de pièces de théâtre et d'essais. A l'indépendance, il retourne dans son pays et devient ministre et même vice-président, mais part en exil après le coup militaire en 1972 et vit depuis en France. Il se dit « voleur de langue », formule célèbre prononcée au Congrès des écrivains et artistes noirs en 1959, dans un discours où il affirme que « l'usage de la langue des colons est l'un des plus sûrs ciments de l'unité des peuples colonisés » (cité par Joubert 1991 : 74). L'Académie française lui décerne le Grand prix de la Francophonie en 1988 pour l'ensemble de son œuvre.

La malgachisation a freiné la production littéraire en français, qui pendant longtemps était dominée par la poésie. Parmi les nouveaux talents, on remarque une romancière, **Michèle Rakotoson** (1948–), insulaire vivant en France. Dramaturge et journaliste à la radio, elle reçoit le Prix de Radio France Internationale en 1989 pour sa pièce *La maison morte*, qui la fait connaître. Les nouvelles de *Dadabe* (1984) et le roman *Le bain des reliques* (1988) traitent du conflit entre les médias modernes et les croyances traditionnelles de Madagascar, et le roman *Elle, au printemps* (1996), parle des malheurs des immigrants malgaches en France.

Il faut cependant reconnaître que la littérature malgache, « constituée pour sa plus grande partie de textes inédits, [...] est une des plus mal connues du monde littéraire francophone » (Ramarosoa 1994).

6.2   L'île Maurice

L'île Maurice est située à 800 km environ à l'est de Madagascar. Elle est d'étendue restreinte : 2 045 km^2, mais densément peuplée : 1,2 millions d'habitants, c'est-à-dire environ 500 habitants par km^2, donc un des Etats les plus densément peuplés du monde (*L'état de l'Afrique 2004*).

Malgré cette densité, qui ailleurs dans le monde pose problème, elle se distingue par la cohabitation relativement paisible de peuples de différentes origines, religions et langues. Les identités communautaires restent cependant fortes et les différents groupes se mélangent peu (Eriksen 1987). La majorité est indienne (68%), alors qu'une minorité importante est créole (au sens qu'il prend à Maurice : ceux qui sont d'origine mixte, entièrement ou partiellement d'origine africaine ou malgache) (26%). Les Chinois (3%) et les Franco-Mauriciens blancs (2%) constituent des minorités plus modestes (*Quid 2003*).

La capitale du pays est Port-Louis. C'est le seul Etat de cette région à faire partie à la fois de l'Union africaine, de la Francophonie et du Commonwealth.

6.2.1 Historique

Inhabitée avant l'arrivée des Européens, l'île a réellement été découverte : d'abord par les Arabes au Moyen Age, ensuite par les Portugais, en 1511. Ces deux peuples n'ont laissé comme traces que des noms géographiques, dont celui des **Mascareignes** (d'après Pedro Mascarenhas), nom encore utilisé pour l'ensemble des îles de Maurice, sa dépendance Rodrigues et la Réunion. Les Hollandais arrivent en 1598 et donnent à l'île le nom de Mauritius (d'après Maurice de Nassau). Ils essayent par deux reprises de la coloniser, sans succès.

Un épisode rappelant Robinson Crusoé est resté dans la mémoire collective de l'île : François Leguat, protestant français chassé par Louis XIV, débarque avec des compagnons à Rodrigues, île voisine alors inhabitée. Ils y sont restés trois ans, avant d'abandonner leur utopie. Plusieurs écrivains ont repris l'épisode sous différentes formes.

Au tournant des XVIIe et XVIIIe siècles, les pirates sévissaient dans l'Océan indien et débarquaient fréquemment à l'île Maurice. C'est un autre thème récurrent de la littérature mauricienne.

Les Français prennent possession de l'île au nom du roi de France en 1715, lui donnant le nom d'**île de France**. Les premiers colons français s'installent en 1722, sous l'administration de la Compagnie des Indes Orientales. Le gouverneur des Mascareignes, **Mahé de La Bourdonnais**, érige Port-Louis en capitale et réussit en dix ans (1735–1746) à développer l'économie de l'île, entre autres par des plantations de sucre, dont les esclaves assurent la main-d'œuvre. Il fait aussi des Mascareignes la base de départ d'opérations maritimes vers l'Inde (voir ci-dessous 6.3.1). La Révolution française « républicanise » l'île, mais l'abolition de l'esclavage en 1794 n'est pas respectée, et sa réintroduction par Bonaparte est acclamée.

Maurice reste le centre de la guerre maritime contre l'Angleterre, mais l'île doit capituler en 1810 devant l'invasion de 10 000 soldats anglais. Le traité de Paris en 1814 scelle la souveraineté de l'Angleterre sur l'île, qui est rebaptisée Mauritius. Cette perte marque aussi la fin des prétentions coloniales de la France sur l'Inde (Joubert 1993 : 99).

Les Anglais font preuve de souplesse en gardant une grande partie de l'organisation administrative et judiciaire française, et en assurant à tous les habitants le droit de pratiquer leurs coutumes, dont la langue et la religion. Ils ne cherchent pas à s'installer en nombre, et leurs efforts d'anglicisation sont graduels et peu systématiques. Tous ces facteurs expliquent que le français a pu survivre 154 ans de colonisation anglaise (*op.cit.* : 103).

Un début d'immigration de travailleurs engagés de l'Inde a lieu en 1829, et cette immigration prend de l'ampleur avec l'abolition définitive de l'esclavage, par les Anglais, en 1835. Les Indiens engagés, qui auraient pu adopter l'anglais, sont maintenus dans un état d'infériorité et s'intègrent à la société à travers le créole. Le créole français demeure ainsi la langue majoritaire de l'île. Le coût du voyage de retour fait que très peu d'engagés profitent de la possibilité de retourner au pays. Cela bouleverse totalement la démographie mauricienne et fait qu'aujourd'hui, la population est majoritairement d'origine indienne.

Entre les deux guerres, la vie politique s'organise et la suprématie des Blancs, jusque-là incontestée, se voit menacée. En 1948, le travailliste **Seewoosagur Ramgoolam** gagne les élections, et une nouvelle Constitution est proclamée qui prépare l'autonomie de l'île. Ramgoolam négocie avec l'Angleterre l'indépendance, qui est proclamée en 1968. Ramgoolam est premier ministre de 1968 jusqu'en 1982, lorsque son parti perd les élections. **Aneerood Jugnauth** lui succède comme premier ministre à la tête d'une coalition de gauche. Sous Jugnauth, l'île développe le tourisme, qui, avec les industries de transformation de la zone franche complètent et même dépassent les revenus assurés par la culture de la canne à sucre. Le PNB par habitant est relativement élevé et place l'île en troisième position dans l'Océan indien, devant le territoire français de Mayotte.

La démocratie fonctionne bien, avec multipartisme et liberté de presse. Les élections de 2001 introduisent un principe de présidence tournante entre les candidats des deux partis formant une coalition et, en 2003, un président blanc, chrétien, **Paul Bérenger**, occupe pour la première fois le poste de premier ministre. (Selon une règle tacite depuis l'indépendance, le premier ministre devait être d'origine indienne.)

6.2.2 Situation actuelle

La présentation de la situation linguistique qui suit doit beaucoup à l'article de Robillard : « L'expansion du français à Maurice » (1993).

Il y a dix-sept ou dix-huit langues en usage à l'île Maurice, mais les plus pratiquées sont le créole à base lexicale française, le français et l'anglais. Cinq autres ont une certaine importance, mais leur rôle est avant tout identitaire : le chinois (hakka et cantonnais) et les langues indiennes hindi, tamoul, ourdou et bhojpouri. Ces langues, sauf le bhojpouri (langue mixte à base hindi), sont en léger recul, bien que les langues indiennes soient introduites dans l'enseignement primaire à partir de 1940, et qu'aujourd'hui, le mandarin chinois soit également enseigné à l'école en tant qu'option. La quasi-totalité des Mauriciens sont bi- ou multilingues et parlent, en plus de leur langue première, une ou plusieurs des langues permettant la communication à travers l'île (créole, anglais, français).

A l'oral, presque tous se servent du créole, surtout en famille. L'origine de ce créole est sujet de discussion entre les linguistes : autochtone ou importée de l'île voisine, l'actuelle Réunion ? La dernière hypothèse semble aujourd'hui prévaloir. L'écriture du créole est encore récente.

L'anglais et le français sont les langues de la modernité et de l'ouverture sur le monde. L'anglais est la langue officielle dans les faits (les textes officiels ne le précisent pas) et la première langue d'instruction, mais il est peu parlé. Le français est enseigné comme matière tout en étant la langue la plus parlée en dehors de la famille. Il domine aussi dans les registres de prestige : journalisme, littérature, cinéma, religion catholique, et son usage semble s'étendre. Le français est toléré dans les communications officielles, sans être langue officielle, ce qui n'est pas le cas du créole. La diglossie n'a donc pas lieu entre l'anglais et le français, mais entre le français et le créole. Le créole progresse cependant aussi, et s'utilise de plus en plus dans des registres plus « hauts ».

La survie du français s'explique en partie par l'attachement des habitants à leur langue face à l'anglais (un peu comme au Québec). Le compartimentage des ethnies a, d'autre part, contribué à marquer la différence entre français et créole, à la différence de la Réunion, où les deux font partie d'un continuum. A l'île Maurice, cette frontière est nette chez les francophones « héréditaires », plus floue chez les autres qui, à cause de leur insécurité linguistique, sont parfois victimes de l'hypercorrection.

Le français mauricien est marqué par des particularismes régionaux, sans qu'on puisse parler d'une norme endogène. Il n'y a pas non plus de revendication identitaire à son égard : d'abord, l'idéal reste celui du français standard, ensuite, l'île est ouverte sur le monde : il en dépend économiquement et n'a pas intérêt à s'isoler, et enfin le français a tout de même un statut ambigu en tant que langue de l'esclavage et du colonialisme. Son usage s'étend cependant, entre autres sous la pression de l'école qui, au primaire, inclut tous les enfants et au secondaire, un grand nombre de jeunes.

Le système éducatif est en effet bon. L'île Maurice a presque éradiqué l'analphabétisme, 84,3 % de la population étant alphabétisé (*L'état de l'Afrique 2005*). La demande éducative est si forte que l'accès à l'éducation supérieure est difficile, et beaucoup de jeunes prennent des cours particuliers pour réussir ou partent à l'étranger au lieu d'entrer à l'Université de Maurice ou à la nouvelle université technologique.

L'hindouisme est la religion dominante (50%), avec une présence notable du catholicisme (31%) et de l'islam (d'origine indienne) (17%) (*Quid 2003*).

6.2.3 Littérature

La littérature mauricienne s'exprime en plusieurs langues, surtout en français et en anglais, dans cet ordre. Le hindi, le tamoul et le créole sont de plus en plus utilisés, et on trouve aussi quelques œuvres en chinois.

La littérature en créole mauricien a d'abord, au XIXe siècle, emprunté la forme de la littérature traditionnelle (Charles Baissac : *Folklore de l'île Maurice*, rééd. 1967). Les premiers écrits créoles modernes datent du début du XIXe siècle. Mais l'attitude envers le créole est paternaliste, moqueuse. Elle change quand, dans les années 70, le créole commence à faire partie d'une revendication identitaire. La première œuvre créole de cette tendance est le conte *Tention caïma* (1971) de Jean Erenne et le premier roman est *Quand montagne prend di difé* (1979) de Renée Asarally. En 1984, une *Anthologie de la nouvelle poésie créole* est publiée sur l'île, avec des contributions de tous les pays parlant des créoles français. Mais la production littéraire en créole semble stagner et le problème d'une orthographe standardisée n'a pas encore été résolue : faut-il s'approcher de celle du français ou rester proche de la prononciation ?

Le premier ouvrage littéraire français portant sur l'île Maurice est celui du « voyageur » **Bernardin de Saint-Pierre** (1737-1814) qui, influencé par Rousseau, part pour l'île Maurice. Son célèbre roman d'amour, *Paul et Virginie* (1788), veut, selon l'auteur, montrer que notre bonheur consiste à vivre selon la nature et la vertu. Bien qu'écrit par un Français, le roman fait aujourd'hui partie de l'identité culturelle de Maurice, tout en restant un classique de la littérature française.

Le premier des « insulaires » est **Léoville L'Homme** (1857-1928), appelé « poète national de l'île Maurice ». C'est un Créole (au sens mauricien) qui, à travers la culture française, cherche à se distinguer des Indiens toujours plus nombreux. Son « francotropisme » s'exprime dans des poèmes qui, bien que faisant l'éloge de Maurice, sont ressentis aujourd'hui comme manquant de couleur locale. Le poète et romancier **Robert-Edward Hart** (1891-1954) est plus original et sans conteste l'écrivain le plus connu de la première moitié du XXe siècle – bien que peu lu en dehors de l'île, car c'est là qu'il choisit de vivre et qu'il publie presque toute son oeuvre, qui compte plus de 40 titres. Il est l'un des premiers dont la poésie révèle un penchant pour la pensée indienne telle qu'elle s'exprime à l'île Maurice, tentant ainsi une synthèse des cultures française et indienne. Par sa fascination pour l'origine mystérieuse des îles, il détient « une place centrale dans la construction des mythologies littéraires de l'Océan indien » (Joubert 1993 : 127-131). A partir des années 1940, **Malcolm de Chazal** (1902-1981) domine le paysage littéraire. Son œuvre étrange a marqué ses successeurs. Le recueil de prose poétique, *Sens plastique,* est publié en France en 1948 et admiré par des poètes français comme André Breton, qui le considère comme un authentique exemple d'écriture automatique surréaliste. Mais le reste de son œuvre est quasiment inconnu en dehors de l'île. De Chazal célèbre aussi l'origine mystique de son île, la Lémurie, continent disparu et berceau de l'homme. D'origine française, il se réclame néanmoins du Noir, du créole et des correspondances entre la nature et l'homme et entre les différents sens. De Chazal est aussi peintre ; on lui doit des tableaux « naïfs » à couleurs vives.

Plusieurs insulaires « exilés » poursuivent leur carrière littéraire en France ou ailleurs tout en évoquant la société mauricienne dans leurs oeuvres. **Loys Masson** (1915-1969) quitte l'île Maurice en 1939 et n'y retournera jamais, mais plusieurs de ses romans traitent des conflits sociaux de son île native : *L'Etoile et la clef* (1945) et *Le Notaire des Noirs* (1961). Il se distingue aussi par sa poésie « résistante » durant la Seconde Guerre mondiale : *Délivrez-nous du mal* (1942). **Edouard Maunick** (1931-) est le poète contemporain le plus connu du pays, avec un grand nombre de recueils. Le premier, *Ces oiseaux du sang* (1954), a reçu le prix de l'Académie française. Dans *Les manèges de la mer* (1964), il déclare : « Je suis nègre de préférence ». Cette préférence se traduit par son imagerie africaine et par son combat contre l'aliénation postcoloniale. L'*Anthologie personnelle* (1989) contient un manifeste définissant son art poétique, où les « mots-racines » (mots-clés), jouent un rôle essentiel. Son style est inspiré d'Aimé Césaire, à qui il a dédié *Toi, laminaire* (1990). Son français est « métissé », moins par ses créolismes que par sa syntaxe. Maunick a également été journaliste et diplomate, entre autres ambassadeur en Afrique du Sud. **Jean-Marie Le Clézio** (1940-) est né en France, mais a la double nationalité. Il est sans doute l'écrivain contemporain d'origine mauricienne le plus connu. Il a reçu le prix Renaudot pour son premier roman *Le Procès-verbal* (1963), et a conquis le grand public avec *Désert* (1980). Il s'est, par la suite, rapproché de l'île : *Le chercheur d'or* (1985), *Voyage à Rodrigues* (journal de voyage, 1986), *Printemps et autres saisons* (nouvelles, 1989), et *Sirandanes* (recueil de devinettes mauriciennes, bilingue français-créole, 1990), symptôme d'un nouvel intérêt pour le trésor culturel du créole.

Parmi les écrivains contemporains, deux femmes se distinguent par des succès de librairie. **Marie-Thérèse Humbert** (1940-) est connue d'abord pour son roman *A l'autre bout de moi* (1979), qui parle des difficiles relations intercommunautaires à l'île Maurice, à travers les histoires d'amour entrelacées de deux jumelles. Elle vit en France, mais revient de temps en temps à des thèmes qui concernent son pays, comme dans *La montagne des signaux* (1994) et *Le chant du seringat la nuit* (1997). La dernière venue est **Ananda Devi** qui, installée sur l'île, écrit en français tout en intégrant des termes hindi et créoles. Elle débute par un recueil de nouvelles, *Le poids des êtres* (1987) et continue avec des romans poétiques, mystiques, reflétant la mythologie et les croyances hindoues, comme dans *Le voile de Draupadi* (1993), *Moi, l'interdite* (2000) et *Pagli* (2001). Elle a aussi publié un recueil de poèmes, *Le long désir* (2003). Elle est l'une des voix les plus prolifiques et les plus prometteuses de la nouvelle génération.

6.3 La Réunion

L'île de la Réunion, l'un des quatre départements d'outre-mer (DOM) de la France, est située à 800 km à l'est de Madagascar et à 210 km à l'ouest de l'île Maurice. Avec ses 2 512 km², elle dépasse légèrement l'étendue de sa voisine. La population y est cependant nettement inférieure : 732 570 habitants, car les deux tiers de cette île montagneuse sont incultivables. Comme à l'île Maurice, la population est d'une grande diversité ethnique, venant de France, Madagascar, Afrique, Inde, Pakistan et Chine. Les métis forment aujourd'hui le groupe le plus important (200 000), suivi des Européens (120 000), des Indiens du sud (dits *Malabars* car venant de la côte de Malabar) (120 000) et des Français métropolitains (dits *Z'oreilles* car, comprenant mal le créole, ils font répéter) (environ 51 500). Les Chinois et les Indiens musulmans (dits *Z'arabes*) forment des minorités moins importantes (*Quid 2003*). Le chef-lieu de l'île est Saint-Denis.

6.3.1 Historique

A l'instar de Maurice, la Réunion était inhabitée avant l'arrivée des Européens. Les Portugais viennent entre 1507 et 1516, sans l'occuper. En 1642, la Compagnie française de l'Orient en prend possession, et entre 1646-1649 et 1654-1658, des mutins de Fort-Dauphin à Madagascar y sont déportés. En 1649, le gouverneur de Fort-Dauphin prend à nouveau possession de l'île, la nommant l'**île Bourbon**. L'occupation définitive a lieu en 1663, quand deux Français sont désignés pour des postes permanents, amenant avec eux dix « domestiques » malgaches. Ceux-ci s'enfuient dans les montagnes ; c'est le début du marronage sur l'île, c'est-à-dire l'évasion d'esclaves noirs. Les premiers colons partent en 1665 de l'ouest de la France, recrutés par la Compagnie des Indes Orientales, qui prend la relève de la Compagnie française de l'Orient, « nouvellement créée pour assurer le peuplement et le développement des îles de l'océan Indien » (Joubert 1991 : 193).

L'île change plusieurs fois de nom. Ainsi, l'île Bourbon devient l'île de la Réunion en 1793, nom qui vient de l'idée d'union et de concorde chère à la Révolution française, ensuite l'île Bonaparte en 1806, de nouveau l'île Bourbon en 1810 (suite à sa conquête par les Anglais) et enfin et définitivement, l'île de la Réunion en 1848.

Les colons français établissent, au XVIIIe siècle, d'abord la culture du café, qu'ils délaissent ensuite pour la canne à sucre et d'autres produits agricoles. Les esclaves sont importés d'Inde, d'Afrique et de Madagascar. Cette diversité est voulue : les colons veulent éviter la constitution d'un groupe ethnique numériquement important. La population croît, l'agriculture se développe, l'île prospère. Avec Mahé de La Bourdonnais, gouverneur des Mascareignes (voir ci-dessus chap. 6.2.1) une nouvelle fonction se dessine pour les îles : celle de bases navales pour la France dans le conflit qui l'oppose à l'Angleterre sur la route de l'Inde. L'île de France devient la base principale, l'île Bourbon fournissant les produits agricoles pour les deux îles. Cette fonction stratégique fait qu'en 1764, la France achète l'île Bourbon à la Compagnie des Indes Orientales. Mais la prospérité stagne et même recule, et on voit paraître de « petits Blancs » pauvres. Quand la Convention de la Révolution décrète l'abolition de l'esclavage en 1794, les colons s'y opposent et refusent de la respecter, voyant cela comme une catastrophe économique, comme à Maurice. L'esclavage est d'ailleurs ici comme ailleurs rétabli par Napoléon.

En 1810, les Anglais débarquent et y restent cinq ans. A l'opposé de ce qui se passe à l'île de France, l'île Bourbon est rendue à la France par le traité de Paris en 1814. La France réintroduit la monoculture de canne à sucre car elle manque de sucre, et Bourbon cesse ainsi sa culture vivrière. Elle doit maintenant importer des produits agricoles. Les premiers travailleurs engagés indiens arrivent en 1830. Avec l'abolition définitive de l'esclavage en 1848 (les Français ont plus de dix ans de retard par rapport aux Anglais), environ 62 000 esclaves sont libérés, c'est-à-dire 60% de la population de l'île. Ils désertent les plantations mais, rencontrant des problèmes économiques, ils vont souvent accepter un contrat d'engagement. Ayant cessé sa culture vivrière, Bourbon ressent la concurrence du sucre de betterave, ce qui a des effets très négatifs sur l'économie.

Entre les deux guerres, l'économie se redresse, mais comme l'île se rallie au régime de Vichy durant la Seconde Guerre mondiale, elle subit le blocus des forces alliées et en sort très appauvrie. La constitution de la IVe République française en 1946 fait de la Réunion un département français et, en 1973, aussi une région (*Quid 2003*) avant la régionalisation proprement dite de 1982-1983.

La France investit dans l'infrastructure de l'île et les subventions font qu'aujourd'hui, elle a le PNB par habitant le plus élevé de l'Océan indien. Mais l'économie reste déséquilibrée : les importations dépassent les exportations, et l'île dépend des transferts de la métropole. La canne à sucre domine toujours même si d'autres produits agricoles tropicaux comptent aussi. Le tourisme est croissant, grâce aux attraits de la côte et des montagnes spectaculaires : le volcan actif du Piton des Fournaises ainsi que le Piton des Neiges, qui dépasse 3000 m d'altitude. L'île connaît cependant de grandes différences entre les couches favorisées et les couches défavorisées et, de plus, des tensions socio-économiques, un chômage grandissant (32,4%, *Quid 2003*) et un courant migratoire important vers la France (15 à 20% de la population, Beniamino et Baggioni 1993 : 154).

6.3.2 Situation actuelle

Dans ce qui suit sur la situation linguistique actuelle, nous nous fondons essentiellement sur l'article de Michel Beniamino et Daniel Baggioni, « Le français, langue réunionnaise » (1993). Le titre s'inspire de celui de René Dumont, *Le français, langue africaine* (1990), revendiquant comme celui-ci le français en tant que langue identitaire. Car à l'Université de la Réunion, le créole avait jusque-là dominé les recherches.

Le français est non seulement langue officielle, mais aussi beaucoup utilisé, sous différentes formes. On trouve ainsi un **continuum** allant du français standard au français créolisé, caractérisé par de nombreux **mésolectes** (c'est-à-dire des variantes qui se trouvent en position médiane sur une échelle allant de l'**acrolecte**, proche du standard, au **basilecte**, éloigné du standard). Les frontières entre les différentes variantes sont floues. On trouve, d'autre part, un continuum allant du français créolisé au créole. Le créole basilectal réunionnais est appelé « créole cafre », « créole zoulou » ou « gros créole ». L'existence des deux contiuums est particulière à l'île de la Réunion.

On voit que le **français créolisé** fait partie des deux continuums. On discute en fait s'il s'agit d'un français basilectal ou d'un créole acrolectal. Cette variante apparaît lorsque, au milieu du XVIIIe siècle, la pénurie de terres disponibles donne naissance à un prolétariat blanc. L'abolition de l'esclavage un siècle plus tard augmente leur nombre, et ces Blancs développent un français créolisé. Leur langue joue d'abord un rôle identitaire, mais son usage dépasse aujourd'hui ce groupe social.

De nos jours, d'autres facteurs sociaux entrent en compte qui changent la donne sociolinguistique. Le plus important en est la **départementalisation** : le changement de statut en 1946 fait que le français réunionnais subit une plus forte pression que le français de Maurice. D'une part, il y a un affaiblissement de la norme régionale « légitime » (c'est-à-dire acceptée comme norme par les différentes couches de la société), représentée par le parler des « Grands Blancs », car ceux-ci se tournent vers l'Hexagone. D'autre part, la mobilité sociale qui en résulte fait accéder une petite bourgeoisie aux postes de responsabilité de la vie culturelle. Voyant le français comme un moyen d'ascension sociale, leur cible est le français standard. Mais leur insécurité linguistique entraîne une intolérance envers le créole (à l'opposé des « Grands Blancs » qui, forts de leur sécurité linguistique, étaient tolérants). Certains créolophones jadis unilingues comme les Indiens malabars acquièrent aussi le français. Peut-être verra-t-on émerger, chez ces « néo-francophones », une variété endogène lorsque leur francophonie sera plus assurée.

Cependant, en même temps que le français standard s'impose, le créole gagne du terrain, dans la publicité, à l'église, pour l'efficacité du message. La majorité de la population est en fait bilingue français - créole et ces deux langues ont des fonctions complémentaires, diglossiques : le français standard pour les occasions formelles, le créole pour les situations informelles. Le créole est d'ailleurs de plus en plus reconnu.

Quant aux langues indiennes, le chinois et le malgache, ils se maintiennent en famille ou dans la communauté ethnique.

L'enjeu linguistique à la Réunion est, on l'a vu, une question de classes sociales et non de groupes ethniques comme à Maurice, et le continuum français – créole rend difficile l'identification d'un français régional, c'est-à-dire une norme locale de prestige. La prononciation et la morphosyntaxe s'alignent plus ou moins sur le français standard. Le domaine le plus caractéristique est celui du lexique et de la sémantique. On observe en effet un grand nombre d'emprunts, de néologismes et de glissements de sens. Pour le lexique commun au français et au créole, il est difficile de dire si c'est le français qui emprunte au créole ou vice-versa – ou s'il s'agit d'un fonds commun ancien. D'autres emprunts viennent du malgache, des langues indiennes ou chinoises, dans des domaines précis comme la cuisine, la religion ou les phénomènes naturels ou culturels.

Même si l'école est obligatoire et gratuite de la maternelle au lycée, comme en France, l'enseignement connaît des problèmes. La question linguistique en est la première cause, selon Beniamino et Robillard. La langue d'enseignement est le français standard et le curriculum celui de la métropole. Cela donne peu de place au créole et à la culture locale. Toute entreprise linguistique est soupçonnée d'arrière-pensées autonomistes. L'île possède une université de renom qui fait des recherches importantes sur le créole, mais les universitaires sont marginalisés ou même dénoncés par certains politicens méprisant le créole. La prise en compte des langues régionales par le Ministère de l'Education nationale (la « circulaire Haby » de 1976) n'a pas non plus été appliquée de manière appropriée à la Réunion. A ceci s'ajoute la croissance rapide de la population, ce qui a également créé des problèmes pour l'enseignment.

Le catholicisme est la religion dominante, mais le protestantisme, l'hindouisme, l'islam et le bouddhisme sont également pratiqués. On trouve aussi des vestiges de l'animisme africain.

La Réunion exerce une certaine influence dans la région en tant que vitrine de la culture française et elle entretient des liens économiques, sociaux et culturels avec ses voisins.

6.3.3 Littérature

Les premiers écrivans réunonnais de renom étaient les poètes **Evariste de Parny** et **Antoine Bertin**, célèbres dans la France révolutionnaire, à la fin du XVIIIe siècle. Mais le poète le plus connu est **Charles Leconte de Lisle** (1818–1894), chef de file des poètes du Parnasse. Né et élevé à la Réunion, il observe le mauvais traitement des esclaves et, parti en France pour ses études, rejoint le milieu socialiste. Très déçu par le coup d'Etat de Napoléon III en 1851, il se détourne de la vie politique et se voue à l'« art pour l'art ». Dans ses recueils de poèmes, qu'il veut « objectifs », il montre entre autres ses connaissances des religions et mythes « exotiques » (*Poèmes barbares*, 1862).

La littérature orale de langue créole était longtemps occultée par la littérature francophone mais, comme à Maurice, elle a eu une reconnaissance dans les années 70. On la rencontre toutefois surtout dans la chanson et le théâtre. Le Centre Dramatique de l'Océan indien est très actif.

Le premier ouvrage littéraire écrit à faire référence au créole était *Fables créoles* (1828) de Louis Héry. Mais le créole n'y servait que d'effet comique, comme dans d'autres œuvres de la même période. C'est le poète **Jean Albany** (1917-1984) qui inaugure le mouvement créole sur l'île avec son receuil *Zamal* (1951), écrit dans un français créolisé. Sa poésie, légère et gaie, est une célébration de la beauté sensuelle de l'île. En 1972, il crée le mot **créolie**, élément de sa revendication identitaire. On publie, par la suite, des anthologies annuelles sous ce nom. D'autres poètes préfèrent le terme **créolité**, pour une poésie militante qui revendique une place pour la langue créole dans la culture réunionnaise (le sens de ce terme se distingue de celui qu'il prend aux Antilles). Une anthologie de cette littérature a vu le jour en 1986. Romancière et poète, **Anne Cheynet** (1938-) est connue d'abord pour le roman *Les Muselés* (1977), qui plaide la cause des déshérités du milieu créole et dénonce la corruption politique dont ils sont victimes. Le thème se retrouve dans *Rivages maouls* (1994). Elle œuvre pour la revalorisation du créole. *Les Muselés* a ainsi d'abord été écrit en créole et ensuite traduit en français. Par la révolte et la contestation, sa littérature marque une rupture dans l'art romanesque réunionnais. **Axel Gauvin** (1950-), romancier d'abord, mais aussi poète et dramaturge, se dit inspiré d'Anne Cheynet. Comme elle, il est un militant de la cause créole. Ses romans sont souvent publiés en deux versions : français créolisé et créole réunionnais. Dans son premier roman *Quartier 3 lettres* (1980), il est question des problèmes personnels et sociaux des Réunionnais défavorisés. *L'Aimé* (1990), dit l'auteur, est « une histoire d'amour entre un gamin et sa grand-mère » (*Notre Librairie* 104, 1991 : 103). Parmi ses premiers poèmes, certains sont devenus des symboles de la revendication d'indépendance culturelle de la Réunion.

6.4 Les archipels

6.4.1 Les Seychelles

Les Seychelles constituent un archipel situé à 1 100 km au nord de Madagascar et à 1 760 km de Mombasa (Kenya). Il est composé de 116 îles, dont 46 habitées, d'une superficie de 309 km^2 en tout. La capitale Victoria est située sur la plus grande des îles, Mahé (nommée d'après le gouverneur des Mascareignes, Mahé de La Bourdonnais). La petite population d'environ 80 000 habitants, dont 80 % habite Mahé, est composée d'Africains (Bantous), d'Indiens, d'Européens et de métis (*Quid 2003*). Les Seychelles font partie de l'Union africaine et du Commonwealth, mais pas de la Francophonie.

Les Seychelles étaient comme Maurice et la Réunion inhabitées avant la colonisation française au XVIIIe siècle. Les navigateurs arabes ont visité les Seychelles du IXe au XVe siècle. Les Portugais sont arrivés en 1502, et les Français en 1742-1744, donnant aux îles le nom de La Bourdonnais. La Compagnie des Indes Orientales en prend possession en 1756 et baptise l'archipel les Seychelles, en l'honneur de l'intendant Jean Moreau de Séchelles. Les premiers colons français débarquent en 1770, et Napoléon Bonaparte y déporte par la suite des opposants politiques. En 1810, la France perd les îles aux Anglais, qui les rattachent à Maurice. En 1861, un grand nombre d'esclaves libérés par les Britanniques viennent des îles voisines. Il s'agit de 3 000 personnes sur une période de treize ans, apport important par rapport au nombre d'habitants déjà sur place. La population va continuer à croître et, en 1903, les Seychelles deviennent une colonie anglaise indépendante de Maurice. En 1966 sont fondés les premiers partis politiques et, en 1976, la République des Seychelles est déclarée indépendante. Un coup d'Etat en 1977 porte au pouvoir **France Albert René**, qui se trouve aujourd'hui encore à la tête de l'Etat, ayant été élu président à plusieurs reprises depuis l'avènement du multipartisme en 1991.

Les Seychellois jouissent du meilleur niveau de vie en Afrique, de services médicaux gratuits et d'une espérance de vie élevée (73 ans, *L'état de l'Afrique 2005*). Depuis quelques années, le tourisme, principale source de revenus, décline cependant, les touristes préférant Maurice et Madagascar où la vie est moins chère. La raison serait le refus du président de dévaluer la roupi seychelloise (*L'état de l'Afrique 2004*). La pêche est la seconde source de revenus.

La présentation ci-dessous de la situation linguistique se fonde en partie sur Annegret Bollée : « Le français dans un contexte trilingue : le cas des Seychelles » (1993).

Les premiers colons venaient de l'île de France et de Bourbon (actuellement Maurice et la Réunion) avec leurs esclaves, qui parlaient un créole français. Il y avait aussi un certain nombre de métropolitains, officiers retraités et marins. On s'attendrait donc à un français proche de celui de ces deux îles. Mais le nombre important d'esclaves libérés aux Seychelles a donné une population nettement plus africaine que celle des autres îles, tandis que la part des Indiens et des Chinois, notable dans celles-ci, est infime.

La langue majoritaire est le créole et, sous le règne britannique, l'anglais était la langue officielle. A l'indépendance en 1976, le pays a réintroduit le français comme langue officielle, à côté de l'anglais et, en 1979, il introduit le trilinguisme officiel : l'anglais, le français et le créole. L'ordre hiérarchique des langues est décidé en 1981 : le créole en première, l'anglais en seconde et le français en troisième position. Les Seychelles sont le seul Etat de l'Océan indien et le premier Etat du monde à reconnaître au créole ce statut. Il est parlé par 95 à 100% de la population, notamment dans les communications orales informelles, mais aussi formelles : à l'Assemblée nationale, dans les discours politiques et des interviews à la radio et à la télévision. Il est aussi introduit à l'école, au début contre la volonté des parents, mais il paraît aujourd'hui accepté. Il est codifié, possédant ainsi une orthographe officielle. L'anglais est utilisé par 40% de la population, tenant une place importante dans la vie publique et culturelle, le commerce et l'éducation. Le français n'est parlé que par 5% (*Quid 2003*). C'est toujours la langue maternelle d'une partie de la classe dirigeante, servant dans les relations internationales. Cependant, même ceux dont c'est la langue première l'emploient surtout avec les étrangers, passant au créole pour les choses importantes. Le français est ainsi peu utilisé dans la vie quotidienne et recule face au créole dans le domaine informel et face à l'anglais dans le domaine formel. Les familles francophones ont d'ailleurs tendance à passer au créole comme langue première.

La quasi-totalité des enfants seychellois (85%) va à l'école et le taux d'alphabétisme est de 91,9% (*L'état de l'Afrique 2005*). L'Etat ne possède pas d'université.

La population est majoritairement de religion chrétienne (catholique à 92% et anglicane à 6%). L'Eglise catholique est un bastion du français mais se sert, depuis 1970, aussi du créole pour les sermons et les annonces. L'Eglise anglicane se sert de l'anglais.

La littérature aux Seychelles est peu développée. La langue créole est ressentie comme la base de la culture, et célébrée par exemple par les chants de Jean-Marc Volcy. Quelques romans créoles ont été publiés autour de 1990, par exemple *Fler fletri* de Leu Mancienne et *Eva* de June Vell. Le théâtre créole est également devenu populaire. Un poète francophone, Antoine Abel (1934-) a publié des recueils comme *Paille en queue* (1969) et des récits poétiques : *Coco sec* (1969) et *Une tortue se rappelle* (1977). Il s'est toutefois tourné vers le creole en 1980 et a publié le roman *Montann en leokri*. L'anglais s'utilise peu en tant que langue de créativité.

6.4.2 Les Comores, Mayotte

L'Union des **Comores** (jusqu'en 2001, République fédérale islamique des Comores) est située à l'entrée nord du Canal de Mozambique, à mi-distance du Mozambique et de Madagascar, et compte trois îles : Anjouan, Mohéli et la Grande Comore, où se trouve la capitale Moroni. La quatrième île de l'archipel, **Mayotte** (aussi appelée Mahoré), fait depuis 1976, à la suite d'un référendum, partie de la France, actuellement en tant que collectivité départementale. Le rattachement à la France a un net avantage économique : le PNB est de 2 700 $ par tête pour les environ 160.000 habitants, contre 330 $ pour les environ 600 000 habitants des Comores (*L'état de l'Afrique 2004*). La capitale de Mayotte est Mamoudzou (qui a remplacé Dzaoudzi en 1977).

Jusqu'en 1968, Dzaoudzi était aussi la capitale commune des quatre îles des Comores. Sa substitution par Moroni, située à la Grande Comore, a été contestée par les Mahorais et constituait ainsi l'un des points de litige entre les îles.

Les Comores sont, contrairement aux Seychelles, un pays très pauvre et politiquement très instable. 54% des habitants vit en-dessous du seuil de pauvreté et Anjouan a, entre 1997 et 2000, mené une guerre de sécession sans issue. Le pays est en fait le « détenteur du record du monde de putschs et tentatives de coups d'Etat (une trentaine depuis l'indépendance de 1975) » (*L'état de l'Afrique 2004*).

La population est constituée d'Africains (Bantous), Arabes et Malgaches, majoritairement musulmans (97%) tout en ayant des pratiques animistes. Il y a un certain flux migratoire vers Madagascar et l'Afrique de l'Est, le flux vers la Réunion et la France ayant tari (*Quid 2003*).

Les Comores ont très tôt été une des étapes du commerce arabe sur la côte de l'Afrique. L'islamisation a ainsi lieu du IXe au XIIe siècle, et les quatre îles constituent depuis des sultanats séparés. Les sultans d'Anjouan dominent, à certaines périodes, Mohéli et Mayotte. Les Portugais abordent les îles en 1503. En 1816, le sultan d'Anjouan demande la protection du gouverneur de la Réunion et, en 1841, les Français achètent Mayotte à un roi malgache qui l'avait conquise en 1831. L'influence française s'étend de Mayotte aux autres îles. Entre 1886 et 1912, les trois autres îles deviennent des protectorats français, alors que Mayotte reste une colonie. En 1912, toutes deviennent colonies et sont rattachées à Madagascar en 1914. Après la Seconde Guerre mondiale, elles obtiennent le statut de TOM et une certaine autonomie. Lors du référendum proposé par de Gaulle en 1958 sur l'entrée dans la Communauté (voir chap. 5), les trois anciens protectorats votent pour le maintien du statut de TOM, alors que Mayotte vote pour le statut de DOM. Les rancœurs contre les anciens sultans d'Anjouan et les hostilités entre Arabes et Malgaches comoriens expliquent ce vote différentiel. Les habitants de Mayotte n'ont pas eu gain de cause en ce qui concerne la départementalisation, mais n'ont, depuis, cessé de lutter pour ce statut. En 2001, ils ont obtenu un statut original comme collectivité départementale, statut qui sera revu selon une nouvelle loi prévue après 2010 (*Quid 2003*).

La langue officielle de **Mayotte** est le français, conformément à son statut. Mais le français n'est parlé que par 35% des habitants, alors que les deux tiers de la population parlent des dialectes bantous ou malgaches et un tiers parle un mélange de ces dialectes. Le système éducatif est celui de la France. Abdou S. Bacou est le premier écrivain qui a publié un roman d'expression française, sorti en 1996 à la Réunion.

Les **Comores** ont, quant à elles, trois langues officielles : français, arabe et shikomori (comorien), une langue proche du swahili, avec 25% de vocabulaire arabe. La scolarisation est très faible : 45%, et l'alphabétisation est seulement de 56,2% (*L'état de l'Afrique 2005*). Le premier lycée y a vu le jour en 1963. Il n'y a pas de littérature à proprement parler. Le seul écrivain de renommée internationale est Mohamed Toihiri, auteur du premier roman comorien en français, *La République des Imberbes* (1985) et du *Kéfir du Karthala* (1992). Il vit en exil en France.

Références

L'Atlas de l'Afrique (dir. Danielle Ben Yahmed) (2000). (2ᵉ éd.) Paris, Editions du Jaguar.

BAGGIONI, Daniel (1993) : « Dalons et paumés de la créolo-francophonie réunionnaise. Ou de la difficulté à vivre sans conflit la diglossie français/créole dans un D.O.M. », dans *L'insécurité linguistique dans les communautés francophones périphériques. Actes du colloque de Louvain-la-Neuve 10-12 novembre 1993*, II (dir. M. Francard) : 95–107.

BAGGIONI, Daniel et Didier de Robillard (1990) : *Ile Maurice : une francophonie paradoxale*. Saint-Denis, Paris, Université de la Réunion, L'Harmattan.

BAVOUX, Claudine : « Francophonie malgache : images et réalités », dans Robillard et Beniamino, t. 1 : 173–187.

BENIAMINO, Michel et Daniel Baggioni (1993) : « Le français langue réunionnaise », dans Robillard et Beniamino, t. 1 : 151–172.

BENIAMINO, Michel (1997) : « La Réunion : une situation sociolinguistique, vingt ans après... », dans *Contact de langues. Contact de cultures. Créolisation*. (dirs. M.-C. Hazaël-Massieux et D. de Robillard). Paris, L'Harmattan : 357–371.

BICKERTON, Derek (1981) : *Roots of Language*. Ann Arbor, Michigan, Karoma.

BOLLEE, Annegret (1993) : « Le français dans un contexte trilingue : le cas des Seychelles », dans Robillard et Beniamino, t. 1 : 119-127.

CALVET, Louis-Jean (1993) : *La sociolinguistique*. Paris, Presses Universitaires de France. « Que sais-je ? ».

CHAUDENSON, Robert (1995) : *Les créoles*. Paris, Presses Universitaires de France. « Que sais-je ? »

CHAUDENSON, Robert (1997) : « Créole », « Créolisation », dans Moreau : 103–109.

CHAUDENSON, Robert *et al.* (1991) : *La francophonie : représentations, réalités, perspectives*. Aix-en-Provence, Paris, Institut d'études créoles et francophones, Didier Erudition. « Langues et développement ».

COMBEAU, Yvan, Prosper Eve, Sudel Fuma et Edmond Maestri (2001) : *Histoire de la Réunion. De la colonisation à la régionalisation*. Saint-Denis, SEDES/HER (Université de la Réunion, tirage spécial).

DAHL, Otto Christian (1951) : *Malgache et Maanyan. Une comparaison linguistique*. Oslo, Egede Instituttet. (Thèses éd. par l'Institut, 3).

DAHL, Otto Christian (1995) : « L'importance de la langue malgache dans la linguistique austronésienne et dans la linguistique générale », dans Sandra Evers et Marc Spindler (dirs.) : *Civilisations de Madagascar : Flux et reflux des influences*, Leiden, International Institute for Asian Studies : 39-45. (Working Paper Series, 2).

DAHL, Øyvind (1993) : *Malagasy Meanings. An Interpretive Approach to Intercultural Communication in Madagascar*. Stavanger, Center for Intercultural Communication, School of Mission Theology.

DAHLE, Lars (1877) : *Specimens of Malagasy Folklore*. Antananarivo, Kingdon.

ERIKSEN, Thomas Hylland (1987) : *Communicating Cultural Difference and Identity. Ethnicity and Nationalism in Mauritius*. Oslo. (Oslo Occasional Papers in Social Anthropology, 16).

L'état de l'Afrique 2004. Paris, Jeune Afrique/L'Intelligent.

L'état de l'Afrique 2005. Paris, Jeune Afrique/L'Intelligent.

JOUBERT, Jean-Louis (1991) : *Histoire littéraire de la francophonie. Littératures de l'Océan indien*. Avec la collaboration de Jean-Irénée Ramiandrasoa. Vanves, EDICEF/AUPELF. « Universités francophones, UREF ».

Francophone Studies. The Essential Glossary (dir. M. A. Majumdar) (2002). Londres, Arnold.

LAROUSSI, Foued et Sophie Babault (dirs.) (2001) : « Tolérance et frontières linguistiques à la Réunion », dans *Variations et dynamisme du français. Une approche polynomique de l'espace francophone*. Paris, L'Harmattan : 106-122.

MOREAU, Marie-Louise (éd.) (1997) : *La sociolinguistique. Concepts de base*. Bruxelles, Pierre Mardaga.

MUFWENE, Salikoko (2001) : *The Ecology of Language Evolution*. Cambridge, Cambridge University Press. « Cambridge Approaches to Language Contact ».

Notre Librairie, no 104 (1991) : « Dix ans de littératures, 1980-1990, II : Caraïbes – Océan Indien ».

Notre Librairie, no 110 (1992) : « Madagascar. 2. La littérature d'expression française ».

PAULHAN, Jean (1939) : *Les Hain-Tenys*. Trad. française. (1ᵉ éd., bilingue, 1913). Paris, Gallimard.

PROSPER, Jean-Georges (1978) : *Histoire de la littérature mauricienne de langue française*. Maurice, Eds. de l'Océan indien.

Quid 2003 (dirs. Dominique et Michèle Frémy) (2002). Paris, Eds. Robert Laffont.

RAMAROSOA, Liliane (1994) : *Anthologie de la littérature malgache d'expression française des années 80*. Paris, L'Harmattan.

ROBILLARD, Didier de (1993) : « L'expansion du français à l'île Maurice : dynamisme stratificatoire, inhibitions ethniques », dans Robillard et Beniamino, t. 1 : 129-150.

ROBILLARD, Didier de et Michel Beniamino (dirs.) (1993-1996) : *Le français dans l'espace francophone. Description linguistique et sociolinguistique de la francophonie*, 1-2. Paris, Champion.

SAMLONG, Jean-Francois (1991) : *Anthologie du roman réunionnais*. Paris, Seghers.

Le monde

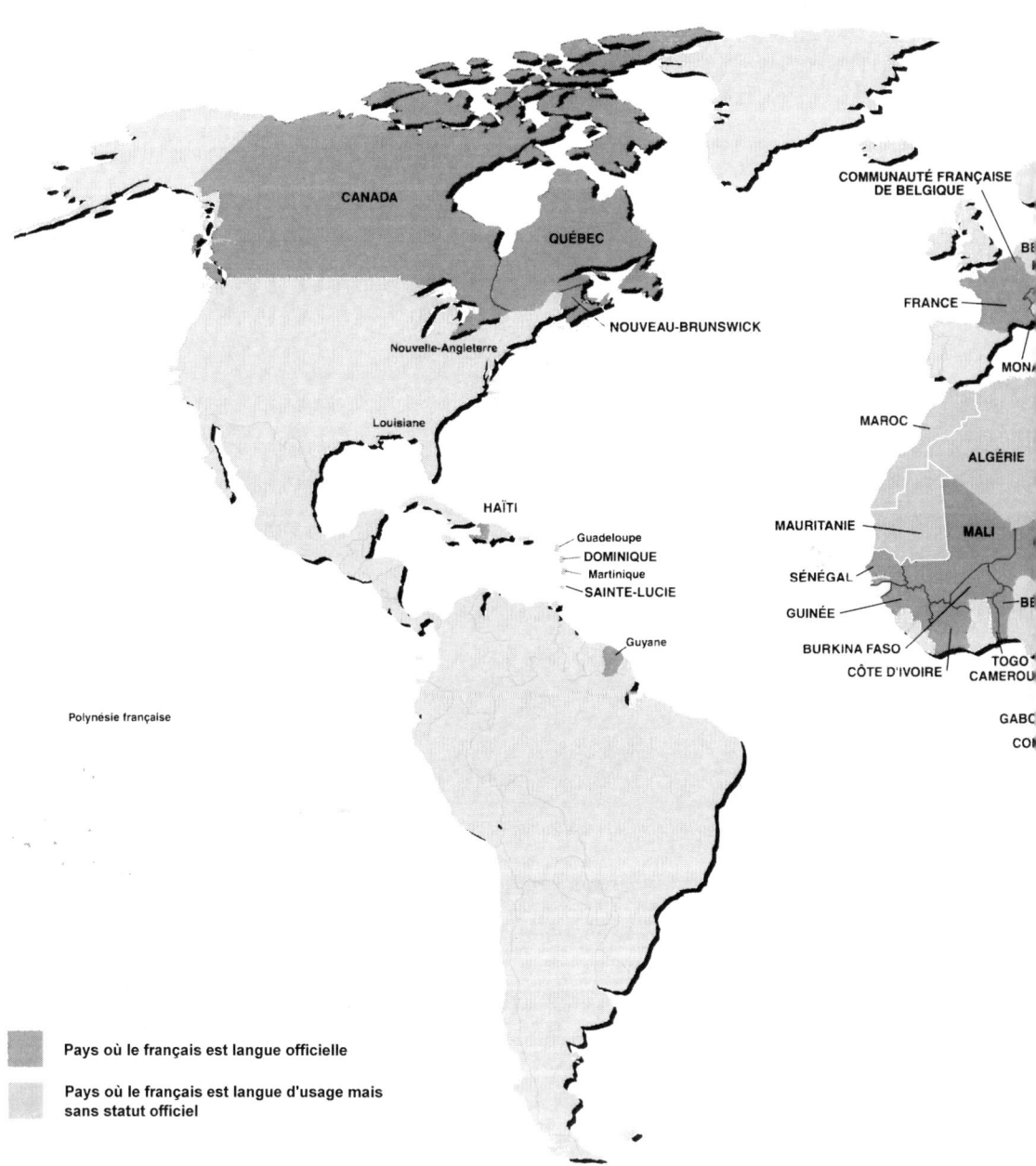

ancophone

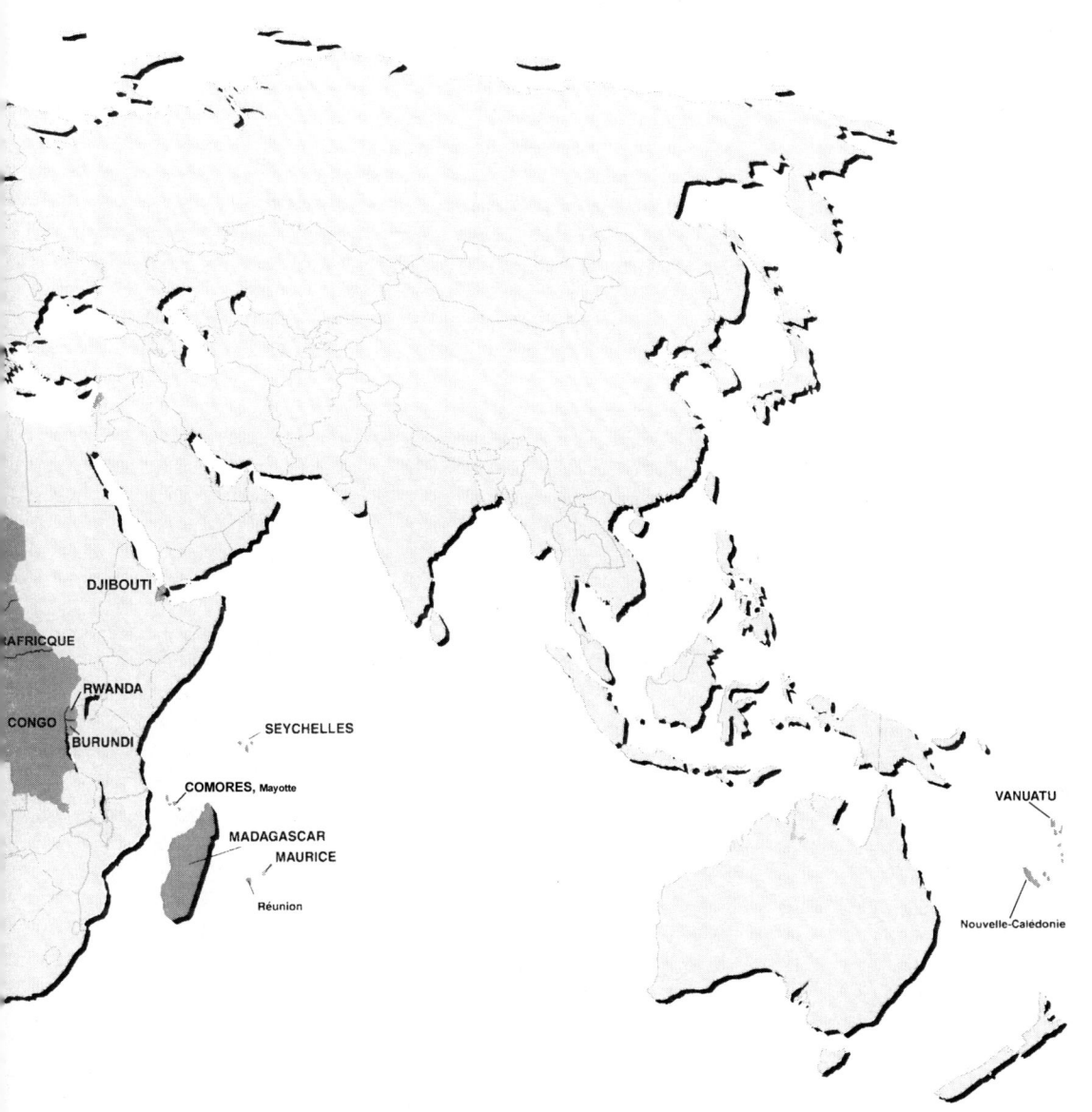